Une histoire de la fédération des sections sportives des patronages catholiques 1898-1998

Collection « **Héritage et Mémoire des Associations** »
dirigée par Laurence Munoz

Le monde associatif comporte mille et une facettes en évolution continue. Soumis à la diversité des motifs-mêmes qui le génèrent, et des mutations qu'il subit autant qu'il provoque, il charrie un héritage riche, dense et bigarré. Fortes des mouvements de célébration de leur centenaire, ces histoires d'associations, héritières de la loi 1901, restent avant tout le fruit d'un travail de dirigeants, d'érudits et de passionnés. Au cœur d'un patrimoine local, elles mettent en valeur la contribution méconnue, voire mésestimée de celles qui se constituent comme un véritable ciment de la vie collective. La Collection *Héritage et Mémoire des Associations* offre aussi l'occasion au monde associatif de se constituer comme porteur d'un savoir populaire. Joyau de chacun, patrimoine de tous, modestes et indispensables courroies de sociabilité, les associations trouvent ici leur terrain d'expression.

Déjà paru

Comité français Pierre de Coubertin, *Le sport français sous la IIIe République*. Tome 1, *Des hommes et des institutions*, 2019.

Julien LABAT, *Les Coqs rouges. Une histoire de France (1891-2014)*, 2017.

Claude PIARD, *130 ans avec un « patro » de banlieue. La Saint-Georges d'Argenteuil, 1884-2009*, 2014.

Jean-Marie JOUARET, *la fédération des sections sportives des patronages catholiques (1898-1998). Que sont les patros devenus ?*, 2012.

Jean-Marie Jouaret

UNE HISTOIRE DE LA FEDERATION DES SECTIONS SPORTIVES DES PATRONAGES CATHOLIQUES 1898-1998

Que sont les patros devenus ?

Préface de Jean VINTZEL

Troisième édition, revue et augmentée

L'auteur

Né à Castets (Landes), basketteur à *l'Etoile Amolloise d'Amou* puis à *l'Alsace de Bagnolet* où il devint international (47 sélections), Jean-Marie Jouaret a effectué la totalité de son parcours professionnel à la Fédération sportive et culturelle de France. Adjoint au secrétaire général pour les activités socio-éducatives et culturelles de 1965 à 1981, puis directeur des services de 1986 à 2002, il connaît les détours du sérail puisqu'il a vécu en direct les dernières années (1965-1998) de cette saga, dont il avait contribué à l'écriture sur le terrain avant même la rédaction de ce livre.

Publications (ouvrages)

Petite histoire partielle et partiale de la Fédération sportive et culturelle de France 1948-1998, Tome I et II, FSCF, 22 rue Oberkampf, 75011 Paris

5-7, rue de l'École-Polytechnique ; 75005 Paris

http://www.editions-harmattan.fr

ISBN : 978-2-343-21572-3

EAN : 9782343215723

PREFACE

Depuis sa création en 2009, le groupe de travail *Histoire et Patrimoine* constitué au sein de la Fédération sportive et culturelle de France fait sienne la vérité énoncée par le directeur général honoraire des Archives de France : *battre le rappel de la mémoire est un service public.*

Parmi les historiens, universitaires, dirigeants et militants de la FSCF d'origines diverses, intéressés ou passionnés par l'histoire de notre institution, Jean-Marie JOUARET, qui en a été le directeur, est et restera un exceptionnel narrateur de notre passé fédéral.

Après l'édition récente de deux tomes titrés *Petite histoire partielle et partiale de la Fédération sportive et culturelle de France 1948-1998,* ce livre, qui relate cent ans d'histoire constitue un véritable travail de commémoration.

Il répond à la question posée par plusieurs lecteurs : *mais que s'est-il passé avant 1948* ? Le livre de Robert HERVET relatant les 50 premières années de la fédération étant épuisé, le présent ouvrage comble ce manque en nous faisant vivre par le petit bout de la lorgnette un siècle de la longue histoire de notre institution.

Il revivifie la mémoire collective et permet au lecteur de s'approprier ou de se réapproprier l'identité d'une fédération qui a tant apporté à la société française, bien au-delà des seuls aspects sportifs, culturels et d'éducation populaire.

Il permet de comprendre ce que la FSCF a fait et représente encore aujourd'hui en dépit des réformes, des mutations, de l'évolution des comportements et des états d'esprit. Avec son style si particulier et inénarrable, Jean-Marie JOUARET affirme un certain nombre de réalités simples mettant en évidence le rôle social et sociétal de ce qui est aujourd'hui la Fédération sportive et culturelle de France.

En continuant de placer, plus d'un siècle après sa création, l'Homme au centre de son projet éducatif, la FSCF réaffirme, au-delà des différentes sensibilités qui s'y expriment, sa volonté de promouvoir la réalisation, la promotion et l'épanouissement de ses adhérents dans toutes leurs dimensions.

Puisse la lecture de cet ouvrage inspirer et motiver de nouvelles générations respectueuses de notre passé et porteuses d'un avenir qui ne s'éloignera pas des valeurs qui ont fondé l'histoire d'une institution qu'il y aurait lieu, encore aujourd'hui, d'inventer si elle n'existait pas !

Jean VINTZEL
Président général de la FSCF

LIMINAIRE

Mardi 29 octobre 1940, place des Terreaux à Lyon. Deux hommes déjeunent dans un restaurant où l'approvisionnement ne semble pas être un problème, la ville étant située en ZNO (zone non occupée). Les clients ont reconnu l'un des deux convives : Jean Borotra, ex et future *gloire du sport* français, l'un des quatre *trois mousquetaires* qui ont remporté six fois la Coupe Davis de tennis, fraîchement nommé commissaire général à l'Education générale et aux sports du gouvernement de Vichy. C'est à ce titre qu'il est là.

L'autre est un parisien descendu à Lyon pour le congrès des unions départementales et régionales de la Fédération gymnastique et sportive des patronages de France (FGSPF) de la ZNO qui s'est tenu deux jours plus tôt à la salle Nizier. Il s'appelle Armand Thibaudeau.

Le commissaire rappelle à celui qu'il a convoqué (pardon : invité) la double décision, immédiatement applicable, de la toute neuve (15 jours) ordonnance du 4 octobre, qui exige la fusion :

- Des fédérations féminines au sein des fédérations masculines. Opération en cours, le Rayon sportif féminin (RSF) ayant, moins de trois semaines après la publication du texte, le 22, commencé à se faire avaler par le serpent FGSPF, son comité central et sa commission d'éducation physique

- Des associations sportives entre elles : une seule société dans toutes les villes de moins de 50 000 habitants. Laïque, bien entendu, et soumise au pouvoir.

- *Sinon ?* demande le secrétaire de la fédé

- *Sinon, c'est la disparition pure, simple et immédiate de la FGSPF. Aidez-moi. Appuyez-moi.*

- *Je dirai le contraire.*

Deux heures plus tard, dans les bureaux départementaux du commissariat général aux Sports, place Sathonay, Borotra n'en peut plus de s'adresser à un mur. L'ex mousquetaire joue *les dents de l'amer*. Très en colère, il crie : *Thibaudeau, je vous briserai* !

Toujours très calme, l'insolent têtu d'en face répond sans se démonter (les Vendéens ont l'habitude de résister au pouvoir en place...) : *J'étais là avant vous, j'y serai encore après !*

Ce qui s'avèrera très vite parfaitement exact : Jean Borotra quittera son poste deux ans plus tard et sera même arrêté et déporté par les Allemands en essayant de passer en Espagne.

Le secrétaire général n'a donc pas cédé un pouce de terrain et c'est sa résistance qui a sauvé la FGSPF... et d'autres fédérations, elles aussi appelées à disparaître dans le grand projet vichyssois d'unification du sport menant, comme dans l'exemplaire Allemagne, à un organisme et une jeunesse uniques.

Qui va l'emporter, la FGSPF qui ne veut pas perdre du poids et refuse donc les carottes du régime Vichy, ou le basque bondissant qui, saisi d'une aberration passagère, veut transformer les enfants de France en jeunesse hitlérienne fanatique et embrigadée ?

Le résultat du match est à sa place chronologique dans les pages qui suivent, comme tous les évènements qui ont fleuri, animé, égayé ou endeuillé la fédération pendant son premier siècle d'existence.

1897-1914
DOUCE FRANCE, CHER PAYS DE MON ENFANCE

Où l'on voit comment l'USGIMPOJF, imprudemment devenue FSCG, donc trop apertement catholique, n'est absolument pas prophète en son pays, qui accouche *ab irato*, dans la douleur et dans le sang, d'une loi sur les associations et d'une laïcité toutes deux tueuses de congrégations.

Posez la question à n'importe quel spécialiste ou connaisseur de la FSCF : *quand la fédération est-elle née* ? Invariablement, la réponse sera : *24 juillet 1898.* C'est marqué dans les livres ! Erreur, pourtant : ça, c'est le premier concours d'exercices physiques… qui implique forcément une organisation administrative préalable.

C'est le 15 décembre 1897, au fameux Institut catholique de Paris, lors de la deuxième séance de la journée des patronages et œuvres de jeunesse, que Mgr Péchenard, recteur de l'Institut et président de séance, donne la parole au docteur Paul Michaux, président du patronage *Notre-Dame de Lourdes de Javel* à Paris depuis 6 mois. Il vient en effet de quitter le *patronage de Nazareth* où il était entré en décembre 1872, mais où son action trop novatrice et marginale ne plaisait plus à tout le monde.

Michaux rappelle que les patronages[1] sont une création des catholiques, cite Jean-Joseph Allemand, Timon David, Don Bosco pour les Salésiens, Albert de Mun (le seul encore en vie) et bien d'autres, qui ont fait du patro une maison d'éducation, puis vante les mérites de l'éducation physique, facteur d'hygiène, de formation, de nutrition, de santé et de bien-être, pôle d'attraction pour écoliers, apprentis et étudiants.

Très *don Boscesque*, il conseille aux directeurs qui l'applaudissent fréquemment : *ne craignez pas de perdre votre influence ou de*

[1] Mot apparu dans le Larousse de 1875 en tant *qu'organisation de distraction et d'éducation*, mais en 1923 seulement comme étant aussi le *lieu de réunion pour les exercices physiques et éducatifs concourant à ce but.*

compromettre votre autorité en vous mêlant à leurs jeux. Une bonne partie de barres ou de balle vous fera plus d'amis qu'une longue conversation. Il insiste sur la nécessité :

- D'alterner grands jeux, exercices d'assouplissement au sol et aux agrès, mouvements de bâton, de boxe et de canne,
- De *créer une carotte* en instituant des récompenses, des prix et des médailles
- D'organiser *un grand concours d'exercices physiques, pour lesquels plusieurs œuvres se sont déjà fait inscrire, réalisant ainsi cette union si désirable de nos chers patronages.*

Cette nouveauté suscite bien quelques réactions négatives (manque d'instructeurs, sorties trop fréquentes, rivalités entre patronages), mais Michaux a réponse à tout et il a de plus dans la salle un appui fervent et très écouté, l'abbé Esquerré, du *patronage du Bon Conseil.* Le principe n'étant pas repoussé, Mgr Péchenard met donc aux voix un vœu établissant un concours général d'exercices physiques pour les patronages de Paris et de l'immense département de la Seine.

Adopté à l'unanimité. Paul Michaux a gagné, la fédération est en marche… mais c'est plus une officialisation et une reconnaissance institutionnelle qu'une vraie création : les patronages catholiques des grandes villes organisaient déjà des rencontres sportives amicales et informelles entre leurs jeunes membres et Michaux avait assisté ou même participé à certaines, comme l'indique un document daté de 1900 sur lequel nous reviendrons.

Faute d'autre preuve, nous nous en tiendrons à la seule version connue de *l'histoire de la fédération des patronages catholiques racontée aux enfants des 20e et 21e siècles.*

1898, 1899 : le champ des oiseaux

Le terrain du sport français était loin d'être vierge. Depuis le 28 septembre 1873 existait en effet une organisation dont les missions étaient de *répandre l'idée gymnique en France et dans les colonies, de propager l'éducation physique dans la masse de la jeunesse par les méthodes de la gymnastique et participer à la rénovation de la race.* Vaste et noble programme, couronné de succès puisque, en 1898, l'Union des sociétés de gymnastique de France (USGF, devenue FFG en 1942) comptait déjà 800 sociétés affiliées. Il y avait même 3 autres «fédérations» : *l'Union des sociétés françaises de course à pied*

(1887) présidée par le Franco-Ecossais Georges de Saint-Clair, l*e Comité pour la propagation des exercices physiques dans l'éducation* créé par Pierre de Coubertin en 1888, comme *la Ligue nationale de l'éducation physique*, dont président et vice-présidents sont alors (excusez du peu) Marcelin Berthelot, Georges Clemenceau et Jean Macé, fondateur en 1866 de la ligue de l'Enseignement, dont 1/3 des sénateurs et députés sont membres, mais qui n'est pas spécialisée en sport, même si elle le regarde avec bienveillance.

L'Eglise ne pouvait décemment pas rester absente de ce champ d'évangélisation en friche mais immense. Après l'acte d'amour de la conception du 17 décembre 1897 c'est, le 24 juillet 1898, toujours en public, au défunt Parc des oiseaux à Issy-les-Moulineaux, le premier vagissement du bébé, fragile prématuré (sept mois et sept jours) répondant au nom poétique et simplissime d'*Union des sociétés de Gymnastique et d'Instruction militaire des patronages et œuvres de jeunesse de France* (USGIMPOJF pour les romantiques).

Ce premier guilleri guilleret est poussé par 500 jeunes *piafs* parisiens (25 œuvres) admirés par 3 000 paires d'yeux. Beau temps, nuages épars, pelouse verte ceinte d'une piste sablée. Au programme : jeux et exercices militaires, parties d'échasses et de crosse, marches variées, exercices d'imitation, leçons de boxe, jeux athlétiques, lutte à la corde de traction, course à pied, lancement du disque et bien sûr le clou du spectacle, l'épreuve reine, les mouvements d'ensemble (mains libres puis avec les barres à sphère) qui donnent lieu à l'attribution du drapeau fédéral. C'est *la Saint-Paul de Plaisance* qui remporte la carotte, dont elle aura la garde pour un an.

La musique des Frères des écoles chrétiennes d'Issy apporte son concours, bienvenu, à ce formidable rassemblement, qui se termine pour tous, sans exception, à la chapelle Saint-Nicolas d'Issy pour le *Salut du Très Saint Sacrement.*

1898 : l'impressionnant impressionnisme est mort depuis dix ans et Paul Cézanne préfigure le cubisme en peignant ses chefs-d'œuvre de la montagne Sainte-Victoire. L'autre Paul, Michaux, et les artistes de son Ecole, peuvent eux aussi crier victoire…

Le 12 mai, une femme obtient le certificat de capacité au pilotage automobile, plus connu depuis 1921 sous le nom de permis de conduire : cette riche et aventureuse pionnière, Marie Adrienne Anne Victurnienne Clémentine de Rochechouart de Mortemart, duchesse d'Uzès par mariage, dispose de son propre véhicule automobile. Le 3 août, la téméraire écope d'une contravention pour excès de vitesse : plus de 20 à l'heure à Paris, même au bois de Boulogne, c'est de l'inconscience !

Mais revenons à la Fédération : pendant sept ans, tout se passe 197 bd Saint-Germain, au domicile de Michaux. Les pionniers sont Henri Mayet (docteur, collègue et ami), Pierre Griffaton, minutieux gérant d'immeubles, président de la Commission des patronages et œuvres de jeunesse (maman aimante et attentive de l'Union), André Ferry et René Chevalier *(la France des Lilas)*, Cornudet *(Avant-garde de Montmartre)*, Pierre de Bricourt (*Malakoff*), Gagnier, Joseph Haas et Hédouin (adjoint de Michaux à *Auteuil*). Ils tiennent réunion sur réunion, tous les soirs ou presque, tous les jeudis après-midi, parfois les week-ends, puisqu'il faut, en partant de zéro, *tout inventer matériellement et créer une mentalité.*

Chez Michaux, on couchait parfois sur le tapis, dans cette salle à manger prodigieusement encombrée de dossiers, de fanions, de culottes, vrai capharnaüm servant à la fois de secrétariat, d'archives et de service, la table débarrassée à la hâte pour un repas auquel tout venant était invité.[2]

Puis on recrute : le *patronage d'Auteuil* a la particularité singulière de posséder un aumônier (le curé de la paroisse) qui ne s'occupe pas du temporel et donc de n'être animé que par des laïcs, galvanisés par un jeune (18 ans) étudiant en droit membre de la Conférence Olivaint.

Charismatique et passionné, François Hébrard a tapé dans l'œil de Michaux, qui l'a entraîné dans son entreprise, à laquelle participe le comte R. de Lapparent[3] qui, malgré son titre, est resté très simple (les bons comtes font de bons amis). Il est de surcroît l'heureux possesseur d'un *engin motorisé : penchés sur le plan de Paris et de la Seine, nous faisions le recensement des patronages, inconnus et sans aucun lien entre eux, comme dans un bled...*

---

[2] François Hébrard, *Les Jeunes*, 1er janvier 1948. Egalement cité par Robert Hervet, *La Fédération Sportive de France, 1898-1948*, pages 20 et 21.

[3] R. pas A comme Albert, dont les habitués des congrès des années 1960 à 1980 connaissent bien la rue à défaut de savoir qu'Albert Auguste Cochon de Lapparent, qui lui donna son nom, fut un géologue qui n'a rien à voir avec la fédé.

Puis Lapparent partait en prospection. Il revenait le soir, fourbu en été, crotté en hiver, bien reçu ici, mal reçu ailleurs, mais toujours content, la sacoche pleine de renseignements, et il nous rendait compte : **celui-ci n'a pas d'argent. Cet autre adhérerait bien, mais il réclame des maillots (ou des vareuses).** *Le bon docteur Michaux, dans son geste familier, passait la main sur son crâne légèrement dégarni, se grattait le front et disait :* **hé bien on les leur donnera !**

Du fond de la salle à manger, timidement grondeuse, s'élevait la voix de Clémentine Michaux : **Paul, Paul, tu n'y penses pas ! Ce n'est pas raisonnable !** *Mais elle se levait aussitôt, appelait Jules, le fidèle factotum du couple, et tous deux se mettaient incontinent à préparer colis et mandats.*

Ceux qui ont quelques sous en provenance de la paroisse ou de l'industriel catholique local peuvent s'adresser à la commission des patronages, qui leur offre des tarifs exceptionnels sur *costumes de gymnastique, blouses, bérets, bottines, guêtres, pantalons de treillis, espadrilles, agrès, fusils du modèle scolaire, drapeaux en soie (50 F) ou double soie (100 F), modèle exact des drapeaux de l'armée avec nom du patronage, emblème du Sacré-Cœur,* etc. Dès l'an I, les patros ont un magasin, qui deviendra les FGSPF.

C'est ainsi, dans l'improvisation intelligente, le bricolage inspiré par le manque de moyens, la réactivité, le talent et l'enthousiasme d'une poignée de chrétiens passionnés, qu'est née la grande FSCF.

Les motivations des maïeuticiens sont diverses, celles de Michaux sont très claires : chirurgien réputé, il croit vraiment aux bienfaits de l'éducation physique, mais le patriote lorrain qu'il est souffre aussi, au moins autant que Maurice Barrès, de voir une partie de l'est de la France appartenir à l'Allemagne depuis la désastreuse guerre de 1871 qu'il a vécue en direct et ce chrétien fervent veut aussi et enfin apporter sa pierre à l'éducation religieuse de la jeunesse.

Ce sont 52 patronages, dont quatre de province (Croix, Le Havre, Reims et Rouen), qui ont répondu à l'appel fédéral du 18 juin 1899 de *ne pas s'attacher à présenter 8 ou 10 sujets exceptionnels, mais bien plutôt 25, 30 ou 50 gymnastes bien préparés, bien groupés*. Il y a donc 1 200 de ces gymnastes et le programme a été chamboulé par rapport au premier : il est impossible de conserver le principe de 1898, *faire tenir toutes les épreuves dans la seule après-midi pour ne pas modifier les heures de la sainte messe célébrée dans chaque patronage*. Même les membres du secrétariat se plaignent d'être trop harcelés pour donner les résultats, raison pour laquelle ils ont commis quelques petites erreurs… Gymnastes, pourquoi souriez-vous, ça vous rappelle d'heureux souvenirs ?

Ce sera donc concours le matin, distribution des récompenses et fête l'après-midi. Oui, mais la messe ? Pas de panique, c'est prévu : *avec une amabilité dont nous ne saurions trop les remercier, les chers frères de Saint-Nicolas d'Issy ont mis à notre disposition leur magnifique chapelle, en déplaçant leurs offices pour offrir une messe spéciale, solennelle, à tous nos gymnastes*. Programme très alléchant, donc : *sainte messe* à 8h30, concours de 9h30 à 12h30, fête et *salut du Très Saint Sacrement* l'après-midi... Ça donne envie, non ?

Plus sérieusement, le visage des concours de gymnastique fédéraux est déjà fixé dès 1899 pour un siècle : engagement volontaire sans qualification préalable, concours (en section) le matin, festival l'après-midi (avec mouvements d'ensemble imposés, si spectaculaires pour le public) pour laisser au secrétariat le temps de travailler au calme. La messe glissera bientôt en fin de matinée, le salut tirera sa révérence, mais le programme est déjà là… et c'est la *Notre-Dame Auxiliatrice de Clichy* qui, vraisemblablement aidée par sa sainte patronne, remporte le drapeau fédéral. C'est pas du jeu !

Le 31 janvier de cette année **1899**, Pierre de Coubertin et Georges de Saint-Clair donnent à l'organisme qu'ils ont fondé quelques mois plus tôt le nom d'Union des sociétés françaises de sports athlétiques, USFSA, qui édicte aussitôt les premiers règlements des jeux et des sports et prendra bientôt une grande importance.

Le 6 mars, le laboratoire allemand Bayer dépose le brevet d'un nouveau médicament, l'aspirine, qui va connaître un succès planétaire.

Le 10 mars, l'Etat français prend ses responsabilités : par décret, il relève les vitesses maxima, fixées en 1893, des voitures devenues de puissants bolides : ce sera donc 20 km/h en ville (au lieu de 12) et 30 (au lieu de 20) dans la campagne. Il va plus loin encore et institue un *récépissé de déclaration* (communément appelé de nos jours carte grise) en plus de l'autorisation obligatoire de pilotage.

Le 29 avril, la *Jamais contente* est heureuse. Non, ce n'est pas la fédé, mais une sorte d'obus monté sur quatre roues, une *voiture*, pilotée par le Belge Camille Jenatzy, qui pulvérise le record du monde de vitesse : 100 km/h. A la grande surprise de beaucoup, le conducteur est indemne : le vent, la résistance de l'air et la vitesse ne l'ont pas tué. Bientôt, la fédé elle aussi ira à 100 à l'heure, avec ou sans permis.

Le 4 août, le train ¨Paris-Deauville déraille près de Lisieux : 7 morts et 40 blessés. Les dangers de la vitesse n'arrêtent pourtant pas les téméraires : le 24 décembre, Louis Renault, 21 ans, vient réveillonner au Lion d'or à Montmartre dans une voiturette qu'il a construite seul de ses propres mains. A la fin du repas, il relève le défi des autres convives et grimpe 3 fois la rue Lepic (900 m à 7,5 %). A l'arrivée, devant le moulin de la Galette, il enregistre 12 commandes fermes et repart avec 96 000 francs-or : André Citroën, qui a beaucoup vendu l'été dernier lors de l'exposition internationale de l'automobile au jardin des Tuileries, n'est plus seul sur le marché.

1900 : avec les félicitations du jury

Pour établir *le bilan d'un siècle* et célébrer le 20e qui s'avance, Paris accueille sa 5e Exposition universelle après 1855, 1867, 1878 et 1889. La déclaration de rétablissement des Jeux olympiques (23 juin 1894) exigeant, au point treize, leur organisation à Paris en 1900, le Comité de l'Exposition décide de coupler les deux manifestations.

Mais Pierre de Coubertin, qui ne reconnaît pas son enfant dans ce programme *mesquin et indigne de la nation*, s'y oppose. On ne trouve donc le mot olympique ni sur les affiches, ni sur les programmes, ni sur les médailles, ni sur les diplômes de ces *Concours Internationaux d'Exercices Physiques et de Sport* sans cérémonie d'ouverture ni de clôture, entièrement organisés et financés par le Comité de l'Expo.

Ce n'est qu'en 1920, pour ne pas avoir de blanc dans le palmarès, que le CIO décidera qu'il s'agissait bien de la seconde édition des Jeux modernes. Les nombreux concurrents morts à la guerre de 14-18 n'ont donc jamais su qu'ils avaient participé aux Jeux olympiques !

Le palmarès officiel ne concerne que la partie centrale (14-28 mai) et classique (les dix-neuf sports officiellement reconnus) de cette gigantesque manifestation, étalée sur plus de six mois, à laquelle participèrent 58 731 concurrents (d'autres en annoncent même 71 230, dont 1 960 étrangers seulement) parmi lesquels des femmes jouant avec une baballe (golf et tennis) et le premier d'une très longue liste de champions olympiques *blacks*. Constantin Henriquez de Zubiera, médaillé d'or en rugby et d'argent au tir à la corde, est Haïtien, donc né dans une ex île française d'outre-mer. Cocorico !

Et si le mot olympique avait figuré sur les diplômes, la fédé serait sur le palmarès ! Lisez ce qui suit, braves gens incrédules. Dès 1890, les catholiques avaient décidé de profiter de l'Exposition pour organiser une *manifestation pacifique de la vie chrétienne si féconde en bonnes œuvres dans notre France et dans le monde entier.* Ils avaient donc mis en place un *Comité de patronage pour la participation des œuvres catholiques à l'Exposition Universelle*, présidé par Mgr Péchenard, recteur de l'Institut catholique, entouré de grands militants laïcs dont le champ d'action ratisse tous azimuts : Pierre Griffaton (déjà cité) *secrétairise*, le comte Albert de Mun (Cercles catholiques d'ouvriers), le vice-amiral Lafond (Société des œuvres de mer), Alexis Delaire (Unions de la Paix sociale) et Antonin Pagès (Saint-Vincent-de-Paul) *vice-président* activement.

Les consignes sont claires : toutes les œuvres catholiques **doivent** participer, dans l'un des trois groupes qui les concernent : le I (enseignement) le XVII (missions) et, pour la fédération, le XVI, protection de l'enfance, dont la classe 108 concerne le *développement intellectuel et moral des ouvriers (cercles et associations populaires, patronages et œuvres de jeunesse).*

Les *œuvres ouvrières* ont donc leur pavillon, qu'elles animent et dont l'apothéose est un *magnifique tableau militaire regroupant 25 programmes de fêtes gymnastiques, sportives et militaires auxquelles Paul Michaux avait apporté sa collaboration de 1872 à 1897 dans un des plus anciens et plus beaux patronages de la capitale.*

C'est du 10 au 13 juin, dans l'enceinte de l'Exposition, que *l'Œuvre des cercles catholiques d'ouvriers* tient son congrès international devant une pléiade de pays étrangers. Les travaux de la 2e section (mardi 12, développement physique et hygiène) ont pour animateur et rapporteur *le docteur P. Michaux, chirurgien des Hôpitaux de Paris, Président du Comité d'organisation du Concours International de Gymnastique entre les œuvres de Jeunesse.*[4] La veille au soir, à 21h30, les congressistes ont d'ailleurs visité, en groupe et en chœur, le *patronage Saint-Charles*, 12 rue Bossuet.

[4] Cette citation (comme toutes celles qui suivent, également en italique), respecte la graphie originale. On ne s'étonnera donc pas du nombre exagéré des majuscules, le plus souvent de majesté. Cette irritante manie revient hélas à la mode aujourd'hui.

Dans la belle et grande salle d'honneur du Palais de l'économie sociale et des congrès ainsi qu'à l'annexe officielle de Vincennes, la *Commission Centrale des Patronages et Œuvres de Jeunesse de France* a installé un superbe panneau : une carte du pays visualisant la répartition des *36 842 œuvres de moralisation de la jeunesse en dehors de l'école* qui lui sont affiliées.

L'Expo est un triomphe : 51 millions de visiteurs, plus que le nombre de Français (41). Et le jury décerne trois Grand Prix, dont un à *l'Association des Sociétés de gymnastique et d'instruction militaire du docteur Michaux, Paris.* Cette distinction éminente ne récompense pas –Dieu merci- l'un des sports annexes baptisés olympiques offerts au public par le Comité de l'Expo et qui ont fait s'enfuir Coubertin tels que course en sac, pêche à la ligne, cerf-volant ou tir aux pigeons ; vivants, bien sûr, la SPA n'a encore aucun poids, même petit…

Non, ce prix couronne bien la présence, les spectacles et le travail de l'association, rejointe sur le podium par *les cercles catholiques d'ouvriers* et la *commission centrale des patronages…*

Dans la liste des 262 *œuvres à étiquette nettement catholique récompensées par une médaille,* on trouve *Saint-Joseph de la Maison Blanche, Saint-Charles, Saint-Fiacre, Saint-Paul, Sainte-Rosalie (Paris)* et *Saint-Joseph (Bar-le-Duc)* pour l'or, *Saint-Thomas d'Aquin du Havre, Notre-Dame des Aydes de Blois, la Malmaison, le Patronage d'Auteuil et du Point du Jour, le Patronage Olier* et *Notre-Dame du Rosaire de Paris* pour l'argent.

Le 30 mars, la loi Millerand fixe la durée du travail dans toute industrie à 10 heures maximum au lieu de 12, gros progrès, comme le IIIe concours de la fédé (8 juillet) qui s'internationalise et grossit : 60 œuvres de Paris et de banlieue, 20 de province, deux cliques-fanfares, 300 gymnastes, des délégués de la fédération catholique suisse, 25 drapeaux de la fédération des sociétés catholiques de gymnastique, d'escrime et de tir de Belgique, *de 1 800 à 2 200 gymnastes.*

Les deux fanfares (le *74e de ligne* et *l'Harmonie de Saint-Nicolas)* sont Belges. Bien qu'existant un peu partout, celles des œuvres françaises n'ont pas encore de rassemblement annuel et ne sont pas invitées. Michaux se réjouit : *en 1898, 25 sociétés, 600 gymnastes ; en 1899, 50 sociétés, 1 200 gymnastes ; en 1900, 80 et 1 800. Encore un effort, et nous atteindrons les chiffres de l'Union des sociétés de gymnastique de France. Mais n'oublions pas que, sur ce plan comme sur beaucoup d'autres, notre chère patrie n'occupe pas la place qu'elle devrait tenir : il y a près de 500 000 gymnastes en Allemagne, la France n'en compte que 50 000.*

Huit jours plus tard, le 19 juillet, Paris inaugure son chemin de fer souterrain, une nouveauté existant à Londres depuis 1863 et ici appelée métropolitain, un mot bien long qui deviendra vite, par une de ces apocopes dont sont friandes les paresseuses masses laborieuses, le métro (1 milliard 142 millions 600 000 passagers en 1998).

Les usagers ont le choix entre trois tickets : crème (15 centimes) pour la seconde classe, rose (25 centimes) pour la 1ère et vert (20) pour l'aller-retour. Les banquettes des voyageurs de 1ère classe ne sont pas en bois mais molletonnées.[5]

Mais une seconde étrangeté venait aussi de traverser la Manche. Toujours à l'affût des nouveautés, le bulletin des patronages en parle aux directeurs des œuvres dans son numéro de janvier 1900 : **Le football. Qu'est-il ? Doit-on le jouer en France ? Faut-il l'y propager ?** *Tout le monde en cause. Des jeunes gens y jouent le dimanche ou le jeudi en hiver. Bien peu le connaissent. C'est un jeu de ballon issu de l'ancien jeu Français nommé soule, et que nos ancêtres jouaient avec fureur. Importé par nous en Angleterre, le jeu nous en est revenu réglementé et différencié en deux écoles, celles du collège de Rugby et celles de l'Association. Les deux jeux n'ont en commun que le nom, et n'ont plus aucun rapport.*

Des nuages gris et bas courent dans le ciel. On vient de traverser un paysage de banlieue sale et maussade. Il commence à pleuvoir lorsqu'on arrive sur une pelouse dont l'herbe maigre découvre par places un sol boueux. Sous ce ciel terne éclatent les vives couleurs des maillots, des bas et des casquettes multicolores, noir et rose, bleu et blanc, vermillon, vert et rouge, orange et noir, bariolage criard que le jeu nécessite mais qui choque l'œil du spectateur, saisi d'un léger frisson d'anglophobie devant ce mauvais goût étalé.

Soudain, un coup de sifflet retentit. Le ballon est lancé du milieu du terrain, poursuivi, poussé, repoussé. On entend des halètements, des cris d'appel, de dépit, d'encouragement. Les spectateurs se déplacent, et le sifflet retentit, capricieux, énervant, absurde. Soudain un joueur

---

[5] La première classe ne disparaîtra qu'en 1991, après une interruption de 1947 à 1949 pour gagner de la place dans des métros surchargés.

s'arrête, s'étend. On devine qu'il est blessé. Coup de sifflet. Cercle autour du gisant. On le relève, il se traîne ou on le traîne hors du jeu, et la bousculade recommence.

Il y en a 4 pages, à la lecture desquelles une évidence s'impose : le football-association n'a aucun avenir dans les patronages… mais les voies du Seigneur sont impénétrables !

Le 19 décembre, après des années de lutte, Jeanne Chauvin obtient enfin le feu vert pour utiliser son diplôme de Droit, devenant ainsi la première française à plaider dans et devant un tribunal.

1901 : l'assoc. aigre-douce

L'USGIMPOJF a vu venir la loi du 1er juillet sur les associations. Dès février 1900, le bulletin des patronages incite les œuvres à se déclarer en préfecture pour obtenir des subsides, donne la liste des *formalités à remplir pour obtenir l'autorisation nécessaire à la constitution légale d'une société de gymnastique* et leur propose un modèle de statuts commentés par *Roger Clément, avocat à la Cour d'Appel de Paris et secrétaire du 3e concours de gymnastique.*

L'exemple de *formule administrative autorisant l'établissement d'une Société* est signé du préfet de police de Paris, Louis Lépine, resté dans l'histoire non pour son action réglementaire mais pour sa création du service des objets trouvés et, en cette même année 1901, du concours d'inventeurs qui porte toujours son nom.

La fédé joue le jeu pour ses associations mais en ce qui concerne les autres regroupements catholiques, elle a du mal à avaler la pilule. Le bulletin des patronages de juillet se lance : *inutile de dire ici combien cette loi sectaire et maçonnique froisse et révolte nos sentiments de catholiques ; inutile de dire tout le mal qu'elle se dispose à faire dans notre pauvre France. Mais nous nous sommes préoccupés des conséquences qui découleront de l'abrogation des lois précédentes qui interdisent les associations de plus de 20 personnes, de nature à modifier la jurisprudence des patronages. Nous sommes en rapport avec plusieurs jurisconsultes, qui donneront les indications utiles lorsque la loi aura été promulguée.*

Il est évident, en effet, que l'un des buts principaux, sans doute même le principal, de cette loi fameuse mais que personne n'a lue, est de faire disparaître les congrégations religieuses, auxquelles elle consacre trois articles spécifiques (13, 15 et 18). Ce dernier prévoit la liquidation, par mise en vente, au bénéfice de l'Etat, bien sûr, des biens des congrégations non autorisées ou non reconnues. Le décret d'application du 16 août enfonce le clou : seize articles (16 à 31) persécutent administrativement les congrégations, désormais soumises au fait du prince, l'autorisation.

Derrière sa façade démocratique en trompe-l'œil sur la liberté des associations, cette *loi scélérate* cache donc en fait une loi d'exception qui exclut une catégorie de citoyens au prétexte qu'ils constituent un danger pour… la démocratie, justement. On ne peut pas être plus hypocrite et de mauvaise foi.

Et dire que, pour ces congrégations, le pire est à venir…Dix-sept d'entre elles sont officiellement autorisées à enseigner, mais toutes doivent redemander une autorisation. Sur ordre, par décret du 20 novembre, les préfets la refusent à seize d'entre elles. Seuls les Frères des écoles chrétiennes conservent ce droit pour dix ans, eu égard au décret de leur fondation (17 mars 1808. Merci, Napoléon !). *Les chers frères d'Issy* respirent, et la fédé avec, mais pas pour longtemps.

Le silence des historiens associatifs sur cet aspect antireligieux de la loi de 1901 est troublant… tout autant que cette légende pourtant bien ancrée dans l'inconscient collectif du sport, de l'éducation populaire et des fonctionnaires : la loi n'interdit (article 3) que *les associations fondées sur une cause ou en vue d'un objet illicite, contraire aux lois, aux bonnes mœurs, ou qui aurait pour but de porter atteinte à l'intégrité du territoire.*

Elle ne contient donc absolument pas ce fameux et fumeux *toute propagande politique et religieuse est interdite à l'intérieur de l'association* vraisemblablement rajouté dans quelque règlement ultérieur, sans doute dans le cadre de la guerre laïques-confessionnels qui ne s'éteindra peut-être jamais…

Toujours motivé et guidé par *l'amour de Dieu et de la Patrie, l'accroissement de nos patronages et le bien de tous, seuls mobiles qui nous soutiennent dans l'immense labeur et les énormes sacrifices pécuniaires qu'entraîne la préparation de l'œuvre que nous avons entreprise,* Paul Michaux pousse sa petite équipe, qui ne demande qu'à suivre un chef admiré et vénéré, à structurer et organiser d'autres jeux et sports pratiqués dans la cour des œuvres ou en plein air lors de leurs sorties dominicales.

Sitôt demandé, sitôt fait :

- Le 14 avril, dans la plaine de jeux de Vincennes, tout près de l'hippodrome, neuf équipes de trotteurs sont réunies. L'épreuve est remportée par *l'œuvre de la Jeunesse de Charenton,* plus connue sous le nom de *Gallia Club*, qui bat en finale (4-0) la section sportive du patronage *Saint-Honoré d'Eylau, l'Etoile des Deux Lacs.*

Grâce à ce nom, et au score, on aura reconnu le sport en question. Il s'agit bien d'un *concours* (sic) *de football…* L'article incendiaire de l'année précédente commençait effectivement par de violentes critiques mais l'auteur (anonyme) expliquait ensuite pourquoi, malgré ces reproches, la fédération devait s'intéresser à ce jeu, *très organisé sous des dehors de pagaille et de désordre, école d'endurance, efficace apprentissage de la discipline pour des joueurs unis par une étroite et quotidienne camaraderie, et qui, plus facilement encore que tout autre sport athlétique, établit des rapports entre les pays étrangers.* La conclusion était sans équivoque : *vive le foot-ball association !*

- Le 19 mai, concours de marche *entre plusieurs équipes de Paris et de banlieue* par équipes de 20, avec arrêts (obligatoires) dans plusieurs œuvres des environs de Paris.

  Le 7 juillet, dix patros participent au concours de tir au stand de *la France de Passy* (sur le podium : *la France… des Lilas, la Villette* et *Saint-Gervais*) et autant au concours de natation aux bains de l'île-aux-cygnes. *Notre-Dame de la Gare* (sans d, nous sommes à Paris, pas à Marseille) *et Bellevue* se signalent, en adultes et en pupilles, dans les deux épreuves obligatoires : sprint (58 mètres) et fond (80 m dans le bulletin des patronages, mais sans doute 800) tout comme *Saint-Gervais*, couronné le même jour en tir, on vient de le voir.

Les petits gars de la paroisse Saint-Gervais, au cœur de Paris, ne savent pas que leur quartier va devenir, quelques années plus tard, celui des Halles, mais ils sont forts quand même !

Et la fédération organise pour ses jeunes membres parisiens *la préparation du brevet militaire de gymnastique institué par M. le Ministre de la guerre*, avec *entraînement à la marche pour ceux qui se présentent au service militaire cette année* (20 km à pied, ça use, ça use…), puis, du 15 mai au 15 juin, trois conférences sur le tir.

Le comte de Lapparent met quant à lui sur pied (si j'ose dire) une rencontre d'échasses entre Chatou et Clichy, *invincible grâce aux passes de Francis Robert et Henri Laprade.* L'article du bulletin des patronages ne précise pas si les passes sont faites à la main ou au pied (pardon, à l'échasse) mais explique la victoire de Clichy par le fait que c'est un patro *où on se croirait dans les Landes, puisque le jeu d'échasses y est le jeu favori. Les Landes sont tout indiquées pour une colonie de vacances, si cette œuvre en organise.*

Mais comme le théâtre, les cliques et les harmonies, les colonies ne relèvent pas de la fédération des sections sportives. Pour celle-ci, même si l'on est sans nouvelles du *jeu de cochonnet (petite boule)* dont le *bulletin des patronages* donnait les règles dès 1899, la famille s'agrandit. Dieu merci, pas au détriment de la fille aînée, la gym, qui continue sa croissance : le 21 juillet, c'est le IVe concours, pour 2 000 gyms et 90 sociétés dont Bar-le-Duc, Beauvais, Bordeaux, Bourges, Châlons-sur-Marne, la Saint-Georges de Croix, Elbeuf, Lille, Lyon, Meaux, Nancy, Poitiers, Reims, Roubaix, Rouen et Verdun, attirées par la capitale et le programme alléchant.

Je vous fais juge : il y a non seulement la très attirante *Sainte messe* de l'aube -7 heures- et le *Salut du Très Saint Sacrement* de 17 heures mais aussi les 50% de réduction sur le tarif chemin de fer, le logement gratuit ou à un prix exceptionnel, une *prime d'éloignement*, l'accueil en gare et la visite de la capitale, dont un pèlerinage dans deux des sept basiliques mineures de Paris, le Sacré-Cœur et Notre-Dame-des-Victoires. Cerise sur le gâteau, il y a les *4 000 francs investis pour les diplômes d'honneur et les médailles de vermeil, d'argent et de bronze distribués aux vainqueurs de ce patriotique tournoi.*

C'est encore et toujours *sur le stand* (sic) *d'Issy-les-Moulineaux* (les immenses cuisines, le personnel bénévole et le réfectoire de l'Ecole Saint-Nicolas sont un argument aussi fort que leur chapelle) et il y a 2 000 gyms (dont quelques scolaires présentés par les Frères des écoles chrétiennes) et 8 000 spectateurs. Parmi ceux-ci, MM. Duthey-Harispe (président du conseil des patronages de Saint-Vincent-de-Paul), Marc Sangnier, président du Sillon, ainsi que, autour du général Récamier, plusieurs officiers généraux en uniforme qui ne craignent pas de se compromettre avec les catholiques. C'est cependant nettement moins bien que l'an passé, lors de l'Exposition : la tribune abritait un général et deux amiraux.

Et, dans la foulée, la fédé invente... la décentralisation gymnique : les tournées de Paul Michaux en province payent déjà. Trois Cercles locaux se rencontrent à Lyon le même mois de juillet 1901 (mais ils ont leur propre fédération locale) et, le 13 octobre, une grande manifestation organisée par le *Cercle Catholique de Châlons*, alors sur Marne et pas encore en Champagne, *avec le concours de son harmonie* et *la participation des sections gym des œuvres ouvrières de Clichy, Epernay, Troyes, Vitry-le-François* et *la Légion Saint-Maurice de Verdun*, dirigée par son gymnasiarque, M. Galland. *La Jeune garde de Clichy* est là elle aussi avec son moniteur Boutry et le drapeau fédéral reconquis en 1900.

Messe en l'église Saint-Alpin (vidée de ses chasseurs) défilé dans les rues (*l'allure martiale des hommes et leur coquet uniforme font l'objet de l'étonnement et de l'admiration générales)* apéritif-champagne, banquet dans les locaux du Cercle, promenade guidée en ville, avec bien sûr visite de la cathédrale et des principales églises, salut à 15h et puis c'est... le Cirque.

La vaste salle du Cirque, qui contient plus de 2 500 personnes, est en effet absolument pleine. Le formidable spectacle *se termine par le travail des agrès, des sauts périlleux au tremplin et une pyramide aux anneaux tout à fait acrobatique.* On le croit volontiers : une pyramide aux anneaux, c'est effectivement très acrobatique ! Essayez donc...

L'USGIMPOJF est bel et bien lancée, rien ne l'arrêtera plus. L'USGIMPOJF ? Que nenni, elle est morte : *Le Patronage* d'octobre mentionne, en gros caractères, une toute nouvelle **Fédération des sociétés catholiques de gymnastique** (FSCG), premier avatar de la fédé, dû à la loi scélérate d'il y a trois mois à peine.

L'improbable sigle a donc disparu en catimini et en silence, sans les tambours ni les trompettes de ses cliques...et les statuts flambant neufs de la FSCG lui donnent pour but de *développer, par l'emploi rationnel de la gymnastique et des sports athlétiques, les forces physiques et morales de la jeunesse ouvrière, et de préparer ainsi au pays des générations d'hommes robustes et de vaillants soldats.*

On a de l'ambition ou on n'en a pas...

1902 : les enfants du bon Dieu deviennent des canards sauvages, et l'affinité un sport de combat

La France met ses pendules à l'heure. Jusque là, l'heure de chaque commune était réglée par un cadran solaire, ce qui donnait 4 minutes d'écart par degré de longitude. L'horloge des gares et de certaines mairies avait donc deux aiguilles pour les minutes : dorée pour l'heure locale (la vraie), noire pour l'heure des trains, celle de Paris. Le 21 janvier, les patriotes défenseurs de celle-ci ayant fait capoter le projet ministériel de s'aligner sur le méridien de Greenwich, c'est l'heure de Paris qui devient la seule heure officielle de France.

Plus anglophile, la FSCG ajoute à sa panoplie un exercice sportif quasi ascétique, venu d'outre-Manche, comme les deux footballs. Il s'appelle traverser la campagne, *cross-country* et consiste à patauger, en short et maillot léger, dans le froid et la boue, sous la pluie et, avec un peu de chance, sous la neige, dans les champs et les bois. *Cross* signifie également *croix*, un trait d'humour typiquement anglais…

L'épreuve est francilienne, pas fédérale. Il y a 60 coureurs et les vainqueurs sont Grant en individuel, et, en équipes, son patro, *l'Etoile des Deux Lacs*. Car, désormais, les choses sont claires pour tous : la fédération ne régit pas les patronages (qui ont leur Commission ainsi que leurs activités spécifiques) mais leur seule section sportive quand elle existe, donc pas le Patronage Saint-Honoré d'Eylau, mais *l'Etoile des Deux Lacs*, pas Notre-Dame-du-Rosaire mais *le Club Athlétique du Rosaire*, pas le Patronage Saint-Thomas d'Aquin du Havre mais *l'Union Sportive Saint-Thomas d'Aquin,* non pas le patronage Saint-Louis mais *la France des Lilas*, etc.

Cela nécessite que ces sections se structurent sous l'une des trois formes d'association prévues par la loi. Après une minutieuse étude des textes, la FSCG publie dans le bulletin de la commission des patronages de novembre et décembre des commentaires détaillés, des conseils et deux modèles de statuts pour la seconde possibilité, les associations déclarées, mais l'article précise que, *pour beaucoup de patronages, le statut d'association, sans épithète, semblera convenir : elles ne peuvent juridiquement rien posséder ni administrer, mais ne sont soumises à aucune déclaration ni formalité administrative. Constituées par le simple accord des partis, elles existent et ont le droit d'exister, mais c'est tout.*

Le rédacteur, Etienne Védie, met en garde, avec des exemples vécus, sur les tracasseries que les pouvoirs publics infligeront aux candidats catholiques (par exemple assimiler le prêtre animant les jeux dans la cour du patro à un instituteur qui surveille la récréation, donc à un enseignant) mais il conseille cependant à toutes les œuvres de devenir association déclarée, pour au moins deux raisons :

- Préserver le passé et l'avenir : *n'exposons pas, par peur du formalisme administratif, l'existence d'œuvres qui nous ont coûté tant d'efforts et donnent de si consolants résultats.*
- Faire masse en face des laïques : *puissent nos associations catholiques acquérir avec le temps la puissance des associations Américaines.*

Car la guerre avec l'Etat et les autres fédérations continue… et elle vient de loin, comme le rappelle le docteur A. Ferry, président du *patronage Saint-Louis* et de *la France des Lilas* dans sa conférence lors de la VIIIe journée des patronages (congrès annuel avant la lettre) de janvier, conférence qui a pourtant un thème neutre, les accidents de gymnastique. Certes, la fédé se préoccupe de la santé de ses troupes (et elle le prouve dès 1902 par plusieurs articles et conférences, par exemple sur l'alcoolisme des jeunes et l'hygiène) mais l'exergue de cette douce philippique, qui n'a pas de rapport avec le sujet, témoigne de la lutte anticléricale qui vient de s'amplifier.

Que Dieu pardonne au bon docteur : quand un militant a le micro, et un auditoire tout acquis, il peut, s'il est médecin, mélanger fracture du métacarpe et fracture sociale… *J'ai déjà dit ailleurs, et je le répète, que nos adversaires ont habilement exploité contre nous la fièvre du relèvement et de la revanche. Ils ont fait leurs toutes ces sociétés de gymnastique et d'instruction militaire écloses de 1875 à 1895.*

Grâce à leur influence, les heures de réunion, dans ces sociétés, correspondaient comme par hasard avec l'heure de la messe : tous ici, en allant à la messe, nous avons rencontré gymnastes et tireurs allant sur un chemin qui n'était pas celui de l'église.

Dans nos congrès, nous avons une tendance agréable, mais qui pourrait devenir fâcheuse : nous féliciter mutuellement et ne pas regarder ce qui se fait en dehors de nous. Faisons notre coulpe **(sic).** *Le patriotisme n'est pas mort. Nos adversaires ne peuvent plus, pour la plupart, s'en réclamer désormais. Cultivons-le donc toujours, et* *particulièrement dans nos œuvres, préparons à la France des générations de soldats chrétiens et forts.*

Malheureusement, la gymnastique a ses inconvénients, apparents ou non, qui font reculer bien des familles et des directeurs d'œuvre. Elle amène parfois des accidents, dont il ne faut pas nier l'importance et qu'il faut connaître pour en diminuer le nombre et la gravité.

Ça y est, le docteur Ferry (mûr pour le comité central, c'est évident, et radicalement opposé aux idées de son glorieux homonyme Jules, même s'il le rejoint sur le plan du patriotisme) vient de retomber sur ses pieds et aborde son vrai sujet, la traumatologie de la gym. Dans son collimateur, la balançoire et le trapèze, *que nos moniteurs doivent sans regret laisser aux cirques* et les directeurs d'œuvre qui laissent les appareils à disposition des enfants en dehors des leçons.

Ses recommandations sont brèves, claires et précises sur chaque type d'accident et il insiste sur la nécessaire présence d'un adulte qui sache quoi faire dans tous les cas et dispose sur place *au minimum d'une petite pharmacie dite de campagne, un sac d'ambulance,* dont il donne le contenu avant de passer la parole à M. Enfert, *spécialiste de la responsabilité juridique et de l'assurance.*

En mai 1901, la fédération avait déjà insisté, dans un article intitulé **les accidents dans les patronages,** sur la nécessité absolue d'une assurance : *4 patronages viennent de déplorer des accidents plus ou moins graves survenus dans leurs locaux à un de leurs adhérents, et 2 se sont trouvés en face d'obligations extrêmement onéreuses, le surveillant des jeux ou de la promenade étant poursuivi et astreint à une réparation pécuniaire.*

Une loi récente (25 juillet 1899, NDLR*) décharge les membres de l'enseignement public de cette responsabilité (l'Etat se substituant à eux) mais cette disposition ne s'étend hélas pas aux membres de l'enseignement privé, non plus qu'à nos confrères du patronage.*

Deux poids, deux mesures, encore…

La guerre laïques-cathos, jusqu'ici feutrée, vire au féroce à partir de mai 1902 : le gouvernement fraîchement élu du petit père Combes, ancien séminariste devenu farouchement anticlérical, ordonne de refuser toutes les demandes d'habilitation présentées par les congrégations. 3 000 collèges libres doivent définitivement fermer pendant les vacances, 60 000 religieux sont sans emploi et, pire, leur pays leur indique très clairement qu'ils sont désormais chez eux *personæ non gratæ.*

Entre 1901 et 1904, ils sont 50 000 à se réfugier à l'étranger, à Jersey, en Belgique (526 couvents y émigrent avec le plus de bagages possibles, et toujours en bloc : les membres d'un monastère ne se séparent jamais quand ils le peuvent), en Espagne (3 000), aux Pays-Bas, au Québec (1 300) et en Amérique du sud.

En octobre, le bulletin des patronages publie un très long article : **pendant la persécution :** *La persécution sévit. Quelles que soient les combinaisons politiques auxquelles se livre la majorité de façade qui nous gouverne, cette persécution durera encore longtemps. Les écoles libres viennent d'être frappées, l'après école le sera peut-être demain. Il faut nous préparer à la seconde étape de la persécution.*

Nous ne sommes pas les seuls : les protestants ont leurs unions chrétiennes, *qui ont avec nos cercles de tels points de ressemblance que la loi la plus satanique ne peut les différencier. Si l'on voulait frapper, au prétexte qu'elles font de l'enseignement, des unions de jeunesse et des cercles, il faudrait également atteindre les sociétés de gymnastique, qui possèdent, de par les licences de la loi actuelle, la possibilité de donner à leurs adhérents un enseignement physique, professionnel, moral, social même. Je voudrais bien savoir où commence la religion dans un enseignement moral ou social.*[6]

Nos œuvres sont inattaquables. Nos ennemis s'imaginent éparpiller loin de l'autel du Christ quelques bambins auxquels on fait le catéchisme, mais ils vont bientôt s'apercevoir que la persécution a appris aux catholiques à constituer des associations solides et vivaces reposant sur des fondements légaux.

La République laïque n'a plus qu'un seul but : préserver l'avenir, donc essentiellement la jeunesse, de l'influence de l'Eglise. Sa cible principale est donc les clercs enseignants, qui catéchisent une grande partie des enfants et des adolescents. Si l'on ferme les collèges, le patronage du jeudi deviendra forcément le seul endroit d'éducation chrétienne, avec son aumônier, son cercle d'étude et parfois son catéchisme. Le pouvoir politique le sait… les dirigeants de l'Eglise et de la fédé aussi.

---

[6] Ce qui prouve bien que le *toute propagande politique ou religieuse est interdite* n'existe pas dans la toute fraîche loi de 1901…

Sur le terrain, les patronages participent à la lutte et leur action ne manque parfois pas d'espièglerie. Le 26 mai 1901, dimanche de Pentecôte, *la Saint-Thomas d'Aquin du Havre* et *la Saint-Philippe Neri de Rouen* participent, à Pont-Audemer, au concours régional de l'Union des sociétés de gymnastique de France.

Levées à 4 heures, les deux gymnastiques **(sic)** *entendaient la messe, à 5 heures, en l'église, chantant le pieux hymne de la Pucelle avant tous ses combats contre les Angloys*, le *Veni Creator* (Infirma nostri corporis, virtute firmans perpeti) *demandant à l'Esprit Saint d'affermir la faiblesse de leur corps par sa divine vertu. Des gymnastes d'autres sociétés, errant par la ville, ainsi que la population, les voient entrer et sortir de l'église, et cela est du meilleur effet.*

Gloria, Credo, Veni Creator, Ave maris Stella, Tantum ergo, Salve Regina[7] et, pour les grandes occasions *Te deum* (la joie) et *Dies irae* (la douleur et le deuil) font en effet partie du répertoire de chants du gymnaste de patronage : pour élever le niveau intellectuel de ses ouailles, la fédération fait largement appel à la méthode d'éducation préférée des clercs, la mécanique cantique… que Max Planck et Albert Einstein découvrent de 1900 à 1905.

La cerise sur le gâteau du jeune patronné pour qui, le jour du Seigneur, c'est l'Office d'office, c'est une conséquence non écrite mais très redoutée, *carte de messe non tamponnée le matin = pas de patro, donc de sport, l'après-midi*, qui restera appliquée jusque dans les années 60.

Après le dîner de midi pris en commun dans la salle du *patronage Saint-Joseph (de Pont-Audemer*, donc), le concours et le palmarès (où brillent les deux clubs), c'est parti : *à 6 heures, toutes les sociétés défilent. Saint-Thomas d'Aquin précède les Philippins. Devant, et derrière, marchent d'autres sociétés, au milieu d'une foule compacte. En arrivant devant l'église, les deux patronages laissent là les autres sociétés et, drapeaux au vent, musiques toujours sonnantes, entrent gaillardement dans la vieille église où, comme le matin, ils chantent et reçoivent la bénédiction du Saint Sacrement.*

---

[7] Chanté, à la demande du très catholique François Ravaillac lui-même, par la foule qui assistait, le 27 mai 1610, à son exécution en place de Grève.

Le lendemain, lundi de Pentecôte, les patronnés de Rouen, après une superbe démonstration de pyramides devant les prêtres des environs convoqués pour la circonstance, préfigurent la fédération sportive et culturelle de 1968 (donc 67 ans plus tard) et vont visiter le phare de Fatouville, dont le livre d'or porte depuis l'inscription : *Les Domine, non nobis, sed nomini tuo da gloriam,* une doxologie du *nonpanou, nonpanou* soigneusement entretenue par les clercs...

En plus de la déclaration des sections en association et de leur ferraillage avec les autorités et les laïcards, les responsables fédéraux ont trois soucis majeurs en cette année 1902 : la décentralisation, les anciens (hé oui, déjà...) et les effectifs.

Le succès des rencontres de Lyon et de Châlons l'a prouvé : il y a en province une attente et des possibilités d'expansion. Alors les autorités fédérales décentralisent non pas le pouvoir politique (faut pas rêver !), mais les concours : *le moment est venu de procéder à une organisation plus complexe et plus forte, en groupant, dans une série d'unions ou d'associations régionales, nos nombreux amis de province que la nécessité de l'union nous avait obligés jusqu'ici à grouper en un seul concours à Paris.*

La décision est prise : afin de diminuer les frais des sociétés fidèles et d'y attirer miséreux, grippe-sous et indécis qui auront ainsi moins de dépenses, le concours national n'aura plus lieu à Paris que tous les deux ou trois ans, en province dans l'intervalle, avec le plus possible de nouveaux concours régionaux qu'il faut vite mettre en place. 1903 à Issy ne sera donc toujours qu'un régional, avec une importante participation scolaire.

A côté de ce concours, nous en aurons bien d'autres, en Lorraine, en Champagne, dans le Nord, en Bourgogne, dans le Loiret, dans le centre, à Lyon, à Bordeaux, bientôt peut-être à Toulouse et Marseille, sans doute pas aussi complexes que les nôtres, mais comportant les exercices d'ensemble mains libres et avec engins.

Pour l'indispensable comité de patronage, *même si les catholiques de France ne sont pas toujours faciles à mobiliser, nous signalons tout particulièrement à nos amis la porte de quelques uns de nos grands commerçants et industriels, et celle des anciens officiers de notre belle armée. Frappez, et on vous ouvrira.* C'est dans le bulletin d'août 1902, sous le titre trompeur de **création d'Unions Régionales**, et signé *Dieu et Patrie*. Rien que ça...

Le second souci est rappelé au public de la réunion annuelle par Jean Lerolle, avocat à la Cour d'appel de Paris, frère de Paul, éloquent député de la capitale qui, malgré ses engagements politiques, continue (comme Henri Thaudière, qui est même membre du comité central) à participer à la vie la fédération : *depuis que les patronages existent, chaque année en sort une nouvelle génération d'hommes. Les plus attachés y reviennent le dimanche, et c'est un grand exemple pour nos apprentis. Mais beaucoup perdent peu à peu le contact avec l'œuvre, et un jour on ne les voit plus. Pour empêcher cette dispersion désastreuse, certains ont constitué des associations d'anciens.*

Nous les en félicitons hautement... mais je vous pose une question : ne serait-il pas bon d'aller plus loin, de fédérer ces associations entre elles ? Je vois à cette union deux avantages : montrer aux ouvriers catholiques de chaque association qu'ils ne sont pas isolés, et faire de ces ouvriers une véritable force sociale chrétienne.

Quelques jours plus tard, dans le bulletin des patronages, Paul Michaux insiste et confirme les propos de l'orateur sur le point qui inquiète beaucoup les troupes : *nous laisserons à chaque groupe son autonomie.* Liberté, liberté chérie...

Le 3e et dernier souci, ce sont les effectifs. Il y a certes *100 sociétés (dont 40 de province) et sans doute pas loin de 10 000 gymnastes* (100 par œuvre ? Alleluia ! NDLR) mais cela ne suffit pas aux pionniers. Leur ambition, exprimée à mots demi-couverts en plusieurs occasions, n'est pas tant de faire mieux que la fédération de gymnastique, *l'USGF* (encore que, si on pouvait toujours rester devant elle dans les statistiques...), elle est en fait de surpasser une consœur, amicale et admirable mais un peu agaçante par son rôle éminent, sa réussite et ses résultats au nord de Marchienne-au-Pont, la *Fédération catholique belge des sociétés de gymnastique et de tir*, plus forte, mieux structurée, mieux organisée, et **très** catholique.

1903. Congrégations : fermées pour cause d'inventaire

Pour résumer en peu de mots cette pourtant très importante année, j'ai trois nouvelles pour vous. Les deux bonnes, d'abord :

- Le 5 janvier, la fédé a SON journal, dont la naissance était annoncée depuis plus de deux mois par le bulletin des patronages : pour ne plus mélanger les serviettes bleu et blanc des patronages et les serviettes orange de la fédération, celle-ci prend un peu de distance. Le titre est simple comme bonjour, mais génialement symbolique : *Les Jeunes.* Belle opération de communication, qui piège encore les attachées de presse du XXIe siècle, persuadées qu'il concerne les adolescents.

Inséré dans le bulletin des patronages, *ce courrier de quinzaine sera le trait d'union qui vous rattachera à la fédération des patronages, à laquelle vous apporterez la vie, l'entrain, l'activité de votre belle jeunesse chrétienne. Vous y trouverez de pieuses pensées pour vous soutenir dans les rudes combats de l'atelier.*

- Le 12 avril, l'Etat laïque et républicain accueille la fédération dans la 1re des trois catégories prévues par la loi de 1901, les associations reconnues d'utilité publique, ce qui lui permet de recevoir désormais dons et legs. *Notre Père qui êtes aux cieux, que Votre règne vienne………. mais laissez-les succomber à la testation, amen.*

La mauvaise nouvelle, c'est, le 21 décembre, veille de Noël, le décès sans tambours ni trompettes de la pourtant très jeune *Fédération des sociétés catholiques de gymnastique.* Mais ne sortez pas vos kleenex, la FSCG, à obsolescence programmée, devient simplement *Fédération gymnastique et sportive des patronages de France.* Trop provocateur, l'adjectif catholique a disparu mais l'orthodoxie reste bien entendu la même dans ce nom clair mais plus discret où gymnastique fait quasiment fonction d'adjectif. Et la préfecture, apparemment pas débordée, n'a mis qu'une semaine pour répondre : les statuts ont été déposés le 14.

Le vote des Unions au congrès est codifié : une voix par tranche de dix sociétés affiliées. Le siège annonce qu'il fournira dorénavant aux sociétés (à prix modique, rassurez-vous), pour tous leurs membres, une preuve nominative d'appartenance, renouvelable tous les ans, avec photo. Cela s'appelle une licence.

La décentralisation s'étend : en mars, à Bordeaux, 112 participants au cross régional, chiffre incroyable pour l'époque et plus du double qu'en Ile-de-France l'année précédente. Quelle superbe vitalité dans les patronages du sud-ouest…

Paris-Madrid ayant connu plusieurs accidents mortels, les courses automobiles n'auront plus lieu désormais que sur des circuits fermés. La belle invention d'Henri Desgranges *(l'Auto)* le Tour de France à vélo (2 500 km en 6 étapes) est remportée par un *ramoneur* (surnom de Maurice Garin) avec 2 h 49 d'avance. Il y a 20 rescapés sur 60.

Mais la très mauvaise nouvelle, c'est la loi qui, au printemps, supprime *toutes les congrégations prédicantes et enseignantes.* Elles ont trois mois pour se dissoudre et (sitôt dit, Cîteaux fait) leurs biens sont confisqués au profit de l'Etat. Il ne reste plus que les congrégations féminines non enseignantes, et cinq masculines, dont les 10 000 Frères des écoles chrétiennes.

La demande d'habilitation des moines de la Grande Chartreuse a bien sûr été refusée au prétexte qu'ils sont *un ordre commerçant.* Le 29 avril, devant des centaines de catholiques qui ne peuvent que conspuer les hommes politiques et la force publique et molestent un tantinet les journalistes régionaux présents, considérés comme complices des six députés locaux qui ont fait campagne contre les moines, ils sont expulsés *manu militari* par l'armée, et partent en Espagne, à Tarragone, fabriquer leur liqueur verte et jaune. Mais où s'arrêtera la persécution ?

Petit rappel aux lecteurs, qui ont forcément oublié ce qu'on s'est bien gardé de leur apprendre au collège : c'est en 1880, 1881, 1882 et 1886 que sont nées les lois rendant l'enseignement primaire (6-13 ans) obligatoire, gratuit et laïque, chassant la religion des programmes et du corps professoral. A cette époque, l'Eglise et le clergé avaient la main mise sur les deux secteurs essentiels de la vie sociale, la santé et l'enseignement.

Principaux visés, les jésuites s'étaient conduits… en jésuites : une fois l'alerte passée, ils avaient repris en douce le contrôle de leurs nombreux collèges et écoles en plaçant officiellement à leur tête des hommes de paille et des prête-noms laïcs. Leur congrégation était persuadée de l'importance de l'exercice physique, et elle n'était pas la seule : le petit séminaire du Rondeau (Isère), par exemple, organisait tous les 4 ans des *Jeux olympiques,* que les élèves préparaient pendant 3 ans par des *préludes olympiques*.

Un des anciens élèves de l'établissement était devenu dominicain et prieur du couvent francilien d'Arcueil, poste qui lui donnait la responsabilité du lycée local, Albert le grand, et de l'école Lacordaire à Paris. Le père Didon fit construire à Albert-le-grand un manège et une piste de course à pied et organisa dès 1891 des championnats placés sous la devise latine *de Citius, altius, fortius* que son ami Pierre de Coubertin, avec bien sûr l'assentiment du prieur, reprit pour les Jeux olympiques. Il y avait donc des exercices physiques dans beaucoup de collèges libres, mais, comme pour les patronages en 1897, rien d'organisé et pas de compétitions inter collèges, d'où l'idée des responsables FGSPF de créer en 1911 des liens et une branche sportive scolaire… Mais n'anticipons pas !

1904 : les mousquetaires au couvent

Pour la FGFSPF, pas directement concernée par ces expulsions et cette spoliation, l'expansion continue, comme le plaisir que prennent des milliers de jeunes à courir dans les labours ou sur la cendrée des stades, à tourner autour des agrès, à pousser un ballon sur des terrains approximatifs souvent parsemés de trous et de bosses (flaques d'eau garanties l'hiver) parfois même avec un arbre au milieu, sans douches, sans vestiaires, short à mi-genou et coquet maillot bariolé, lissant leur moustache et gonflant les muscles avant de sourire au photographe ou aux élégants en haut de forme et aux élégantes en robe longue et vertugadin qui se pressent autour du terrain…

En avril, premier cross fédéral, remporté par Wallet *(Etampes)* et *l'Etoile des Deux Lacs* par équipes. Le 15 mai, à Saint-Cloud, premier championnat fédéral d'athlétisme. Werner établit, en 11 1/5, un record fédéral du 100 m qui tiendra des années.

Comme annoncé, le VIIe concours de gymnastique ne s'appelle toujours pas fédéral, et fini Issy-les-Moulineaux : pour montrer aux Parisiens la force et la discipline de ses défilés et déjà démangée par la tentation de mêler sport et culture, la fédé pousse les feux dans la salle des Machines, aujourd'hui disparue mais restée dans l'histoire des arts scéniques : située entre le Louvre et le jardin des Tuileries, dite aussi *théâtre des Tuileries,* cette salle immense a en effet laissé au monde l'expression côté cour (le Louvre) et côté jardin (les Tuileries).

Le rassemblement a lieu très tôt, les 10 et 11 avril, pour laisser tous les dimanches de juin aux concours régionaux mais il y a quand même 120 sections, 4 000 gymnastes et plus de 20 000 spectateurs sur deux jours dans une salle de 4 000 places. Même si les chiffres incluent les spectateurs du défilé dans les rues, l'opération de propagande est parfaitement réussie.

En novembre, c'est le premier acte d'autonomie de la FGSPF par rapport à la Commission des patronages : congrès fédéral *sui generis*, et largement ouvert à la province. Michaux annonce, *pour l'histoire*, les huit premières sociétés affiliées *: la Garde de Clichy* et *les Amis de l'Enfance* (Paris), *les Camarades de Fontainebleau, les Enfants de Saint-Faron* (Meaux), *la Saint-Louis de Vincennes, la Saint-Louis de Paris*, et deux provinciales, *la Saint-Louis de La Roche-sur-Yon* et *la Liberté de Rambervillers* (Vosges), la seule qui subsiste encore 100 ans après. Le roi saint fait un tabac !

Hors fédé, la guerre s'intensifie, l'Etat passe au troisième volet de la démolition de *l'Eglise, ce danger politique et social.* La loi du 7 juillet interdit d'enseignement toutes les congrégations, dont tous les établissements doivent fermer illico presto. 2 500 écoles et couvents s'ajoutent aux 3 000 de 1902.

Ce quasi catonesque *delenda sunt congregationes,* étrange justice séculière contre les ordres réguliers, tient plus du Joséphisme sans évêques que de la vraie laïcité, mais le résultat est le même : les prêtres, les sœurs et les frères enseignants (y compris *les ignorantins*, dont l'école d'Issy-les-Moulineaux est si utile à la fédération) restés en France doivent de nouveau choisir entre sécularisation, missions étrangères ou exil. Certains deviennent clandestins, et rejoignent le club des frères anonymes déguisés en prêtres de paroisse.

La maréchaussée joue les mousquetaires au couvent, mais ici, pas d'abbé Bridaine ni de fringant Gontran, juste des gardes armés et en tenue pour protéger les inventoristes assermentés ou, le cas échéant, procéder à l'expulsion musclée des congrégations dont l'Etat veut récupérer les biens, ce qui provoque un peu partout, surtout dans l'Ouest, terre de catholicisme (à Nantes et à Ploërmel, notamment), de violentes batailles avec les fidèles accourus pour défendre frères, sœurs, moines, moniales, chapelles, églises, couvents et prieurés..

Sale temps, donc, pour les catholiques, dont le ralliement officiel à la République française *pour le salut de la patrie* annoncé par le cardinal Lavigerie en 1890 et confirmé par Léon XIII en janvier 1892 n'est pas si lointain, mais n'a manifestement pas suffi.

En 1934 et 1941, dans son œuvre la plus connue, Chaminadour, Marcel Jouhandeau racontera avec talent cette persécution des religieuses et le sort peu enviable des curés de campagne.

Le 18 avril naît un journal d'opinion, socialiste, *L'Humanité,* fondé par Jean Jaurès et qui deviendra communiste en 1920.

Les IIIe Jeux olympiques ont lieu à Saint-Louis (Missouri) du 1er juillet au 23 novembre… dans le cadre de l'Exposition universelle, comme à Paris en 1900, d'où leur durée. Cette édition restera dans l'histoire comme celle où les trois premiers classés reçoivent sur le stade une médaille d'or, d'argent ou de bronze, mais aussi celle où un concurrent du marathon effectue une partie du parcours en voiture et se dope au cognac, mais surtout celle où, les 12 et 13 août, ont lieu de scandaleux *Jours anthropologiques*.

Recrutés parmi la main d'œuvre bon marché de l'Exposition, pygmées, indiens d'Amérique, patagons et aïnous s'affrontent dans des épreuves sportives dont ils n'avaient jamais entendu parler, et les pseudos scientifiques à l'origine de la manifestation tirent de l'effroyable mascarade les conclusions qu'ils espéraient : toutes ces races sont inférieures.[8]

Le seul délégué du CIO présent sur place, le Hongrois Ferenc Kemeny, proteste vigoureusement les jours précédents au nom de la charte olympique, mais on lui oppose une fin de non-recevoir. Parmi la gerbe de résultats sportifs, les espiègles relèveront la performance incroyable du sergent de ville canadien vainqueur du jet de pierre, Etienne Desmarteau (je n'invente rien) : 10,46m. La pierre pèse 56 livres, soit 25,5 kg ![9]

Plus que la vitesse, la force est bien la valeur la plus prisée du sport, principale activité mâle en temps de paix. Ce ne sont pas les cubiques gymnastes champions de la FGSPF qui diront le contraire !

---

[8] 1904 voit aussi hélas le début du premier génocide du XXe siècle : en quatre ans, les Allemands massacreront en Namibie 80% du peuple herero et 50% du peuple nama, 75 000 personnes au total.

[9] Pour la petite histoire, notons que l'américain MacDonald, vainqueur de la 2e et dernière édition de cette épreuve olympique, en 1920, fera nettement mieux : 11,26m.

1905 : R.A.S.

Le 1er janvier, *Les Jeunes* prennent leur distance avec le bulletin de la commission des patronages : le cordon ombilical est définitivement coupé. Pour grandir, l'enfant doit absolument quitter son berceau du 197 bd Saint-Germain, se doter d'un local et de personnel.

Le 15 juillet, c'est chose faite : René Chevallier a trouvé ce qu'il faut, pas loin de là, au 5 place Saint-Thomas-d'Aquin. On déménage les dossiers et, pour s'occuper de l'administration et de *Les Jeunes*, on salarie un petit gars de Blaye, donc un Girondin mais à l'évidence pas anti parisien comme ses prédécesseurs de la Révolution !

Comme son nom l'indique, Léon Lamoureux aime…la fédé et son travail, mais, le nombre de lettres demandant réponse et de licences à délivrer augmentant sans cesse, il ne suffit bientôt plus à la tâche. On fait donc appel, pour le seconder, au président (bénévole, bien sûr) de la commission de football et d'athlétisme, un jeune homme de 23 ans à l'œil aussi vif que l'imagination et à l'intelligence toujours en éveil, habile négociateur de surcroît, formé par l'abbé Biron à Saint-Honoré d'Eylau puis à *l'Etoile des Deux Lacs*, dont le dynamisme et la belle barbe vont devenir célèbres à la FGSPF, et bien au-delà.

Autant Paul Michaux est réservé, distant et peut parfois paraître un peu glacial, autant Charles Simon est extraverti, charismatique et charmeur. Ce qui rapproche ces deux caractères assez opposés et en fera un tandem redoutable et redouté, c'est leur brillante intelligence, leur puissance de travail et leur ambition pour la fédération. Simon possède, de plus, ce que le trop gentil et trop naïf Michaux, habité par le patriotisme, le devoir du service et le christianisme social, n'a pas du tout : un sens politique aigu et le goût du combat avec *les autres* sur le terrain et dans les salles de réunion.

Léon Lamoureux est salarié, son adjoint pour les activités sportives le sera aussi, ce qui fait vraisemblablement du duo Lamoureux-Simon des pionniers. Charles Simon est ce qui est arrivé de mieux à la fédé depuis sa création… et il tombe à pic : *Paul Michaux était déjà vieilli avant l'âge par les soucis et les luttes de sa chère fédération.*[10]

Du 5 au 8 octobre, c'est donc son nouveau bâton de jeunesse, Charles Simon, qui représente la fédération au congrès sportif du

---

[10] *Le docteur Paul Michaux,* par le docteur le docteur Pierre Barbet, SPES éditeur, 1925.

Vatican. A peine de retour, il assiste, le 14 novembre, au IIe congrès, date essentielle du développement fédéral.

Les délégués de province prennent connaissance de la liste des pionniers qui composent le bureau :

- Président : François Hébrard
- Vice-présidents : Jacques Brac de la Perrière, Glotin, Etienne Védie, le comte R. de Lapparent
- Secrétaire général-trésorier : Léon Lamoureux
- Secrétaire général sportif : Charles Simon
- Membres : le docteur Arnould, François Hébrard, le commandant Jumentier, Xavier Lauras, H. Martin et Henri Taudière.

Le programme du congrès annuel aura désormais le même squelette jusqu'à la fin du monde : discussions ouvertes aux délégués sur la vie fédérale (y compris *Les Jeunes,* dès 1905) et repas convivial pour refaire ensemble la fédé, les sociétés et la Société…

Grosse nouveauté technique, qui va faciliter la pratique gymnique pour les petits gabarits à petites mains : la barre fixe en bois de 32 à 35 mm est remplacée par une barre en fer de 32 mm.

Le sport commence à provoquer de graves excès : Henri Desgrange songe sérieusement à arrêter le Tour de France, victime de sa popularité : supporteurs agressant les adversaires de leur favori, tricheries de certains coureurs qui effectuent une partie du parcours dissimulés dans une automobile, contestataires et saboteurs semant clous et psychose sur la route…

Les rencontres entre clubs de la FGSPF et de l'USFSA avaient été interdites par celle-ci, férocement anticléricale et donc d'autant plus furieuse de voir chasser sur ses terres une fédération qui lui ressemble (généraliste et défenseure de l'éthique du sport). Affiliée aux deux, *l'Etoile des Deux Lacs* avait été mise en demeure de choisir. Elle était restée chez les patros par fidélité religieuse.

En 1905, cependant, les deux fédérations décidèrent d'organiser, dans un but de charité, un match entre leurs champions. Grâce à Dieu, *l'Etoil*e FGSPF battit *le Gallia Club*, resté, lui, chez l'ennemi… ce qui n'arrangera guère les relations entre les deux organismes ! La FGSPF doit vraiment se battre sur tous les fronts…

1906 : la pilule du lendemain, le Tigre et les chandeliers

Je vous entends d'ici, amis et amies, peuple aimé, sympathiques millions de lecteurs : vous vitupérez *in petto*, vous me morigénez, pensant que je suis aussi incompétent qu'espiègle puisque je n'ai pas écrit un mot sur le point incontournable de l'année précédente, le couronnement de la grosse affaire qui mit vraiment la France au bord de la guerre civile et déborda largement au-delà des frontières, la trop fameuse séparation des Eglises et de l'Etat...

Approuvée par l'Assemblée nationale (341 voix contre 233) le 3 juillet 1905 après 48 séances houleuses, puis par le Sénat (181 voix contre 102) le 6 décembre, la sixième proposition de loi (la première date du 27 juin... 1902 !) fut enfin la bonne. Bien que promulguée aussitôt, le 9 décembre, elle n'entra en vigueur que le 1er janvier 1906, donc huit jours après le provocateur *grand banquet de la séparation* du 25 décembre qui énerva plus encore les catholiques et reste de nos jours connu (et organisé) comme *le banquet républicain*...

La loi de 1905, c'est donc la pilule du lendemain : c'est à partir de 1906 que la guerre républicains-cathos va connaître son apogée et que la FGSPF, souvent malgré elle mais parfois aussi, confessons-le, avec une ardeur joyeuse, va jouer à *t'vas voir ta gueule à la récré* avec tous les mécréants qui profitent de la loi pour régler leurs comptes avec la calotte. Et Dieu sait si les anticléricaux sont nombreux dans les milieux sportifs, politiques et civils !

Il faut ici rappeler que c'est en juillet de cette année 1906 que le capitaine Dreyfus, condamné en 1894, est officiellement réhabilité, après douze ans de batailles au fort goût de racisme et d'antisémitisme et que les catholiques trouvent dans cette *affaire* l'illustration de ce que l'Etat leur inflige en ce début de siècle.

La fédération est au milieu du maelström, coincée entre l'Etat français dont elle est tributaire à tous les échelons et le Vatican (avec lequel la France a rompu ses relations diplomatiques le 30 mai 1904 mais qui reste LA référence de la FGSPF) qui, de loin, orchestre la bagarre : *Sa Sainteté* Pie X se fend en effet de deux encycliques en six mois, ce qui, convenez-en avec moi, n'est ni de la gnognotte, ni de la roupie de sansonnet, si vous me permettez d'*impertiner* un tantinet :

- *Vehementer Nos* du 11 février condamne le principe de la séparation, dénonce la rupture unilatérale du Concordat, encourage les catholiques à s'opposer à l'inventaire et à la spoliation des biens de l'Eglise prévu par la loi et dit aux Evêques : *instruisez, encouragez, consolez Votre troupeau, acquittez-Vous vis-à-vis de lui de tous les devoirs que Vous impose votre charge.*

- *Gravissimo officii munere* du 10 août interdit aux catholiques Français la constitution des associations cultuelles de civils exigées par la loi pour gérer les biens de l'Eglise.

Après l'expulsion des congrégations, voici en effet la spoliation de ceux qui restent. Après la loi antimythe de 1901, la loi anticorps de 1903 et la loi antimoine de 1904, voici la loi anticléricale de 1905 : l'Etat refait à l'Eglise le coup de novembre 1789, quand l'Assemblée nationale, sur proposition du *diable boiteux*[11] avait voté la confiscation des *biens ecclésiastiques* pour les transformer en *biens nationaux* qui garantissaient l'émission de la monnaie révolutionnaire, les assignats, ce qui avait provoqué les révoltes des catholiques chouans et des vendéens lors des *guerres de l'Ouest…*

Les curés renâclent : se faire voler meubles et immeubles, tableaux, statues, chasubles brodées, missels, lutrins et antiphonaires richement enluminés, passe. Mais ouvrir les coffres-forts (communément appelés tabernacles) dans lesquels ils sont suspectés de dissimuler de l'or et des pierres précieuses dont la vente ferait tant de bien aux finances publiques, pas question.

Mais, pour l'Etat, l'Eglise doit ciboire le calice jusqu'à l'hallali, oh oui à l'or… Des incidents encore plus violents que ceux de 1905 éclatent aux six coins de l'hexagone (Paris, Savoie, Auvergne, Bretagne et Pyrénées) entre fidèles et agents de la force publique réquisitionnés pour protéger les fonctionnaires-inventoristes.

Le 27 février, plusieurs gendarmes sont tués à Monistrol-sur-Allier. Le 4 mars, c'est un catholique qui meurt à Boeschêpe (Nord). Georges Clemenceau, pourtant farouche partisan de la séparation pour laquelle il s'est battu comme un… tigre, ordonne aux préfets de suspendre les inventaires : *quelques chandeliers ne valent pas une révolution.* Belle formule, et sage décision, qui évite la guerre civile.

---

[11] Charles Maurice de Talleyrand-Périgord, pourtant ci-devant évêque d'Autun, mais dont la vocation religieuse avait toujours été un peu brinquebalante : au séminaire, déjà, il préférait de beaucoup les élans de la chair aux envolées de la chaire…

Le patro Saint-Joseph-CEP de Poitiers a conservé le document établi par les inventoristes pour sa chapelle Notre-Dame-de-la-Salette. On se demande vraiment ce que les préfets pouvaient faire de cette liste, extraordinairement détaillée (du *banc sans dossier au pied cassé* aux *3 moutons de la crèche* en passant par *un ordinaire carton*) et de ses milliers de sœurs aussi inexploitables !

La FGSPF n'est pas concernée en tant qu'institution, mais elle est bien sûr en plein vent social : la CGT réclame la journée de travail de huit heures au lieu de dix (utopie !) Le 1er mai à Fourmies, l'armée tue neuf grévistes et en blesse 35. A l'Assemblée, Clemenceau fustige les forces de l'ordre mais la rébellion est dans les têtes des ouvriers.

Le 13 juillet, l'Etat vient, bien involontairement, au secours de la fédération : une loi impose, pour la santé des ouvriers (45% d'entre eux meurent à 40 ans) un jour de repos après 6 jours de travail, jour fixé au dimanche *dans l'intérêt des familles et de la vie communautaire.* En août, la création du denier du culte pour subvenir aux besoins des clercs (que l'Etat ne paye plus comme sous le régime du Concordat) met un peu d'eau dans le vin de messe des catholiques.

Paul Michaux donne la consigne : surtout pas d'affrontements, pas de vagues, on se fait oublier. Il demande donc aux patronages de donner à leur section sportive ou de se donner un nom moins religieux, mais patriotique. De 1902 à 1910, c'est le massacre des saints innocents : à Bordeaux, le patronage Sainte-Eulalie se déguise en fiers *Coqs rouges* (1906), *la Jeanne d'Arc de Saint-Michel* devient *La Flèche* (1902), la Saint-Joseph d'Auxerre, *l'Association de la jeunesse auxerroise* (1905), les Œuvres Sainte-Geneviève-des-Grandes-Carrières *Championnet Sport* et *l'Association Championnet (1907).* A Laval, le *Patronage Saint-Louis-de-Gonzague* opte pour *les Francs archers de la bonne Lorraine* (1910), *le Patronage Notre-Dame de Cholet* choisit *la Jeune France.*

A Brest, le patronage Saint-Louis est rebaptisé *L'Armoricaine* en 1903. Un club se fait remarquer : *la Saint-Denys d'Argenteuil* devient *la Saint-Georges.* Dans la banlieue rouge du futur Val-d'Oise, on combat déjà le dragon communiste, et à visage découvert…

Ailleurs, c'est une explosion de noms conquérants et nationalistes, dont beaucoup ne survivront pas à 14-18 et qui paraissent aujourd'hui attendrissants d'obsolescence ou très va-t-en-guerre : *l'Alerte, Au Sol natal, En avant, l'Avenir, la Cocarde, l'Etendard, le Drapeau, la*

*Frontière, l'Honneur, l'Avant-garde, la Fidélité, la Jeune garde, la Liberté, la Lutte, la Patriote, la Quand même (*à Belfort), *la Qui-vive, la Quo Vadis, le Rempart, la Sans peur, la Sentinelle, la Victoire, la Vigilante, la Voie sacrée, les Vrais patriotes*, etc.

Les noms un peu ambigus ou clairement à cheval sur patriotisme et religion font florès *: les Bleus, les Cadets, les Croisés, les Légion Saint* quelque chose, les *Milice* et *Phalange* poussent un peu partout, moins cependant que les clubs se référant une vraie bénédiction, le nom de celle qui symbolise à la fois la religion et la guerre, la sainte qui a bouté l'envahisseur hors de France, *Jeanne d'Arc*, 50 kilos d'héroïne pure partis en fumée, qui écrase la concurrence et donne son nom à plus de 200 clubs.

Sans oublier bien sûr les noms plus clairs encore : *la Gauloise, la France, la Jeune France, Pour la France, la Française, les Enfants de France, les Fils de France, la France toujours, les Tricolores, la Tricolore.* Le prix spécial du jury de ce grand concours de patriotisme est attribué ex-aequo à la douzaine de clubs qui avertit l'empereur de Prusse : *l'Alsace de Rosselange,* rejointe après la reconquête (1921) par le patronage Saint-Léon de Bagnolet qui devient lui aussi *l'Alsace,* les six *Lorraine,* dont celles de Rabat (nos ancêtres les Gaulois…) et de Saint-Mandé, créée en 1908 aux côtés du Rayon sportif, et, top des tops, les trois *Alsace-Lorraine*, à *Sainghin-en-Weppes, Romilly et Le Perreux.* Cette dernière existe depuis longtemps déjà puisque fondée en 1876 par un groupe de jeunes alsaciens et lorrains chassés de leur région par l'invasion et l'occupation prussiennes.

La FGSPF affilie bien sûr tout ce joli monde et poursuit sa rapide progression : *Les Jeunes* sont désormais hebdomadaires, sur quatre pages, format journal et les IIIes championnats d'athlétisme et de cross sont rejoints par deux petits nouveaux, les fédéraux de football et de natation, ce dernier à l'île des cygnes. Comme les blancs anatidés qui les accueillent, les participants doivent drenser de joie !

Car la fédération a officiellement et clairement choisi dans *Les Jeunes*, à plusieurs reprises : fini le football-rugby *dont la pratique est heurtée, cafouillée, brutale, dégénère aisément en pugilats et où l'on cherche en vain une idée directrice*, et vive donc le football-association *qui permet*, lui, *de cultiver les valeurs de travail, d'obéissance et de fidélité au patronage.* Pour la première finale, à

Rennes, *l'Etoile des Deux Lacs* bat, sans surprise, *Notre-Dame-de Toutes-Grâces Rennes* 5-2.

Le 16 janvier, *Les annales de la jeunesse catholique* consacrent un long article expliquant clairement les buts et la vision éducative des patronages, donc de la FGSPF : *Jadis, on avait compris l'Œuvre de jeunesse comme œuvre de préservation et de moralisation purement religieuse. Aujourd'hui, tout en se préoccupant autant que par le passé de la formation morale, on estime qu'il y a lieu de former l'homme complet, le citoyen autant que le chrétien.*

L'enfant du patronage doit désormais être élevé pour devenir une force autonome ayant le sentiment de son influence et du devoir d'action qui en résulte……. Le patronage idéal n'est pas celui dans lequel les jeunes énergies, correctement alignées, se subordonnent avec une moutonnière insignifiance à l'autoritaire mansuétude d'un président. Mieux vaut que certaines de ces énergies soient inquiètes, impatientes bouillonnantes.

Hors FGSPF, deux catastrophes majeures endeuillent la France, les USA et le monde : le 10 mars, à Courrières (Pas-de-Calais) un coup de grisou détruit 110 kms de galeries et fait plus de 1 000 morts, mais c'est encore pire le 18 avril à San-Francisco, où un énorme séisme de 7,8 suivi d'incendies abrège plus de 3 000 vies.

Quelques satisfactions aussi, grâce à quelques incroyables progrès scientifiques : marins et militaires se transmettent des messages à distance par téléphonie sans fil (TSF) et le 23 octobre, à Bagatelle, chose ahurissante, un Brésilien, Alberto Santos Dumont, vole 60 mètres, à 3 m de haut s'il vous plaît, dans un avion pourtant plus lourd que l'air. Vous allez voir : un jour, ils vont faire Paris-Orléans à 20 mètres d'altitude !

Les 8 et 9 septembre, la fédé fait elle aussi dans l'expansion…et la provocation : elle invente le concours-pèlerinage, et organise son 10e rassemblement dans le pays avec lequel la France vient de rompre ses relations diplomatiques, le Vatican. Elle envoie 625 gymnastes de quatre-vingt sociétés à la fête de la FASCI, son homologue Italienne. Pie X reçoit la délégation française en audience spéciale et bénit le drapeau fédéral. Toutes les autres fédérations rivales, USFSA en tête, condamnent bien sûr cet acte de *provocation manifeste envers la République*.

Le 25 mars, la FGSPF avait aussi mis sur pied, à Paris, au vélodrome Buffalo, la première *fête sportive des secondaires* qui préfigurait la création de l'UGSEL, cinq ans plus tard, toujours par Paul Michaux et son orchestre.

Et tout ça malgré les soucis et les tracas, évoqués par la plus grande voix du sport, Pierre de Coubertin, à la recherche d'un appui pour l'instauration du serment olympique, pour lui garant de l'amateurisme – obligatoire - des concurrents : *les milieux sportifs n'étant nullement préparés à une telle nouveauté, et mes premières ouvertures ayant provoqué des sourires ou des protestations, c'est à la Fédération des Patronages que j'en fis la première proposition.*

On la persécutait copieusement, mais elle s'en tirait tout de même, et se procurait des terrains de jeux sans que l'on sût comment. *A l'issue de sa fête fédérale du printemps 1906, j'adressai à son secrétaire général Charles Simon, organisateur remarquable en même temps qu'apôtre ardent, une lettre dont le texte se trouve dans le numéro de juillet de la Revue Olympique. L'institution du serment olympique y était préconisée.*[12]

Quel rapport avec la FGSPF ? Le baron l'explique. *Les Olympiades d'autrefois avaient un triple caractère : elles étaient périodiques, artistiques et religieuses. Nous avons en les ressuscitant rétabli en premier leur célébration régulière. Douze ans plus tard, les Lettres et les Arts ont pu être conviés à renouer avec les Sports des liens longtemps interrompus. Reste à escalader la troisième muraille, la plus haute et la moins accessible.*

Mais il précise que *la religion ne peut bien sûr plus être un sacrifice devant l'autel de Zeus* ou la manifestation d'une église, mais *un serment de loyauté, qui introduira dans les sports modernes l'esprit de joyeuse franchise et de désintéressement qui les rénovera, et fera de l'exercice musculaire une école de perfectionnement moral. Parmi les grandes fédérations susceptibles d'aider à la poursuite d'un pareil but, aucune ne s'inscrit avant la vôtre. Laissez-moi donc faire appel à vos jeunes gens, et leur demander de propager autour d'eux ce programme d'épuration morale.*

Le récipiendaire du courrier, Charles Simon, donc, n'a rien contre mais il a d'autres soucis en tête, surtout deux problèmes, pour lui liés :

---

[12] Pierre de Coubertin, *mémoires olympiques*, page 82.

l'expansion fédérale et l'USFSA, fondée par l'expéditeur en 1899 mais qu'il a vite quittée et qui est devenue une pieuvre étouffante, hégémonique et anticléricale. Son Xe championnat de football vient d'être remporté au Parc des Princes (1-0 devant le *FC Roubaix*, après prolongations, but marqué à la 150e minute) par *le Gallia Club de Paris*, autrefois *patro de Charenton*, menacé d'exclusion s'il restait en FGSPF et qui avait choisi l'USFSA.

Simon le visionnaire est certain que l'expansion de la FGSPF est en grande partie dans le football : les jeunes y jouent partout, tout le temps et par tous les temps.

Les *républicains* (ce sont eux qui le disent !) de l'USFSA veulent s'arroger l'exclusivité de la pratique et viennent d'exclure *les cléricaux de la FGSPF*, qu'ils accusent de professionnalisme et d'hostilité aux institutions de la République. Ils veulent la guerre ? Ils l'auront, les mécréants ! Charles Simon ne fait ni une, ni deux : il internationalise le football FGSPF, et crée un nouvel organisme.

Au mois de mai, le village d'Artas, en Isère (1000 habitants), organise une petite cérémonie officielle en l'honneur de deux mères de 9 enfants et leur remet le diplôme du *Haut mérite maternel*, revendiquant depuis le titre d'inventeur de la Fête des mères.

Cette fin 1906 est un peu chaotique sur le plan sportif :

- Le 14 octobre, à Longchamp, un faux départ, non rappelé, déclenche une émeute chez les parieurs furieux qui exigent un remboursement, jettent chaises et tables sur la piste, mettent le feu aux baraques en bois du PMU, agressent les caissiers et récupèrent une partie des mises… dont on peut quand même craindre qu'elles ne soient pas vraiment revenues dans les poches de départ ! Désormais, le PMU va jalousement protéger ses recettes afin qu'elles ne tombent plus dans le domaine public. On parie ?
- Le 1er novembre, France-Angleterre de football-association. Dans la sélection française, c'est la guerre Paris-province : les 6 franciliens ne jouent qu'entre eux, les provinciaux font de même. Le résultat ? Un score de tennis : 0-15 !

Trois semaines plus tard, le 22 novembre, le monde se dote d'un signal international de détresse qui va désormais cliqueter sinistrement en morse sur toutes les ondes et radios de l'univers, le *tititi tatata tititi* de SOS, *save our souls*, sauvez nos âmes.

1907 : le martyr des Epinettes

Le 20 janvier, au vélodrome Buffalo, devant 1 500 spectateurs, la sélection parisienne des patronages joue collectif et bat le club anglais invité, le *North London amateur football-club*, 4-3. Une belle recette, à 2 F la place de pesage et 1 F celle des populaires (l'abonnement annuel de *Les Jeunes* est de 3 F) et une excellente propagande.

L'USFSA joue les dents de la mère et fait tout pour interdire le match, puisque, représentant la France à la Fédération internationale de football-association (FIFA), créée en 1904, elle s'arroge l'exclusivité de la pratique internationale, mais Simon n'a cure de ces footaises : c'est un match amical entre un club et une sélection régionale, donc **une** équipe FGSPF, pas **l'**équipe FGSPF...

Ayant gagné la première escarmouche, il passe à l'attaque : le 5 mars, il fait approuver par le comité central la création d'un organisme, le Comité pour la propagation des sports, dit Comité français interfédéral, qu'il porte dès le 26 sur les fonts baptismaux. Le CFI, dont le siège est celui de la fédé (5 place Saint-Thomas d'Aquin) regroupe sans les supprimer toutes les organisations qui s'occupent de football. Sauf l'USFSA, bien entendu.

A Bordeaux, les 8 et 9 mai, un tournoi regroupe les champions tous frais de quatre des cinq fédérations membres : la Fédération athlétique de Lyon et du sud-est n'a envoyé personne et ça tombe bien pour l'organisation de la compétition : à quatre, c'est du gâteau...

Le SM Puteaux, de la *Fédération cycliste et athlétique de France*, et le CA Joinville-Champigny, de la *Fédération athlétique amateur*, perdent en demi-finale. L'invincible *Etoile des Deux Lacs* bat le *FC Simiotin de Bordeaux*, champion de la Fédération athlétique du sud-ouest, 8-3 et remporte le Ier championnat du CFI, le *Trophée de France*, un bouclier ancien offert par Pierre de Coubertin lui-même. A l'USFSA, on trépigne, on écume mais il n'y a rien à faire...

Le dimanche 2 juin, c'est un drame qui rallume la guerre entre l'Etat et l'Eglise : celle-ci, les patros et la fédé ont leur martyr. *Le patronage des Epinettes* (Paris 17e) a participé, à Dugny, près du Bourget, à la procession de la Fête-Dieu. Vers 18 heures, entassés sur trois chars à banc ou à bicyclette, ses 200 membres rentrent à Paris. En rase campagne, près du Raincy, au lieu-dit *les petits pavés*, ils tombent dans un vrai guet-apens tendu par une trentaine d'anarchistes armés, que la presse appelle des *Apaches* pour faire peur aux lecteurs, dont la première action est d'arracher *la fleur bénie*[13] des chars et des mains des jeunes. Pour essayer d'éviter le problème, la troupe revient à Dugny, dans le parc privé d'où elle est partie.

Une heure plus tard, il faut quand même se décider : nouvelle sortie, et aux cris de *à bas la calotte !* nouvelle attaque, dont la cible est manifestement l'abbé Firmery, un Breton solide qui descend du char et vole dans les plumes d'un Apache, que, sans le frapper, il pousse dans le fossé. La confusion règne. Les assaillants tirent sur lui une trentaine de balles, dont trois seulement le touchent, deux sans gravité (cuisse gauche) une troisième un peu plus sérieusement.

En revanche, derrière le prêtre qui fait rempart de son corps, deux jeunes récoltent un des projectiles. P. Huchet est blessé, et Hippolyte Debroise *s'effondre dans un champ de blé,* foie et intestins perforés. Quelques heures plus tard, *le jeune homme rendait à Dieu son âme sanctifiée par la souffrance* et cet électricien inconnu de 20 ans, ni gymnaste ni musicien mais *l'un des plus assidus à la messe et aux jeux du patronage*, devient immédiatement pour tous les catholiques le symbole de la lutte contre la persécution.

Toute la presse parle de *ce martyr de la foi*, de cet *innocent tué par des apaches de l'anticléricalisme révolu*, et les milieux catholiques en font une revanche de l'affaire Dreyfus. *La Croix* lui consacre un tiers de sa une du mercredi 5, illustrée de deux photos, et demande la condamnation des coupables[14] *qui ne sont pas ceux que l'on peut croire, car plus misérables encore que les auteurs de l'attentat sont ceux qui, par leurs prédications de haine, ont armé la main de ces inconscients. Les vrais coupables sont ceux qui, en excitant la folie antireligieuse du peuple, lui représentent quotidiennement le prêtre comme un être malfaisant alors qu'il exerce chaque jour un ministère d'amour, de bonté, de dévouement.*

Lors de ses obsèques, suivies par une foule énorme, Mgr Amette, le grand ami des patronages, en rajoute, dans le style grandiloquent de l'époque, hérité de Bossuet, une bien belle couche dans une homélie philippique contre l'Etat et, lors des messes de solidarité célébrées un

---

13 La Fête-Dieu fut longtemps l'occasion d'une procession sur un tapis de fleurs, tradition qui continue, pour les touristes, sur la Grand Place de Bruxelles.

14 Trois d'entre eux seront effectivement condamnés à des peines de prison.

peu partout en France, ses collègues de Tours (2 000 personnes) et de Toulouse (3 000) notamment ne furent pas tendres eux non plus.

Une souscription publique permit d'élever quelques mois plus tard, au cimetière des Batignolles, devant 2 000 personnes, un mausolée qui est toujours, en 1998, l'une des étapes obligatoires des visites guidées par un historien et sur lequel on peut lire : *Hippolyte Debroise, membre du patronage des Epinettes, mort pour sa foi dans sa 20e année le dimanche 2 juin 1907 au retour de la procession de la Fête-Dieu à Dugny.*

L'événement resserre bien entendu les rangs de la FGSPF, dont les concours de gym se multiplient : Cognac, Marseille, Paris (60 sociétés au Parc des Princes), Saint-Servan (50 sociétés, 400 musiciens de six cliques, 1 800 gymnastes et excursion en mer pour tout le monde) et Nancy, là bas tout près de la frontière allemande : 70 sociétés et 3 000 gymnastes. Michaux le Messin est conforté dans son action…

Mais tout ça coûte cher. Le 9 novembre, Pierre Guédon, président de l'Union de Seine-et-Oise, donc bénévole, est nommé trésorier à la place du salarié Léon Lamoureux. Ne voyez bien sûr aucun lien de cause à effet dans le fait que, trois jours plus tard, lors du congrès, le nouveau trésorier annonce un déficit de 15 900 francs ! *La divine Providence*, secondée par les cassettes personnelles des membres du comité central, tous notables et à l'aise financièrement, régleront le problème, comme elles le font déjà dans tous les patronages grâce aux industriels catholiques locaux.…

Le congrès de novembre prend une décision importante : la licence sera désormais exigée des participants aux manifestations fédérales, départementales et régionales. Un an plus tard, l'USFSA, agressive et jalouse mais pas idiote, imite la FGSPF.

Deux petits génies français (cocorico !) font parler d'eux :

- Le 7 novembre, Edouard Belin démontre à la presse un procédé révolutionnaire de transmission téléphonique ou télégraphique des photos auquel on donne son nom, bélinographe. Vous vous rendez compte ? La photo d'une petite chapelle alsacienne n'a mis que 22 minutes pour effectuer les 1717 kms du trajet Paris-Lyon-Bordeaux et revenir à l'expéditeur. Les contours sont fidèles et les demi-teintes reproduites. Magique !

- Six jours après, le 13, Paul Cornu s'élève à 1,50 m du sol dans un appareil de 330 kilos (pilote compris) de sa fabrication. Entraîné par un moteur de 24 chevaux, muni d'une selle, de 4 roues de vélo et de 2 hélices de 6m de diamètre, l'engin décolle verticalement. Son nom, aéronef à hélice sustentatrice, deviendra hélicoplane puis hélicoptère.

Toujours en novembre, pour ne pas laisser le sport aux mains des fédérations bourgeoises et encore moins de la fédération catholique, des militants de la Section française de l'internationale socialiste (SFIO) créent l'Union sportive du parti socialiste (USPS) dans le but de *mettre à la portée de la classe ouvrière des centres de distraction qui se développeront à côté du Parti, mais serviront cependant pour celui-ci de centres de propagande et de recrutement.*

1908 : Londres, Lyon et Rome

Londres, Rome et l'USFSA vont faire de 1908 une année très internationale pour la FGSPF. A Londres (accessible en train puis bateau puis train ou en train de nuit sur bateau) ce sont les Jeux olympiques, pour lesquels deux de ses licenciés, tous deux Bordelais, ont été sélectionnés :

- G. Koeger *(V.S.S. Bordeaux)* le perchiste reste loin des 3,26 m qu'il a franchis lors du fédéral en mai, et reste planté en *qualifs* à la hauteur du panier de basket (3,05 m)
- La vedette moustachue de la gym, Raphaël Diaz *(La Flèche)*, biceps gonflés, épaules saillantes et morphologie en triangle typique de l'époque, finit 3e des 20 Français engagés (!) et 8e du concours général.

A Rome, c'est le premier *concours international catholique de gymnastique et de sport.* Dans le cadre exceptionnel de la cour du Belvédère (qui mérita bien son nom) les représentants des fédérations catholiques de Belgique, du Canada, d'Irlande, de France et d'Italie s'affrontent sympathiquement en gymnastique mais aussi au grimper à la corde, en athlétisme (100, 200, 400, 800, 150 m haies, hauteur et longueur) football et balle vibrée.

La cour a été transformée à grands frais pour y aménager un espace pour les mouvements d'ensemble et une piste de 300 mètres, sans compter le trône sur lequel Pie X assiste avec enthousiasme et intérêt (il applaudit souvent) le 26 septembre, à l'épreuve internationale de gymnastique. L'accueil que lui réservent les sportifs et les 12 000 spectateurs lui fait venir les larmes aux yeux.

Les biscotos hypertrophiés des Jules de la gym FGSPF écrasent la concurrence européenne : après un combat farouche, comme si le championnat fédéral avait lieu au Vatican, *la Flèche de Bordeaux* de Marius Pradairol bat *l'Avant-garde de Montmartre* d'Emile Richard, un duel en forme d'amical chassé-croisé qui va passionner les gyms de la fédé pendant dix ans et dont l'issue va surtout dépendre des performances des gyms dans les épreuves obligatoires d'athlétisme…

Trois mois auparavant, le 7 juin, un autre événement, totalement inattendu celui-là, avait, un peu miraculeusement, conforté la force de la FGSPF : sa grande rivale, la puriste (pour ne pas dire puritaine) mais très anticléricale USFSA, avait claqué la porte de la Fédération internationale de football-association, la FIFA, pour ne plus siéger aux côtés de cette diabolique fédération anglaise. Vous n'allez sans doute pas le croire, mais celle-ci venait de souiller la blancheur immaculée du sport en faisant une chose ahurissante, scandaleuse : admettre en son sein une branche professionnelle. Insensé, vous disè-je !

Ce départ est une ENORME bêtise, aussi idiote qu'inespérée, dont l'USFSA se mordra les doigts (de pied) pendant des années car qui postule immédiatement à être **le** (il n'y en a qu'un) représentant de la France au sein de la FIFA ? Le CFI de Charles Simon, bien sûr.

La FIFA l'accepte, à titre provisoire. L'USFSA, qui se rend compte de sa colossale erreur, plaide, fait sa repentance, intrigue, argutie, médit mais peine perdue. Deux ans plus tard, le 18 mai 1910, c'est officiel : le membre français de la FIFA, c'est le CFI. Le coup est superbe : imaginez la FSCF d'aujourd'hui seul représentant de la France à la fédération internationale de foot, de judo ou de gym !

Quand, en 1905, malgré les rapports non conflictuels entre les deux fédérations, Eugène Paz, président de la fédération de gym, l'USGF, avait sommé par écrit les clubs à double affiliation de choisir leur camp, les patros avaient adopté des attitudes diverses. *L'Etoile des Deux Lacs* et *la Tour d'Auvergne de Rennes,* par exemple, étaient restées FGSPF par vraie conviction religieuse, mais *le Gallia Club de Charenton* et *l'Aunisienne de La Rochelle* avaient choisi l'USGF, le premier pour avoir des terrains de jeu (l'Union contrôlait beaucoup de terrains publics franciliens, surtout municipaux) l'autre pour que sa section tir dispose d'armes et de leur autorisation de transport obligatoire en cas de contrôle de police ou de gendarmerie.[15]

Un an plus tard (octobre 1906), l'USFSA va plus loin encore dans la série vierges outragées : bien que Charles Simon fasse partie de son bureau national (où il est bien seul et doit avaler constamment des couleuvres…), elle expulse carrément 15 clubs FGSPF au fallacieux prétexte qu'ils sont professionnels. Les membres de ces patros qui reviendraient à la raison, donc à un club USFSA, devront un par un aller à Canossa pour faire lever l'excommunication et redemander individuellement leur qualification amateure.[16]

On l'a vu, la réponse du berger à la bergère avait été cinglante : cinq mois plus tard était né le CFI. Mieux encore : en ce mois de mai 1908, *la Société Athlétique de Montrouge* quitte l'USFSA pour la FGSPF et elle a dans ses bagages un joli cadeau, son terrain de 26 000 m^2 dans la commune voisine de Gentilly, avec en prime *la cendrée la plus rapide de France*. Elle accepte de vendre le tout à la fédé, qui cherche désespérément un terrain bien à elle pour ne plus perdre son temps et son énergie à trouver puis à aménager chaque fois un espace privé (en 1907, Michaux et Simon avaient en personne avaient joué les terrassiers) puisque nombre de municipalités lui refusent les leurs. *Les traîtres* de Montrouge sont donc très bien venus !

Cerise sur le gâteau, le 3 mai, le second Trophée de France du CFI est de nouveau remporté par le club de la FGSPF qui, à la surprise générale, n'est plus *l'Etoile des Deux Lacs* : c'est le *Patronage Olier* qui bat *la S. M. de Puteaux* (F.C.A.F.) 4-0.

Huit jours auparavant, à Rennes, la finale du championnat FGSPF a de nouveau opposé un club parisien et un rennais mais le francilien est nouveau : au tour du *Patronage Olier* d'humilier (8-0) *les Cadets de Bretagne* que *l'Etoile* avait déjà atomisés (11-1) en 1907.

Grosse source d'espoir pour les patronages, qui ont fait du cinéma un moyen de culture et d'éducation civique et religieuse : le Français Louis Dufay parvient à reproduire les couleurs sur un film. Si le

[15] Un problème qui perdure en 1998 : pas d'affiliation du club, donc de licence, à la Fédération française (de tir, bien sûr, et non plus de gymnastique) pas d'autorisation de transport d'armes pour une section affinitaire…

[16] Michel Lagrée, *Les origines de la FGSPF, 1898-1914, du catholicisme social au mouvement de jeunesse,* mémoire de maîtrise, 1969.

cinéma devient en couleurs, ça va en amener, du monde ! Et le message passera bien plus agréablement…

Le 16 juin, en hommage aux femmes ayant perdu un mari ou un fils pendant la guerre, la ville de Lyon crée une *Journée des mères* et revendique à son tour la création de la Fête des mères… mais il faudra attendre deux ans, le 9 mai 1920, pour que le ministre de l'Intérieur autorise la première *journée nationale des mères de famille nombreuses* et lance une collecte publique pour les plus méritantes. Le succès fut si grand que l'Etat décida de l'organiser tous les ans.

Le 20 juin, trois semaines après l'assassinat d'Hippolyte Debroise (et sans rapport avec celui-ci), Paul Michaux ouvre lui aussi une souscription, mais pour l'achat du futur stade fédéral de Gentilly. Plein et rapide succès… comme le rapprochement avec la *fédération des sociétés catholiques de gymnastique du Rhône et du sud-est*, créée en 1901 à Lyon et présidée depuis par le fondateur, dès 1888, de *la Sentinelle,* société de gymnastique, de tir et d'instruction militaire, Pierre Brac de la Perrière, dont le fils, Jacques, est l'un des vice-présidents nationaux (et sera rejoint plus tard par son frère Jean, exemple unique à ce jour de deux frères au comité central). Difficile pour l'Union de continuer à vivre en marge...

Elle change donc de sigle et de nom et devient *l'Union des sociétés catholiques de gymnastique et de tir de la région lyonnaise, union régionale de la FGSPF* à laquelle elle apportera désormais, et pour toujours, son dynamisme déjà structuré et ses 35 sociétés, portant à 450 le nombre de celles affiliées à la fédération.

Pour celle-ci, qui sur le conseil de son expert Paulin Enfert, envisage de coupler licence et assurance (mais le congrès dégage en touche), c'est décidément un beau 10e anniversaire, d'autant que l'anticléricalisme semble être devenu un peu moins virulent. La loi du 13 avril qui transfère *les dépenses nécessaires pour l'entretien et la conservation des édifices du culte* à la charge des communes (donc des contribuables, même athées) n'a pas rallumé la guerre civile et le patrimoine ecclésial est *a priori* sauvé…

1909 : le sauveur de vies et d'âmes

La loi de séparation interdisait certes la construction de nouveaux lieux de culte… mais il fallait entendre aux frais de l'Etat. Et la première église privée bâtie après la fameuse *loi scélérate* fut Saint-Joseph des Epinettes, dont les travaux commencèrent dès 1909 et dans les fondations de laquelle l'abbé Firmery fit symboliquement murer un morceau de la chemise ensanglantée d'Hippolyte Debroise.

La IIme *fête sportive des secondaires* connaît un vif succès le 9 mai à Gentilly sur *le terrain de la fédé* (apparemment, la souscription a bien marché…) dont les responsables apprécient de ne plus avoir à demander aux municipalités des espaces qu'elles lui refusent souvent.

Le sport continue ses progrès de toute nature : le 3 juillet, près de Reims, c'est le premier meeting aérien du monde. Il y a trois ans, les 60 mètres de Santos Dumont à 3 m de hauteur avaient stupéfié. Que dire alors des deux exploits du jour, les 47 km en 1 h 07 de Louis Blériot sur son monoplan et l'insensé record du monde d'altitude de Louis Paulhan sur son biplan, 150 mètres ? *Usque non ascendent ?*

Pour le reste, c'est le foot, le foot, le foot ! Charles Simon, président du CFI, profite de ses contacts à la FIFA pour inviter à tour de bras des clubs étrangers qui jouent contre des clubs ou sélections FGSPF dont un certain Charles Simon est secrétaire général :

- Le 14 mars, à Gentilly, *l'Union Saint Gilloise* (Belgique) bat *l'Etoile des Deux Lacs* 3-1. Aïe !
- Le 11 avril, toujours à Gentilly, une équipe mixte *AS Bon Conseil-ES Bienfaisance* prend 13 buts des pieds agiles de l'*Aston Old Edwardians Football Club* et ne sauve même pas l'honneur. Fanny, quoi…
- Le 8 mai, premier match international officiel de l'équipe de France du CFI : sur le stade du Vivier d'Oie à Bruxelles, défaite 2-5 face à la Belgique. Les onze joueurs appartiennent à la FGSPF.
- Deux semaines plus tard, à Gentilly encore, sur *le stade de la FGSPF,* pour la rendre plus performante face à la redoutable Angleterre, berceau et pays du football, la sélection du CFI a été largement ouverte : deux joueurs de la Fédération cycliste et athlétique de France rejoignent les 9 de la FGSPF !

  L'initiative est couronnée de succès : 11-0 à peine devant l'équipe de la *Football Association League* ! Il y a du progrès :

l'année précédente, aux Jeux olympiques, la sélection de l'USFSA (dont les joueurs sont désormais non sélectionnables en équipe de France, chacun son tour, non mais des fois) avait pris 9-0 puis 17-1 contre le Danemark…

Mais c'est quand même la gym qui reste reine en fédération. Michaux pense qu'il est temps de montrer de nouveau à l'Allemagne que la jeunesse française sera prête, quand viendra le grand jour (car il viendra forcément) à se battre pour reconquérir **son** territoire. Puisque Metz, sa ville natale, est toujours Prussienne, le concours aura lieu tout à côté, à Nancy, comme en 1907…

Mais c'était compter sans *un ministre de l'Intérieur*[17] *qui menace le maire d'une grande ville de l'Est de lui retirer les subsides promis pour un concours de gymnastique si la fédération y participe, et qui fait refuser à celle-ci par les compagnies de chemin de fer toute réduction de tarif.*[18]

Le journal *La Patrie* parle carrément de *l'autoritarisme malveillant et violent de M. Clemenceau,* dont les feulements annulent le projet. Et le docteur Barbet ajoute, sans que l'on puisse savoir s'il parle ou non du même concours : *ailleurs, c'est un commandant de corps d'armée qui consigne ses soldats des patronages et cercles catholiques sous peine de 15 jours de prison.*

C'est d'autant plus dommage que l'opération reconquête de l'Alsace-Lorraine est en route, il y a des signes qui ne trompent pas : en Meurthe-et-Moselle, par exemple, les premières sociétés scolaires de tir viennent de naître (1907) et on note également avec satisfaction l'augmentation vertigineuse des créations de clubs de gym (de 26 à 60 entre 1905 et 1914) et de tir (de 9 en 1880 à 142 en 1914). La FGSPF brûle de participer à cet effort, et, paradoxalement, c'est l'Etat français qui l'en empêche… Allez comprendre !

En attendant, Dieu merci, la vie continue :

- Début septembre, au concours international de gym de Milan, la FGSPF gagne de nouveau, mais ce n'est ni Bordeaux ni Montmartre qui monte sur le podium : c'est *la Jeunesse Ouvrière du Creusot* qui se classe en tête des sections mais elle

[17] Georges Clemenceau, encore lui, nommé le 14 mars.

[18] Docteur Pierre Barbet, *op. cit.*

ne peut se prétendre championne fédérale, puisqu'il n'y a toujours pas de compétition nationale

- Lors du congrès des 8-9 novembre, les gyms réclament celle-ci avec insistance : il FAUT un championnat en sections, réglementé, répondant à un programme précis, élaboré au minimum une saison à l'avance et imprimé à des centaines d'exemplaires, pour toutes les sociétés.

De Marius Pradairol *(la Flèche de Bordeaux)* à Charles Simon, tout le monde est d'accord. La commission fédérale, présidée par A. Jubert, se dit tout à fait en mesure de l'organiser dès 1908. La seule question en suspens (et qui le reste...) est : tous les trois ou tous les cinq ans ? La périodicité sera décidée... après la première expérience.

Mais il est temps d'en dire un peu plus sur celui qui, douze ans plus tôt, a créé la fédération. Né à Metz le 16 novembre 1854, troisième d'une famille de sept enfants dont il fut le seul survivant (ce qui explique vraisemblablement son sérieux et sa gravité proches de la tristesse) Paul Marie Michaux a donc 53 ans et se dévoue depuis 35 ans, sans compter ni son temps ni son argent, pour l'Eglise et pour les patronages, qui tiennent dans sa vie une place aussi importante que son métier de chirurgien.

Modeste et simple, froid, réservé, presque effacé mais toujours cité en exemple par ses professeurs sans qu'il en tire vanité, d'une piété exemplaire, l'élève Michaux est d'une intelligence brillante. Souvent prix de sagesse et de camaraderie au collège Saint-Clément, il y entre à treize ans (1866) dans la congrégation *Marie reine des anges,* dont il conservera toute sa vie non seulement le diplôme mais surtout l'amitié du parrain signataire du parchemin d'admission, de cinq ans plus âgé que lui, Ferdinand Foch.

Toujours tête de classe ou de promotion, il obtient aisément ses deux baccalauréats puis, en 1884, son diplôme de médecin, à Paris où il exerce à l'hospice d'Ivry, Broussais (1897) et Lariboisière (1901) avant de s'installer à Beaujon de 1904 jusqu'à sa retraite en 1916.

Il est aussi professeur d'anatomie (une autre de ses nombreuses passions) et devient un pionnier de la chirurgie abdominale. Fervent partisan de l'antisepsie (il fera installer dans son service un autoclave pour la stérilisation des instruments) et de l'anesthésie à l'éther (certes moins efficace que le chloroforme ou que la cocaïne, mais selon lui moins dangereux, idée que certains confrères ne partagent pas, à tort), il se montra *un chirurgien prudent et habile*, un chef de service très aimé de ses collaborateurs et l'auteur de conférences techniques très écoutées, mais parfois contestées.

En 1870, il a seize ans. Pas encore médecin, donc, mais déjà bénévole (et fils de médecin) il aide son père à soigner, à l'hôpital du Polygone, quelques-uns des 5 000 blessés du siège de Metz. Le traité de Francfort, le 10 mai, qui restitue une partie de l'Est de la France, dont sa ville natale, à l'Allemagne, fut pour cet ardent patriote une blessure qu'il garda toujours au cœur : *lors de la reddition de Metz (29 octobre 1871) il mit à l'abri un fragment du drapeau du 1er régiment de Voltigeurs de la Garde, qu'il conserva précieusement.*[19]

La famille fait partie des 30 000 Messins qui choisissent de quitter la ville (s'ils veulent conserver la nationalité française, ils ont jusqu'au 1er octobre 1872 pour ce faire) et s'installe à Paris au mois d'août. Interne des hôpitaux, il consacre tous ses temps libres à la conférence Saint-Vincent-de-Paul et au *patronage de Nazareth.* A 21 ans à peine, en 1875, il crée la conférence Laennec, groupe amical de préparation aux examens pour les étudiants en médecine catholiques.

La réputation de Michaux lui permit de bénéficier d'une clientèle privée, mais il ne chercha jamais à la développer. Très modéré dans la fixation du montant de ses honoraires, il avait l'habitude d'en verser une partie non négligeable à ses œuvres, en particulier à la Conférence de Saint Vincent de Paul. Il n'eût pas d'enfant, et vivait très simplement, n'ayant pas de gros besoins à satisfaire.[20]

En 1909, à 55 ans, il est *déjà vieilli avant l'âge par les soucis et les luttes pour sa chère fédération* (P. Barbet, son interne à Beaujon).

Mais, dans son discours de clôture du congrès 1909, Paul Marie Michaux, patriote, catholique, sauveur de vies et d'âmes par vocation, est toujours très lyrique, optimiste et galvanisant pour ses troupes. Il déclare que la FGSPF est entrée dans son adolescence et franchira victorieusement toutes les embûches que l'on place sur sa route, notamment parce que sa cause est juste, que l'équipe qui l'entoure est talentueuse, décidée, ambitieuse pour la fédération, dynamique et imprégnée de sa mission, et qu'il en est de même dans les Unions et les sociétés affiliées.

---

[19] Docteur François Jung, conférence d'après Pierre Barbet, *op.cit.*

[20] Dr François Jung, *op. cit.*

Tous sont bénévoles, sauf Charles Simon, qui gagne 3 000 F l'an, et Léon Lamoureux. Le congrès approuve la proposition du trésorier, la création d'une commission de contrôle des finances.

Ce n'est ni la première ni la dernière nouveauté que les autres fédérations et les pouvoirs publics reprendront à leur compte ou imposeront quelques années plus tard : licence nominale, certificat médical, licence-assurance (congrès 1908) brevet sportif populaire... Mais il y a cependant une pratique qu'elle est et reste toujours la seule à organiser : l'union de la gymnastique avec les autres sports et avec la culture, y compris, depuis 1968, dans son nom et son sigle.

Les temps changent, et la persécution n'y est pour rien : les dangers qui menacent désormais la jeunesse de France viennent du progrès, du modernisme. Il y a la vogue des bals, avec leur effrayante mixité et leurs corps-à-corps, et le cinéma, avec ses films qui peuvent eux aussi pervertir... La piété et le sport s'imposent donc plus que jamais.

1910 : l'âge d'oraison

Puisqu'il faut désormais être membre du CFI pour prétendre à une sélection internationale, une nouvelle association, créée le 27 août sous le nom de *Ligue de Football Association* (LFA) par quatre clubs parisiens dissidents de l'USFSA et menés par un certain Jules Rimet[21] chrétien social proche de Marc Sangnier, creuse son propre sillon et demande son affiliation au CFI. Elle l'obtient.

En finale de ce même CFI, le 29 mai, c'est un autre patro qui remporte le Trophée de France : *le Patronage Olier* bat *le C.A. Vitry* 2-0. Trois semaines auparavant, à Bordeaux, *le PO* n'avait pas fait le détail en finale FGSPF : 11-0 devant les locaux de *l'AS Bons Gars.*

Aux Tuileries, un officier de marine nommé Georges Hébert effectue une démonstration publique de sa *gymnastique naturelle,* qui bat en brèche la gym partout établie, la suédoise. Vingt mousses de douze et treize ans grimpent les 8 m de corde à l'équerre si rapidement que *la foule leur fait un triomphe.* Mais il y a au moins deux spectateurs qui pensent que Georges est un *exagéré,* comme son illustre prédécesseur Jacques-René en 1792 et 1793.

[21] Créateur en 1930 de la Coupe du monde de football, qui porte son nom.

Les duettistes ne sont pas Danton et Robespierre, mais Philippe Tissié *(le Ling français*) et Georges Demeny, certes anti gym suédoise mais qui ne se reconnaissent pas non plus en Hébert, dont ils sont pourtant les inspirateurs et les pères spirituels. Dans la tribune officielle, le duo est très agacé. Demeny hurle : *vous applaudissez une erreur physiologique* ! L'hébertisme n'a pas fini de faire marcher... les langues, tout au moins.

Sur le terrain, la guéguerre avec certains représentants de l'Etat continue, moins violente mais réelle : *entre 1906 et 1914, la lutte entre patro scolaire et club à l'ombre du clocher s'inscrit dans le quotidien. Chacun possède ses propres installations, ses dirigeants, ses compétitions et sa fédération. Il n'est pas rare de voir l'instituteur et le curé assumer les responsabilités de président de club, d'entraîneur et même d'arbitre. Et l'évêque de Bayonne s'adresse à un grand rassemblement d'athlètes catholiques en ces termes :* **vous déclarerez la guerre à ceux qui font la guerre à Dieu.**[22]

En revanche, les énormes inondations de janvier et février (Seine, Doubs, Saône et Rhône) les plus gigantesques qu'aient connu et que ne connaîtront jamais Paris et l'Île-de-France après celle de 1658, donnent lieu à un immense élan de générosité des patronages entre eux (dans l'Eure, le Doubs, la Franche-Comté, Paris et le Rhône, ils offrent à leurs frères secours, vivres et hébergement) mais aussi du pays tout entier.

L'USFSA met un peu de cette eau dans son vin : pour l'occasion, elle accorde à ses clubs affiliés, *avec une bonne grâce qui mérite d'être soulignée* (NDLR : en effet ! C'est exceptionnel) l'autorisation de jouer des matchs de solidarité contre les hérétiques, ces infâmes clubs professionnels catholiques.

Les plus heureux sont les Bretons, qui voient enfin, en mars, *le grand match attendu depuis toujours entre le Stade Rennais Universitaire Club* et *les Cadets de Bretagne* qui, en FGSPF, *sous la conduite du sportif abbé Lefoul*, viennent de coller un de ces scores très communs à l'époque, 12-0, à *la Jeanne d'Arc de Ménilmontant*[23]

---

[22] Bruno Dumons, Gilles Pollet, Muriel Berjat, *Naissance du sport moderne*, Les Olympiques, 1987.

[23] *Les Jeunes* font dans le lapidaire : *terrain boueux, c'est vrai, mais le résultat dispense de tout commentaire.*

puis 11-0 à leurs amis locaux de *la Tour d'Auvergne* (pas de commentaire dans *Les Jeunes*).

Dans la gadoue de mars, sous *l'excellent arbitrage de l'impartial M. Grimaud, ne suivant pourtant pas la balle, chose impossible à moins de le faire sur des échasses,* le SRUC gagne 2-1. A Paris idem : *l'AS Française* bat *l'Etoile des Deux Lacs* 3-2. A Besançon, c'est un peu plus doux : *la Bousbotte Association* fait match nul (4-4) avec le champion USFSA, le *RCFC.* Dans l'ensemble, il faut convenir que ce n'est pas terrible mais la solidarité passe avant la fierté !

Hélas, l'embellie ne dure pas : quelques semaines plus tard à peine et *a cappella,* Michaux chante de nouveau *je t'aime, moi non plus,* soulignant avec satisfaction les rapports sereins avec l'USGF, l'Union des sociétés de gymnastique, qui *contrastent avec les mesquineries et l'attitude anti sportive de l'USFSA,* qui prend toujours trop au sérieux sa devise, *Ludus pro patria,* et souhaite régenter tous les sports (elle en a 5 seulement), donc les autres fédérations, la gym et les cathos.

C'est dans ce contexte que la fédération prospère. Depuis que *Les Jeunes* sont indépendants, elle y publie dans chaque numéro, parfois en 1re page, la liste détaillée des nouvelles œuvres qui *prennent rang en FGSPF,* ainsi que la liste nominative des *nouvelles licences pour 1911,* dont le dernier est Henri Hacques (né en 1895) des *Francs Archers de la Bonne Lorraine de Laval,* licence numéro... 40 290.

En plus de ces 40 000 noms et prénoms, *Les Jeunes,* c'est comme à la Samaritaine, on y trouve tout :

- Du 23 février 1907 au 11 mai 1912, plus de 300 titres (parfois à la une) portant le mot *championat* avec un seul n. Explication en fin de chapitre.
- Sous le titre **un jour à la mer**, une excitante réclame pour *les trains de plaisir* (ciel !) *à marche rapide* qui font *l'aller et retour à prix réduits* dans la même journée à destination des belles plages du Nord. Berck !
- Le sel Vichy Etat, *en vente dans les bonnes pharmacies*
- En première page, deux jours avant *(Les Jeunes* paraissent le dimanche) convocation et ordre du jour du comité central, qui *se réunira mardi courant à 5h ½ du soir.*

Le 28 mars, Henri Fabre (encore un français) effectue 800 mètres au-dessus de l'étang de Berre, sur lequel il pose sans dommage son invention, l'hydro-aéroplane, aujourd'hui hydravion.

Le 10 avril, un nouveau bébé agrandit le cercle de famille et des activités organisées FGSPF : *la Section olympique Saint-Médard*, qui n'existe pourtant que depuis trois ans, inscrit son nom au palmarès du premier challenge d'un sport para militaire revisité, le fleuret. Ah le Saint Médard, mon Dieu qu'il a plu !

Le cross et l'athlétisme continuent à courir : c'est *l'Arago sport d'Orléans* qui triomphe aux fédéraux d'athlétisme et remporte le challenge offert par *l'Auto*, le journal qui deviendra l'*Equipe* en 1946.

Le dimanche 19 juin, quatre grands concours régionaux de gymnastique regroupent plus de 200 sociétés et de 6 000 gymnastes à Amiens, Dijon, Marseille et Miramont-de-Guyenne.

Le premier *championnat fédéral de gymnastique en sections* est un gros succès. Il se déroule à Chantilly, très tard dans la saison, le 8 octobre. *La Flèche de Bordeaux* remporte un titre qu'elle conservera jusqu'à l'interruption de la guerre, quatre ans plus tard, pour le reconquérir en 1922, 1923, 1924, 1934 et 1938… sans parler de ses sept places de second !

La réponse à la question du congrès précédent sur la périodicité du championnat (tous les trois ou tous les cinq ans ?) est fournie sur place par les moniteurs en accord avec la commission de France et le comité central, mais il est quasi certain qu'elle l'était déjà depuis longtemps dans la tête des gymnastes. Ce sera… tous les ans et chaque fois dans une ville différente, pour que toutes les sociétés de province puissent un jour y participer à peu de frais.

Depuis 1990, le congrès annuel de la fédération obéit au même souci de conquérir de nouveaux publics locaux… Mais revenons à celui de 1910 : le 15 novembre, le secrétaire général y annonce 810 sociétés régulièrement affiliées. C'est énorme, surtout si on compare ce chiffre au total officiel des associations sportives recensées en France : 664 en 1907 et 2 049 en 1913, donc autour de 1 500 en 1910. Huit cent dix, c'est bien, mais 1 000, en fin de saison prochaine, ce serait mieux… C'est l'objectif fixé aux responsables départementaux et nationaux : comme pour *La Flèche de Bordeaux*, le but de la fédé sera en 1911 opération *pan dans le mille…*

1911 : Paul et Charles ont deux bébés

La FGSPF fait en effet des petits et quels enfants ! Le 10 février, le long et lent travail de Michaux et de François Hébrard (ce dernier toujours dans l'ombre bien qu'il soit très proche du président, et l'un des trois mousquetaires du départ, en 1898, autour du mousquetaire d'Artagnan-Michaux) auprès des classes secondaires aboutit enfin : le comte R. de Lapparent, vice-président FGSPF, anime place Saint-Thomas-d'Aquin l'assemblée générale constitutive de l'Union générale sportive de l'enseignement libre, *UGSEL.*

Le premier président est M. Mativet, directeur de Sainte-Geneviève de Versailles. Le secrétaire, qui, comme dans toutes les associations, en sera la véritable cheville ouvrière, est Henri Richard. Le premier vice-président est professeur de philosophie et de littérature française. Dès la séparation, il a fondé à deux pas de la fédé, dans la très bourgeoise rue du Bac, un établissement d'enseignement secondaire privé, le cours Louis de Fontanes, devenu l'un des plus prisés de Paris.

Il a ainsi réalisé la première expérience réussie d'enseignement libre laïque et il croit aux vertus du sport : il assiste souvent, avec son très élégant haut de forme, aux matchs de football endiablés qui se déroulent sur les terrains vagues de la Vache noire à Arcueil. Ses quatre garçons ont bien sûr été ses élèves à Fontanes.

Il s'appelle Henri de Gaulle, est surnommé PDG (Père de Gaulle) par ses élèves, mais l'un de ses fils fera mieux encore puisqu'il laissera ses initiales, CDG, à une grande place et à un aéroport de Paris, après un petit séjour en Angleterre et un appel restés célèbres dans les annales.

L'abbé de la Serre, fidèle de la première heure, sera aumônier de l'UGSEL pendant de nombreuses années, et même président. Devenu évêque et vice-recteur de l'Institut catholique, il écrira : *l'Union faisait partie de la Fédération au même titre que les unions régionales ; ses membres apprirent donc le chemin de la place Saint Thomas d'Aquin et escaladèrent, à leur heure et à leur tour, le petit escalier où défilèrent tant de dévouements et de fidélité.*[24]

[24] La Vie Catholique, 21 juillet 1934, cité par Robert Hervet in *La Fédération Sportive de France 1898-1948,* d'où sont extraits de nombreux renseignements figurant dans cet ouvrage.

A Nancy, du 29 juillet au 1er août, c'est le grand concours dont Michaux rêve plus encore depuis que Georges Clemenceau (qui n'est plus, depuis, président du Conseil) a torpillé son projet en 1909 : un gigantesque concours international de gymnastique. Sous les yeux d'officiers allemands venus en voisins et déguisés en civils dans les tribunes, défilent les 8 500 gymnastes de France et des 25 groupes de Belgique, du Canada, de Hollande et d'Italie.

Comme toujours, et plus encore que d'habitude, la FGSPF s'est donnée à fond pour la réussite et pour Michaux : trains spéciaux, hébergement dans des wagons-couchettes. En sept mois, 11 000 lettres sont parties du siège, plus que toute l'année pour le fonctionnement habituel de la fédération (10 000).

Le 2 août, Michaux improvise au débotté une réunion très préparée des délégués des fédérations étrangères catholiques et leur propose les statuts de l'Union internationale des œuvres catholiques d'éducation physique, UIOCEP, préparés par Charles Simon.

Il y avait là Robert Cardol pour la Belgique, le lieutenant Scott (Canada), le comte de Carpegna (Italie) et Auguste Biecheler, patriote français président de la Ligue d'Alsace des patronages chrétiens (Elsässer Turner Bund) fondée en 1898, comme la FGSPF, reconnue du bout du stylo (1902) par les Prussiens qui la surveillent et deviendra dès fin novembre 1918 Avant-garde du Rhin, Ligue régionale de la FGSPF.

Sous réserve de l'approbation de la Hollande, du Luxembourg et de la Suisse, excusés, le comte de Carpegna (président de la fédération italienne mais surtout membre de la garde noble vaticane, donc sans doute mandaté par le pape, pilote muet de l'opération) en serait le premier président, assisté de deux *vice*, Paul Michaux et le baron de Dieudonné (Belgique). Charles Simon sera secrétaire-trésorier, une tradition qui perdurera près de 100 ans.

La première assemblée générale a lieu à Rome, cinq mois plus tard, les 13 et 14 décembre : elle approuve tout en bloc, statuts et bureau. Lors d'une audience spéciale, Pie X félicite les pays présents (ceux de Nancy plus la très catholique Irlande) et souhaite à l'UIOCEP une fructueuse expansion : on parle d'Amérique du sud…

La situation internationale est délicate : après la guerre de 100 ans et *le coup de Trafalgar*, la perfide Albion a signé en 1904 avec son meilleur *amiennemi*, les mangeurs de grenouilles, *l'Entente cordiale*, qui vise manifestement l'Allemagne. Sept ans plus tard, le 1er juillet 1911, pour affaiblir l'Entente et arrêter l'expansion de la France au Maroc, pour lequel elle a les yeux de Chimène (*coup de Tanger* en 1905), l'Allemagne fait à la France *le coup d'Agadir* : elle envoie une canonnière dans la baie marocaine interdite à la navigation.

L'incident s'apaise par la négociation, mais on a frôlé la guerre, et les délégués allemands ont vraiment bien travaillé pour le roi de Prusse (d'ailleurs empereur depuis 1871) : leur pays renonce certes au Maroc, mais il compte désormais, autour de son Cameroun (pardon, Kamerun) 272 000 km^2 de plus, la moitié de la superficie de la France métropolitaine ! L'Allemagne devrait en principe être calmée pour au moins 50 ans…

En France, la loi du 9 mars officialise l'heure en usage depuis 1902 : ce sera l'heure GMT, donc celle du méridien de Greenwich. L'heure de Paris étant en avance, toutes les horloges, toutes les pendules, toutes les montres et tous les oignons de France et de Navarre reculent de 9 m et 21 s, et la 2e aiguille des minutes disparaît définitivement des mairies et des gares qui l'ont conservée. La journée compte désormais 24 heures et non plus 2 fois 12 heures.

Deux événements sidérants dans la vie du pays : le 22 août, on vole la Joconde au Louvre[25] et, le 4 septembre, sur la plage de Cancale, l'aventureux Roland Garros bat le record du monde d'altitude : 3950 m, puis, un peu plus tard, 4950 et 5610. *Notre Père qui êtes aux cieux,* attention, un jour ils vont vous tirer la barbe !

Le 8 mars, coup de tonnerre à New-York : la police arrête l'auteur d'un vol qui a laissé des traces de doigts sur la vitre. Les empreintes digitales sont uniques pour chaque individu, les contrevenants et les criminels du monde entier ont intérêt à porter des gants !

Le 9 mai, les femmes britanniques célèbrent publiquement le 30e anniversaire du tout premier match féminin de football-association à Edinburgh (maillot, culotte, collants, bottes à talons et capuchon sur la tête), rencontre très critiquée par la presse et les sportsmen horrifiés. Depuis, peu de progrès : les femmes ont tant de mal à investir lieux et

---

[25] La police suspecte Apollinaire et Picasso, mais Mona Lisa est retrouvée deux ans plus tard à Florence, où le charpentier italien qui travaillait alors au musée et l'avait piquée *pour la rendre à l'Italie à qui Napoléon l'a volée* propose innocemment la toile à un marchand d'art qui frise l'AVC avant d'appeler les *carabinieri.*

milieux sportifs qu'elles font courir le bruit que le mot golf est l'acronyme caché de *gentlemen only, ladies forbidden,* seulement pour hommes, interdit aux femmes. Et en France, c'est pire !

Le développement masculin de la FGSPF continue, lui :

- Le 5 mars, *le SO Saint-Médard Paris* confirme sa victoire du challenge 1910 et gagne le 1er fédéral de fleuret
- Le 11 juillet, à Roubaix, les 8 000 gymnastes sont brocardés et menacés par 3 000 opposants à la calotte. Il faut 700 gendarmes, dragons et policiers pour les protéger. Le 24 (XIVe anniversaire du premier concours de la fédération) ils sont 4 000 à Bourg-en-Bresse ; dans le calme, Dieu merci.
- Le 14 novembre, Paul Michaux entre dans *la milice dorée* : il reçoit la Grand-Croix de l'ordre de Saint-Sylvestre, restauré par Pie X en 1905. C'est le premier jour du congrès, au cours duquel les prudes, qui se penchent de près sur tous les problèmes, et auxquels aucun détail, même anatomique, n'échappe, frappent au dessous de la ceinture : ils obtiennent l'interdiction des pantalons collants. Adieu donc les pantalons bluffants, bienvenue aux pantalons bouffants…
- Le lendemain, le secrétaire annonce fièrement ce que tout le monde attend : depuis le 4 juillet, le but symbolique est atteint, il y a 1 004 sociétés affiliées.

1912 : la musique Defrancc

Le cross fédéral du 24 mars est la IXe édition, et il y a de plus en plus de participants, comme au fédéral d'athlétisme du 30 juin où, grâce sans doute à ses longues pattes, Laraignée *(VSS Bordeaux)* saute 3, 29 m en longueur… Sans élan, bien sûr. Essayez donc, au lieu de ricaner, ça va vous faire drôle ! Les autres, ceux qui s'élancent, en sont à un peu plus du double (6,65 m pour le vainqueur).

En foot, l'invincible *Etoile des Deux Lacs* qui, l'année précédente, à Paris, a éteint (5-1) son homonyme, la landaise *Etoile Sportive de Mont-de-Marsan,* en finale FGSPF, se déplace à Bordeaux et remporte son 5e titre en huit ans : 6-2 devant les *Bons Gars* locaux.

Un mois plus tard, à Arcueil, en finale du Trophée de France CFI, elle bat 3-1 une autre étoile, rouge, *le Red Star*, le club de Jules Rimet. *L'Etoile* FGSPF est incontestablement le meilleur club de France.

Au dehors, l'Union des sociétés de gymnastique de France se dote le 21 avril d'une branche féminine. Une semaine auparavant, dans la nuit du 14 au 15, une espiègle montagne de glace (en anglais iceberg) rappelle aux hommes que, contrairement à ce que certains croyaient, ils ne sont pas encore les rois du monde : la merveille des merveilles, l'insubmersible Titanic, coule avec 1 500 passagers au son de *Ce n'est qu'un au revoir* interprété par le flegmatique orchestre de bord.

En 1890, Clément Ader avait déposé le brevet d'un appareil de son invention, l'avion. Ses 3 premiers engins, de plus en plus performants, s'étaient appelés Eole, Avion II et Avion III, mais presse et public ne parlaient que d'aéroplane. Alors, par décret du 5 avril, *pour rendre hommage au premier homme qui n'ait jamais volé,* le ministère de la Guerre impose le mot avion.

La fédération a déjà quatre commissions : gym, arbitres, football-association, course à pied-athlétisme. Elle en crée une nouvelle, pas sportive du tout, dans une activité qui accompagne pourtant depuis toujours les concours et les défilés de gym. Le comité central nomme à la tête de la commission de France de musique Gabriel... Defrance, adjudant-chef tambour-major de la Musique de la Garde républicaine. Pendant 50 ans, on ne saura pas si les gens parlent de la commission de France ou de la commission Defrance...

En juin et juillet, on note, dans la liste des concours régionaux, les 3 600 gymnastes de Troyes et les 6 000 (135 sociétés) de Vannes.

Mais la guéguerre avec certains maires et préfets est loin d'être terminée : le patronage d'Isle-sur-Tille (Côte d'or) se voit refuser par le maire l'autorisation de défiler le 14 juillet *(connaissant les sentiments qui animent votre société, il m'est impossible de croire que vous puissiez fêter sincèrement l'anniversaire de la prise de la Bastille*) et le 11 août, à Ligny-en-Barrois, les gendarmes dispersent sans ménagement le défilé qui se forme. La foule, outrée, crie aux Pandores : *ce ne sont pas des Prussiens, ce sont des enfants de France !*[26]

Les IIe fédéraux sont le 3 octobre à Gentilly et rien de nouveau sous le soleil de la barre fixe : *la Flèche de Bordeaux* l'emporte de nouveau en sections et son chef de file, Raphaël Diaz, succède, en individuel, au premier vainqueur, Boivin *(Alerte de Troyes*).

---

[26] Michel Lagrée, *Les origines de la FGSPF, 1969*, op.cit.

Trois semaines plus tard, le record fédéral de la demi-heure est battu par R. Vignaud *(La France des Lilas)* qui couvre 8,720 km.

Les 12 et 13 novembre, c'est le IXe congrès : 1 250 sociétés sont à jour de leur cotisation et on recense 43 unions départementales ou régionales. L'ordre du jour est extrêmement copieux, les débats longs et passionnés. Les Unions ont présenté 33 vœux, qui reçoivent réponse en séance publique lorsqu'ils ne sont pas techniques, donc transmis aux commissions. Celui de l'UR Maine *(cravate blanche et habit ou redingote obligatoires dans la tribune pour les présidents de société, d'Unions ou leur représentant)* provoque sourires et rires mais deux autres semblent plus importants et ne constituent que les premières escarmouches dans des domaines qui vont désormais revenir dans les congrès aussi fidèlement que les marronniers de la presse écrite, la participation des sociétés de gym et de musique aux concours des Ligues voisines sans l'autorisation de leur Union d'origine et les rapports avec les musiques.

Celles-ci ont déjà des concours lors de ceux de gymnastique mais cela crée des problèmes, puisque, si l'Union des Vosges demande qu'elles soient toujours acceptées aux mêmes conditions que les sociétés de gym, d'autres rappellent qu'il y a souvent des frictions avec la gym ou les autorités, qui ne peuvent rien faire, même pas, hélas, retirer des points aux indisciplinés puisque *l'organisation des concours de musique est tout à fait indépendante de la fédération.*

La demande des Vosges est donc rejetée *(nous ne sommes pas société musicale, mais gymnastique et sportive*, R. de Lapparent) et les deux vœux de l'UR Bourgogne (un programme avec des divisions, comme en gym et *que les cliques réglementaires n'aient plus à concourir avec les fanfares de clairons)* déclarés sans objet.

La décision ne plaît pas trop au président Michaux, certes conscient des difficultés de la cohabitation, mais qui avait déclaré la veille, dans son rapport moral : *il en est que l'éclat de nos fanfares, les batteries de nos tambours, les vibrantes sonneries de nos clairons empêchent de dormir. Si leurs conseils étaient suivis, nous n'aurions plus le droit de saluer de nos sonneries, dans la majesté impressionnante de nos messes militaires, le Dieu qui nous bénit si visiblement.*

Nous ne pourrions plus traverser nos villes en entraînant derrière nous tout ce peuple de France qui se presse, en masses chaque année plus nombreuses et plus enthousiastes, et qui comprend à merveille l'utilité patriotique et la grandeur de notre œuvre.

Ce discours enthousiaste et pro musiques est pourtant typique de l'état d'esprit qui va empoisonner la fédération pendant près de 70 ans, et devenir explosion volcanique en 1979 : pour les autorités, et pour les organisateurs de concours de gym, les musiques ne sont pas là pour elles-mêmes ou être mises en valeur, mais dans un but utilitaire, aider les gymnastes à marcher au pas lors des défilés dans les rues et, après la 1re guerre, effectuer les sonneries réglementaires lors des dépôts de gerbe au monument aux morts. Pour être franc, cette incompréhension ne sera jamais vraiment résolue.

Egalement à l'ordre du jour de ce congrès comme toujours passionnant et passionné :

- Les concours de Craon et de Vannes, où les gyms ont acheté des insignes de Jeanne d'Arc, des plaquettes et des drapeaux qui sont non seulement *de la camelote* mais laissent de plus apparaître, *lorsqu'on enlève l'étiquette rouge*, la marque de *l'ennemi de la patrie, l'Allemagne, dont on favorise ainsi le commerce.* Le comité central dédouane les organisateurs, qui ne peuvent rien faire contre les camelots dans les rues, à la gare ou aux abords du terrain et rappelle les accompagnateurs de sociétés à leurs devoirs d'éducation
- L'autorisation, du bout des lèvres, du maillot sans manches pour les gyms : c'est certes plus pratique, mais ces muscles et cette chair exposée, c'est orgueilleux, et indécent…
- *A l'exemple de l'Empire Romain et de notre très chère France,* la fédé a deux colonies en Afrique : en Tunisie et en Algérie, les petits crépus (pas encore dits *petits beurs)* jouent désormais à *nos ancêtres les Gaulois* sur des agrès FGSPF
- Le projet de traité avec l'USFSA. Oui, il y a du rapprochement dans l'air : l'USFSA *a décidé d'entrer en conversation avec le CFI pour reprendre rang en football-association.* Après une longue présentation de la situation par le docteur Lauras, membre du comité central, Charles Simon détaille le projet, article par article et Paul Michaux conclut : *dans une grande pensée de concorde et de paix sociale, avec la haute idée de servir la cause des sports athlétiques tout à la fois dans la nation et dans nos patronages, votre comité central, après*

études approfondies, a cru de son devoir de signer le traité. J'espère que vous voudrez bien le ratifier de votre approbation.

La réponse de la salle (*vifs applaudissements)* est claire, mais pas unanime : l'Union régionale des patronages du sud-ouest (URPSO) terre de football, de rugby et d'USGF, s'abstient, mais elle est la seule.

Le 28 décembre, le CFI résiste vaillamment à la tentation de l'expansion concurrentielle et prend officiellement la décision de continuer à ne s'occuper que du football, rien que du football et d'aucun autre sport. Il n'entrera donc en concurrence frontale ni avec l'USFSA ni, surtout, avec la FGSPF.

Rappelons que le président du CFI, Charles Simon, est salarié de la FGSPF, qui reste, elle, fidèle à son principe de base, rappelé par le même Charles Simon en 1905 : *ce n'est pas sans raison que notre fédération est tout à la fois gymnastique et sportive et que, dans de fréquents articles, nous demandons aux sportsmen de faire un peu de gymnastique, et réciproquement.*[27]

1913 : gendarmes et carabiniers, mais que fait la police ?

Le 4 janvier, le CFI accueille donc l'USFSA, qui revient ainsi dans la lumière après cinq ans de purgatoire… actif, au cours duquel elle a beaucoup agacé par son attitude hégémonique. La chose n'est donc pas simple. Pour compliquer un peu la donne, rappelons que les autres fédérations membres du CFI sont unisport (foot ou gym). Alors que l'USFSA est multisports… comme la FGSPF, qui a huit représentants au conseil du CFI : Michaux et Simon sont accompagnés d'Henri Delaunay (nommé secrétaire-adjoint de la FGSPF le 20 janvier), du docteur Gagnier et de MM. Bon, Decaen, de Cargouët et Vaysse.

Les discussions durent quasiment un an : c'est le 2 décembre que les deux fédérations signent *pour 20 années* un protocole en 23 points dont les plus importants sont les 13 et 14.

Le terrain est soit bien partagé, soit bien délimité : le football-rugby, c'est l'USFSA, le football-association, le CFI. *Pour les autres*

[27] Cité par Laurence Munoz, *La fédération des patronages, lien institutionnel entre le sport et le catholicisme en France (1898-2000)* L'Harmattan 2001.

sports, en particulier la gymnastique et l'escrime, l'USFSA et la FGSPF conservent leur entière liberté d'action.

Elles pourront chacune organiser, dans chaque branche des sports indiqués en l'article treize[28] *un championnat fédéral ouvert à leurs adhérents. Ce championnat pourra porter tout titre qu'il plaira à la fédération organisatrice, à l'exception de* **champion de France***.*

Le seul championnat de France organisé annuellement le sera par les soins de l'USFSA. Il sera ouvert aux licenciés de la FGSPF, qui devra viser les engagements et désigner au moins 3 représentants pour faire partie du jury.

Plus de 80 ans plus tard, même si la fédé (car le CFI, en fait, c'est la fédé…) a perdu en route le football et la participation aux jurys de concours et d'examens, c'est bien sur ce texte que reposent toujours l'organisation politique du sport français et les rapports affinitaires-délégataires : certes, chaque charbonnier est maître chez lui, organise ses propres pratiques et compétitions mais il n'y a qu'un seul champion de France, et il n'est pas affinitaire.

La mise en place du sport et l'organisation de la pratique n'étaient pas simples ! Bien des années après, Gaston Barreau, sélectionneur, de l'équipe de France de foot, confessera : *comment sélectionnait-on de mon temps ? Il y avait 4 fédérations au sein du CFI : l'USFSA, la Ligue, la FCAF et la FGSPF, et chacune d'elle insistait pour apporter sa contribution à l'équipe de France.*

Afin de ne chagriner personne, satisfaction était chaque fois donnée à ces désirs, ce qui n'allait pas, bien entendu, sans compromettre peu ou prou la valeur de l'équipe, les joueurs étant de valeur très inégale ! Je me souviens d'un match France-Italie en 1913 à Saint-Ouen, avant lequel il fut décidé que la FCAF aurait droit à l'ailier gauche, et la FGSPF à l'ailier droit. Dire que les sélectionnés furent transcendants serait excessif, mais comme nous gagnâmes 1-0, personne ne leur en voulut le moins du monde…[29]

Hors fédération, le progrès fait des pas de géant, dans le ciel et sur les voies de chemin de fer. Le transport des voyageurs par rail est à son apogée. Il y a deux sortes de lignes, les grandes (qui, à de rares

[28] Course à pied et concours athlétiques, natation, water-polo, lawn-tennis, cricket, hockey, longue paume, pelote basque, croquet, sports d'hiver, sur neige et sur glace.
[29] Cité par Jacques de Ryswick in *Un demi-siècle de football.*

exceptions transversales près, partent de Paris ou y finissent), à double voie, et les petites, à voie unique et étroite. Le public adopte avec enthousiasme ce moyen rapide de déplacement (Paris-Marseille en 10 h 25 à peine) qui a tué les diligences depuis plus d'un demi-siècle : en plus de la compagnie d'Etat existent 5 grandes compagnies privées.

La collision de deux trains, un des PTT et un de voyageurs qui fait 41 victimes (dont 9 jamais identifiées et 15 postiers) et 57 blessés (dont 10 grièvement, tous postiers) à Melun le 4 novembre ne ralentit pas longtemps la fréquentation.

Les merveilleux fous volants qui s'envoient en l'air dans leurs drôles de machines défrayent eux aussi la chronique : le 25 juin, Marcel Brindejonc de Moulinais établit un nouveau record du monde de vol au-dessus de la mer, 400 km de l'Estonie à la Suède. Le 21 septembre, Adolphe Pégoud effectue le premier looping de France et, de tentative en tentative, l'artiste en enchaîne 14 le 14 décembre.

Le 28 décembre, Georges Lagagneux bat le record du monde d'altitude : 6120 m au-dessus de Saint-Raphaël. Et, l'avion n'étant pas dangereux pour la santé comme l'annonçaient certains médecins, des ingénieurs planchent déjà partout dans le monde sur le projet fou, pour ne pas dire utopique, de fabriquer de gros avions pour transporter un jour des personnes, qui s'appelleraient passagers, comme ceux qui voyagent déjà en chemin de fer et sur les grands paquebots transatlantiques, qui relient Paris à New-York en 15 jours à peine.

Revenons à la fédération : le 13 juillet, Paris inaugure avec faste le boulevard Raspail. C'est *l'Avenir de Gentilly*, gym et musique, qui défile devant Raymond Poincaré, président de la République. Le 27 avril, à Arcueil, on avait pris les mêmes que l'an passé en finale de foot et recommencé... avec un léger changement : *l'Etoile des deux lacs* avait encore battu *Les bons gars de Bordeaux,* mais 5-1 au lieu de 6-2. C'est son 6e titre en 10 ans. Le SO Saint-Médard semble parti pour faire mieux en escrime, où l'opposition est encore plus faible : il remporte le fédéral de fleuret pour la 3e fois en 3 ans.

En gym, en revanche, ça bouge. Pas au fédéral, Diaz et *La flèche* de *Bordeaux* n'ont eux non plus pas encore de rivaux, les nouveautés viennent de la tenue et de la butte Montmartre. Depuis 1896, les gyms portaient culotte blanche sous le genou (désormais non ajustée en haut depuis le congrès 1912), bas noirs, maillot blanc ¼ de manche et ceinture noire élastique, le tout couronné d'une coquette casquette bleue ou d'un béret bleu ou blanc.

Lors du concours international du 14 juillet (remporté par la patriote *Avant-garde de Montmartre*) à Gand, le président du club avait remarqué sur les baraqués locaux un pantalon en jersey noir tout à fait moderne et seyant qui leur allait comme un gant mais qui donnait de plus une bien meilleure ligne à leurs jambes, donc aux exercices… et subséquemment aux notes ! Tailleur de métier, il en confectionna illico presto (le fédéral avait lieu le 3 août) une vingtaine pour ses gymnastes, qui firent forte impression sur les autres sociétés et sur les juges... Et c'est ainsi que la FGSPF adopta le sokol.

La liste des concours est très impressionnante : que de progrès en quinze ans ! Argenteuil, Aunay-sous-Auneau, Auray (900 gyms), Autun, Bayonne (2 000, 51 sociétés), Bordeaux (1 200), Buzançay, Carcassonne (1 200), Chateauneuf-sur-Charente (800), Chauny, Chevreuse, Fontenay-le-Comte (gym, boxe, perche et concours olympique), La-Guerche-de-Bretagne, Montferrand (12 associations), Machecoul, Orléans, Pont-à-Mousson (4 000 participants : 72 sociétés de gym plus 30 fanfares, trois harmonies et trois chorales), Rives-sur-Fures (Dauphiné, 47 sociétés, 2 500 gyms), Royan, Salies-de-Béarn, Segré, Saint-Mihiel et Villefranche, soit 25 concours, officiellement 45 000 gymnastes, donc au bas mot 35 000 sans doute..

L'interrégional d'Orléans est un triomphe : 144 sociétés, 6 000 gyms et musiciens.

A Villefranche–sur-Saône, il y a bien moins de monde (1 300 gyms et musiciens) mais bien plus d'animation, dont un lâcher de 400 pigeons voyageurs. *Mais à peine ces gracieux volatiles, futurs auxiliaires de notre défense nationale, se sont ils envolés, que retentit un bruit caractéristique. Charles Audenis, jeune chef pilote du centre d'aviation de Brou, évolue en aéroplane au dessus du festival. Il atterrit. La foule lui fait des ovations.*[30]

---

[30] Rappelons aux sceptiques et aux dubitatifs que les concours se déroulaient sur des terrains vagues et non sur des stades cernés de tribunes, dont il n'existait dans tout le pays qu'une dizaine d'exemplaires, tous dans de très grandes villes. De plus, les premiers avions étaient si maniables que, le 19 janvier 1919, Jules Védrines se posa sur le toit des Galeries Lafayette, remportant les 25.000 F promis par le magasin… moins 16 F d'amende pour survol de Paris sans autorisation.

L'idée du comité d'organisation d'associer à nos fêtes l'aviation, qui constituera au jour du danger un élément de succès pour nos drapeaux, a été comprise par tous. Dédié au *cartel des gauches*, qui s'interroge encore sur le patriotisme des curés et des cathos, et belle preuve d'intuition quant à l'avenir de l'aéronautique !

Le pilote a l'insigne honneur d'être illico *présenté à Sa Grandeur Mgr Sevin, Evêque de Lyon, qui lui serre la main et le félicite cordialement* sous les yeux des 10 000 spectateurs qui, trois heures plus tôt, avec sans doute autant d'allégresse qu'ils en manifestent à l'égard de ce *merveilleux fou volant dans sa drôle de machine,* ont chanté le *Credo* de la messe en plein air.

Le drapeau régional est conservé par *l'Etoile Sainte-Marie de la Guillotière,* future *Association Sportive Villeurbanne-Eveil Lyonnais* (ASVEL), dont les responsables croient qu'il n'y a rien en dehors de la gym et ne savent même pas ce-jour-là, pauvres innocents, que le basket existe !

Le long article de 1re page de *Les Jeunes* du 12 juillet se termine par un paragraphe aussi pensé et réfléchi que celui sur l'aviation : *j'ajoute que le commerce local est enchanté. Restaurateurs, hôteliers, cafetiers, marchands de cartes postales ont fait de bonnes affaires.* Les arguments économiques, ça porte toujours !

Il y a encore eu, ici et là, pas mal d'incidents, genre procès-verbaux de commissaires de police pour défilés interdits. A Carmaux, le 1er décembre 1912, le maire socialiste a *publié, dans la nuit de samedi au dimanche, un arrêté qu'il tenait prêt depuis plusieurs jours mais qu'il a notifié seulement le matin à 10 heures*, au départ du défilé, et qui interdisait toute sortie de société pendant un mois.

L'Etoile Carmausine ne s'est pas dégonflée et a même défilé deux fois, avant et après la messe, non mais alors ! Car que peut, dites-moi, contre *la vibrante sonnerie des clairons qui font rage*, un minable petit procès-verbal d'infraction, surtout quand son application relève d'*un commissaire et de gendarmes qui regardent sympathiquement notre musique et nos vaillants gyms* ?

Il y a encore en effet des représentants de Marianne qui continuent à mettre des bâtons dans les roues des partisans de la vierge nationale. Ces défilés dans les rues leur rappellent trop ce qu'ils détestaient le plus (après l'enseignement par les frères, les sœurs et les curés), les triomphantes processions dans les rues d'avant 1905.

Mais les défileurs n'ont pas encore fini leur saison : du 5 au 8 octobre de cette année jubilaire, il y a de nouveau concours au Vatican et à Rome. C'est le premier organisé par l'UIOCEP, née deux ans plus tôt. Il y a 160 sections, alsaciennes, belges, canadiennes, hollandaises, irlandaises, suisses et bien sûr italiennes et françaises. La compétition se déroule le samedi 6, dans le gigantesque *Stadio Nazionale* inauguré deux ans plus tôt. Une fois de plus, c'est *la Flèche de Bordeaux* qui l'emporte, avec 17,64 sur 20.

Le lendemain dimanche, c'est la messe militaire en l'archibasilique Saint-Jean-de-Latran, suivie du défilé dans les rues de Rome. Mais à la sortie, surprise : *nous trouvons la place occupée par des forces policières et militaires considérables. La Questure (lisez la préfecture de police) avait laissé espérer que le défilé pourrait se dérouler librement dans les rues de Rome, mais la gente anticléricale s'était émue. Dès lors, une grande partie de la garnison de Rome avait été mobilisée et disséminée sur le parcours.*

Des escouades de carabiniers en grand uniforme, revolver au côté, des brigades d'agents de police en tenue nous barrent le passage, et voici que recommence le fameux système des petits paquets déjà employé à notre égard en 1906 : chaque groupe est précédé de policiers et escorté de carabiniers, et en route pour Saint Pierre, les uns d'un côté, les autres de l'autre.

La délégation française obtient de ne pas être scindée société par société mais en deux groupes seulement. En contrepartie, la police exige deux choses : pour éviter excitation et provocation, tambours et clairons ne jouent pas et les drapeaux restent *strictement enroulés*. Malgré cela, les colonnes sont attaquées par des casseurs mais en vain : *nos amis de la Jeunesse Catholique de Rome ne les laissent pas arriver jusqu'à nous. Il y a quelques coups de poing, mais les carabiniers interviennent de leur côté avec leurs bâtons, et opèrent quelques arrestations.*

La foule, favorable et amicale mais frustrée de ce silence, réclame ce qu'elle aime : *musica, musica* ! Les Français ne cèdent pas : pas question de fâcher les pauvres *carabinieri* et policiers qui font de leur mieux, mais qui, empêtrés dans leurs uniformes malcommodes et leurs gros godillots, les implorent de marcher plus lentement et de ne pas faire de tentative d'évasion…

Les deux groupes se rejoignent dans *le borgo, barricadé en tout sens par la troupe et la police* et arrivent dans la cour Saint-Damase à quasiment midi au lieu de 10 heures, mais rassurez-vous, *Sa Sainteté n'a pas voulu qu'un seul de nos gymnastes fut privé de sa bénédiction.* Cher lecteur, chère lectrice, faites comme les gyms, respirez !

Tout de blanc vêtu sous son coquet petit parasol blanc, Pie X reçut une ovation telle qu'il fut trop ému pour parler pendant plusieurs minutes. La FICEP était née, dans la lutte et la douleur, comme la FGSPF de l'autre côté des Alpes.

Le lundi 8 septembre, fête de la Nativité, après l'inévitable messe à Saint-Pierre, concours individuels. « Notre » Raphaël Diaz a une grosse faiblesse : il termine second seulement (9, 33) derrière les 9,50 d'un adversaire dont la nationalité n'est hélas pas précisée par les gazettes.

Il n'y a donc pas qu'en France que les nerfs sont à vif et que l'on se prépare au pire... mais, comme d'habitude, la fédé qui défile ne se défile pas. Elle ouvre une souscription pour l'aviation militaire dont le visionnaire Michaux a saisi l'avenir, puis elle :

- Organise et parraine de plus en plus de concours régionaux de tir tels que celui du sud-ouest au stand des *Jeunes de Saint-Augustin de Bordeaux*
- Intensifie ses efforts pour la préparation des brevets d'aptitude militaire : fin 1913, un tiers des brevets délivrés en France l'ont été à des ressortissants de la fédé
- Rappelle la recommandation du congrès 1912 à la suite du vœu de l'Union Comtoise : *que toutes les sociétés développent, par tous les moyens possibles, le culte de la vierge nationale, la bienheureuse Jeanne d'Arc, sous le patronage de laquelle beaucoup sont déjà placées. Chacune devrait avoir dans sa salle l'image ou la statue de la Bienheureuse, libératrice du territoire envahi par l'étranger et dont la grande figure est appelée à devenir le signe de ralliement de tous les bons Français.* Prémonition, une fois de plus... bientôt, Paul, bientôt !
- Publie depuis plus d'un an dans *Les Jeunes* la longue liste, fournie par les sociétés affiliées, de tous ses membres appelés sous les drapeaux, ainsi que leur lieu d'affectation pour que les patronnés se retrouvent entre eux,

- Consacre une page entière au *Projet de loi sur la préparation militaire* : le grand jour de l'obligation pour tous les jeunes approche et peut-être aussi le grand jour tout court. Il y a déjà des incidents de frontière dans l'est…

Elle, et ses enfants, veulent être prêts et ils font ce qu'il faut pour depuis le départ *malgré des difficultés sans nombre et un boycottage anti Français …* à condition qu'on ne leur retire pas le droit de donner des cours du Brevet d'aptitude militaire, comme le prévoit le projet de loi déposé par un certain Paul Doumer, qui, *sans aller ouvertement jusqu'au monopole en faveur de quelques fédérations ou de l'Etat, retire en fait aux sociétés privées le peu de liberté dont elles jouissaient jusqu'ici pour apporter leur part de dévouement au service de la France.*

Dans son roman *Jean Barois*, qui vient juste d'être édité, Roger Martin du Gard (qui sera prix Nobel de littérature en 1937), raconte formidablement l'affaire Dreyfus ainsi que la douloureuse et violente séparation de l'Eglise et des Etats de 1905, que la fédé a encore en mémoire… mais il est clair qu'elle n'en a pas encore fini avec les mesquineries et les ostracismes. Encore une bagarre en perspective, donc, une de plus, pour 1914… Mais où et quand cela s'arrêtera t-il ?

Aux Etats-Unis, l'année se termine sur un minuscule événement qui passe inaperçu dans le reste du monde : le 26 décembre, le *New York World* publie la grille d'un jeu de réflexion inventé par un violoniste, Arthur Wynne, et appelé mots croisés. Le succès est immédiat, mais il faudra attendre 1924 pour que naisse la première grille en France.

1914 : les joyeux horions de Roanne et le roi de Prusse

Le 29 mai, le paquebot *Empress of Ireland* coule : 1012 victimes sur 1477 passagers, mais on parle bien moins que du Titanic : ça se passe à Rimouski. C'est loin, le Québec !

Inlassable, Paulin Enfert poursuit en page une du journal du 20 juin sa croisade d'information, de mise en garde et d'éducation sur *L'assurance accidents dans les œuvres de jeunesse.* Apparemment, c'est un succès, puisqu'il est obligé, dans le numéro du 27, de rectifier l'adresse du patronage Saint-Joseph qu'il a fondé rue Bobillot et de donner des conseils pour un contenu plus précis.de la demande.

En France, nouvel épisode de la guerre Marianne-Jeanne d'Arc en juillet, à Roanne : 141 sociétés et 8 000 gymnastes sont attendus pour le concours régional gym-musique. Aucun ne sait qu'il va vivre une journée aussi riche et aussi formidable qu'un repas chez Troisgros, la gloire locale. *La Saint-Joseph d'Hussein-Dey,* venue d'Alger pour participer au premier concours de sa jeune existence, ne va pas regretter ses heures de bateau : si seulement, dans la wilaya d'Alger, on s'amusait autant qu'en métropole…

Le maire, M. Bonnaud, laïque au vrai sens du terme (qui respecte toutes les opinions et tous les cultes) et soucieux des intérêts des commerçants de sa ville, avait accepté les défilés dans les rues et même accordé une réception à l'Hôtel de ville. Le vendredi 17, le sous-préfet Bourienne, laïque au mauvais sens du terme *(bouffeur de curés,* comme on disait à l'époque) donc sectaire, fait coup double : appuyé par le préfet, M. Lallemand (ça ne s'invente pas !) il punit tout le monde, enlève à Bonnaud et à sa bande ses pouvoirs de police et interdit tout défilé. Une délégation politico-sportive locale obtient finalement l'accord pour ce dernier, mais à une condition : pas de prêtres dans les colonnes.

Le samedi 18, dans la cour de la gare, les gendarmes bloquent donc les groupes qui descendent du train et ne donnent l'autorisation de départ des défilés que toutes les cinq minutes. Comme c'était à prévoir, les *redoutables curés* se font un plaisir de ne pas marcher sur les trottoirs ! Leurs soutanes noires bien en vue devant leurs troupes font tâche sur les costumes blancs des gymnastes. Furieux, le sous-préfet interdit de nouveau la manifestation… trop tard, bien sûr, donc sans effet.

Sous l'œil vigilant des gendarmes, la messe du dimanche 19 au matin, célébrée par Mgr Brosse *sur la place de la Loire complètement close* se déroule sans incident. Le bon abbé Salaud, secrétaire de l'Union de la Loire et du concours, entonne le *Credo* repris en chœur par les 8 000 gyms et les 10 000 gentilés qui assistent à l'office. Le commissaire de police dresse un procès-verbal aussitôt oublié.

A 2 heures du soir, nouveau défilé jusqu'au lieu du festival. Les gendarmes refont le coup de la gare et coupent les sociétés les unes des autres, formant trois colonnes sur trois itinéraires différents, ce qui a pour effet de multiplier les incidents : *les gendarmes, les agents cyclistes et les gardiens de la paix sont de braves gens, mais ils manquent parfois de sang-froid.* Un prêtre, dont les gazettes ne donnent malheureusement ni le nom ni la société, est blessé à l'oreille, d'un coup de sabre, par un gendarme, puis arrêté *manu militari.*

Un commissaire spécial fait abaisser les barrières du passage à niveau. Bousculade. Les gymnastes, les moniteurs et vicaires passent naturellement à côté ou dessous et reforment illico le cortège qui poursuit sa route. Rue de la Côte, la tension monte elle aussi d'un cran : des gendarmes *tentent d'arracher les drapeaux de l'Espérance de Lyon et de la Jeanne d'Arc de Vaise. Mais les gymnastes se regroupent rapidement autour de leurs emblèmes et parviennent à les conserver, devant une foule immense qui s'écrase sur les trottoirs et sur la chaussée, laissant à peine la place nécessaire au défilé.*

Les Roannais ont pris fait et cause pour les paisibles défileurs, applaudissant et encourageant les petits musclés. *Certains, même, jettent des fleurs depuis leur fenêtre.*

La 3e colonne arrive très en retard au point de jonction, mais elle a des excuses : au *lieu-dit la Solidarité, état-major des révolutionnaires et des anarchistes* où, par malchance (?) il n'y avait nul gendarme, elle est tombée dans un bien joli guet-apens. Plusieurs jeunes ont été blessés par des pierres et des coups de gourdin.

Sous la présidence du *courageux Mgr Savin, venu tout exprès de Lyon,* les 140 drapeaux de sociétés sont regroupés et le festival a lieu sans incident. A son issue, les gendarmes commettent une nouvelle bourde psychologique : ils rappellent que tout ce qui ressemble, de près ou de loin, à un défilé, est interdit. Dans le contexte, ça donne des idées aux facétieux curés ! La discussion devient musclée. Dans la cohue, la maréchaussée (de gros godillots) arrête quatre gymnastes et deux prêtres. Les libres penseurs en profitent pour revenir à la charge, et blessent deux gymnastes à coups de pierre.

Au lieu de protéger les attaqués, les bougres de *gendarmes, qui n'ont de consignes que contre les catholiques, se précipitent sur l'un d'entre eux, Jean Bernardet, chef clairon à la Jeanne d'Arc de Vichy, et le mettent en état d'arrestation.* Pour le conduire au violon, c'est une évidence : les Pandores connaissent la musique…

Un monôme monstre se forme, gyms et Roannais mélangés, et se dirige vers la sous-préfecture aux cris de *liberté* ! Celui que le journal local, *l'Univers* du lundi 20, appellera *le tyranneau nourri aux frais du contribuable* et dont *l'Express de Lyon* dira le même jour *il est à*

Roanne un petit modèle de sous-préfet chez qui le sang-froid fiche le camp aussi vite que le café de Louis XV prend peur, et appelle la troupe. Les 150 gendarmes ne suffisant pas, le 98e régiment de ligne prend position devant le bâtiment.

Bonnaud, aussitôt *venu demander à Bourienne l'élargissement du prisonnier*, a avec le sous-préfet une vive altercation. Le tyranneau sort... de ses gonds et suspend le maire, qui, le lendemain, *lui enverra ses deux témoins pour réparation sur le pré par suite de la vivacité de la conversation qu'ils eurent entre eux.* En ce temps là, pas besoin de jeux électroniques sophistiqués pour s'amuser ! Et l'euphémisme du mot *vivacité*, délicieusement suranné, ajoute au compte-rendu un^{e} pincée de sel supplémentaire.

Les arrestations sont maintenues, mais M. Bonnaud demande aux gymnastes de quitter calmement les abords du palais du tyranneau (de Bergerac, la Dordogne n'est pas loin, mais sans le panache), ce qu'ils font aussitôt, sans incident cette fois. Pour mettre un point final sur le j de cette belle journée, les groupes venus en train remontent vers la gare, en défilant, bien entendu, qu'est-ce que vous croyez ? Certes, le facétieux *Don Camillo* n'existe pas encore, mais il a quelques prototypes en cours d'essai dans les sociétés de musique et de gymnastique de la FGSPF...

Ceux qui n'*échangent pas des horions avec une bande d'énergumènes* sont une fois de plus chargés par les gendarmes, dont les chevaux renversent tables et chaises des terrasses de café. *La foule fait entendre des protestations indignées*, et il faut *le sang-froid de quelques citoyens qui se précipitent à la tête des chevaux* pour que *les femmes et les enfants soient épargnés.*[31] Un enfant recevra quand même un coup de pied de cheval dans la poitrine, mais apparemment sans gravité.

Cette formidable journée se terminera par un feu d'artifice, un vrai, venant après un concert public par *les trompes de Saint-Irénée de Lyon* et *les cors de Sainte-Sigolène*. Royal !

---

[31] *De la guerre idéologique à l'union sacrée : l'affaire de Roanne, 1914* par F. Loucher, C. Vivier, P. Dietschy et J.N. Renaud, *Sport et Idéologie*, Besançon 2004, tome 2, ainsi que le *bulletin* n° 26 du Cercle cartophile Roannais et *Les Jeunes* n° 30 du 25 juillet 1914.

Les ennemis du progrès ont donc raison : les voyages en train, c'est dangereux ! Mais quand même, tout ça pour un défilé de petits musclés, pour la plupart impubères, encadrés de quelques soutanes... S'il avait été là, Clemenceau aurait pu dire : *quelques beaux corps et quelques corbeaux ne valent pas une révolution* !

Même *l'Humanité* du lendemain rendra compte des évènements. Morceaux (soigneusement) choisis : *les sociétés catholiques ont été mal accueillies dans les faubourgs, où les huées ont répondu aux cantiques* [.........] *Dans le centre de la ville, où habite la bourgeoisie réactionnaire et cléricale, les gymnastes ont bien sûr été l'objet de manifestations sympathiques.* Enfin un avis objectif ! Ça nous change de la partialité des journaux catholiques...

Assez parlé de gym. En athlétisme, Ruppert *(Cadets de Bretagne Rennes*) short blanc jusqu'à mi-genou, mi-bas noirs, élégant support-chaussette et grosse moustache virile et triomphante, franchit 1,50 m en hauteur. Ne souriez pas, c'est à pieds joints, sans élan et quasiment le record du monde féminin avec élan ! Il est vrai qu'il y a très peu mais vraiment très peu d'athlètes féminines...

Profitons-en pour rappeler aux goguenard(e)s les records du monde en 1914 des 3 épreuves de saut sans élan, depuis longtemps disparues, et qui appartiennent tous à l'Américain Ray Ewry (10 fois champion olympique) : longueur 3,476m, hauteur 1,65m et triple saut 10,58m. Allez-y, essayez... Mais échauffez-vous bien d'abord !

Avant cette animation de juillet, la vie de la FGSPF avait en effet continué, *citius, altius, fortius,* en cross, athlétisme, escrime (grosse surprise : *le CO Saint Médard* ne réalise pas la passe de quatre : il est battu par *l'Union athlétique du Chantier*), football, tir (carabine ici, armes de guerre là) préparation militaire, gym, musique. Il y eût même, même, pour la 1re fois après la parisienne île-aux-cygnes de 1901, une rencontre de natation en province, bizarrement mise sur pied (la langue française a parfois des facéties...) par une Union de montagne, les Vosges ; à Gérard... mer, bien entendu.

Les modalités d'organisation d'une nouvelle activité, le lawn-tennis, sont testées dans le tout neuf laboratoire d'essais de la FGSPF, l'UGSEL. Bref, la vie bouillonne.

Tout semble facile et normal aujourd'hui, mais avec un peu de réflexion, on peut comprendre quelle somme de force, de courage et de volonté, quel enthousiasme et quel talent il a fallu à cette poignée de fous et d'apôtres, à la fois bricoleurs et visionnaires, artisans et prophètes, pacifistes et revanchards, pour faire surgir du néant cette fédération aujourd'hui si puissante. Leur moteur ? Les trois vertus dites théologales : la foi (indubitablement carburant principal de leur action) l'espérance (libération de l'Alsace et de la Moselle, jeunesse française saine, forte et catholique) et la charité, dans le style paternaliste de l'époque, bien sûr, mais qu'importe ?

En ce vendredi 24 juillet 1914, la fédé a seize ans. Paul Michaux, pour une fois, se retourne sur le passé pour mieux se projeter sur l'avenir. Le bilan de ces milliers d'heures d'efforts et de luttes partagées avec sa poignée de fidèles est impressionnant. Il n'a pas eu, avec son admirable épouse, d'enfant de chair et de sang, mais il a quand même donné le jour à deux superbes filles et il est même grand–père. C'est lui en effet qui a conçu, puis porté sur les fonts-baptismaux, la conférence Laennec et la FGSPF. Cette dernière lui a donné trois petits-enfants : deux filles, l'UGSEL et l'UIOCEP, et un garçon, le CFI.

Au départ, il y avait 600 gymnastes, dans huit clubs. Ces derniers sont aujourd'hui 1 763, soit plus que l'autre grand organisme, l'Union de sociétés de gymnastique de France (1 485) et la fédé rassemble dans ses concours plus de 150 000 de leurs et de ses membres, gymnastes, musiciens et *sportsmen* en athlétisme, cross, tir, football-association, escrime et natation.

Sa fille préférée, la FGSPF, regroupe donc dans ses 43 unions départementales le quart, voire le tiers, des sociétés sportives de France, et beaucoup d'autres se sont créées dans des écoles laïques en réaction aux patros, ce qui n'est que bénéfice pour la jeunesse et le sport français, dont le visage a d'autant plus changé que la FGSPF est également très présente dans les instances et la vie de l'un des deux organismes unisport existants, le footballistique CFI, qu'elle anime et verrouille. L'autre, c'est la fédération de gymnastique, fier bastion solitaire et par essence concurrentiel.

Bien sûr, il y a encore et toujours cette itérative litanie des refus de reconnaissance et d'agrément, les ennuis, les tracas et difficultés, les brimades, les chantages et les refus de subsides. Le dernier en date est le maire de Lanester, qui refuse une subvention à une *de ces sociétés de gym dites chrétiennes qui ont tendance à progresser grâce à leurs richesses, et qu'il est du devoir du conseil municipal de ne point les favoriser*, mais cela finira au tribunal. D'ailleurs, *la Jeune Garde de Cours* vient de gagner son pourvoi en Conseil d'Etat contre le maire de la commune qui lui a refusé par trois fois une autorisation de défiler qu'il a accordée à d'autres sociétés de la ville.

Bien sûr, la fédération a des détracteurs, et même des ennemis. Mais ils étaient plus de 50 000 gymnastes et musiciens à participer aux 36 concours de cette année 1914 à Abbeville, Aixe-sur-Vienne, Bailleul, Bordeaux, Dax, Cadillac-sur-Dordogne, Châteaubriant, Chaumont, Cenon, Epernay, Epinal, Le Mas d'agenais, La Flèche, Lisieux, L'Isle-Adam, Paris, Longwy, Lons-le-Saunier, Maringues, Marseille, Montfort-L'amaury, Oloron, Pau, Privas, Rambervillers, Roanne, Rochefort-sur-Mer, Saint-Hilaire en-Cambrésis, Saint-Pol-de-Léon, Saint-Honoré-les-Bains, Sauveterre-de-Béarn, Villeneuve-sur-Yonne, Ruffec, Vihiers et Voiron.

Mais la fédé grandit (il y a plusieurs épreuves départementales, dont une de lawn-tennis dans le Maine, et une de hockey sur gazon, avec 2 divisions et 9 équipes, dans la Seine) et s' implante peu à peu sur tout le territoire français : en Algérie, au Maroc et en Tunisie aussi, il y a maintenant des gymnastes et musiciens catholiques qui savent qu'ils descendent de *nos ancêtres les Gaulois* et, encadrés par leurs moniteurs (qui font parfois les zouaves pour la mère patrie dans le cadre de leur service militaire) défilent fièrement dans les rues…

Bien sûr, il y a tous ces mécréants et sectaires qui ont de la laïcité une conception bizarre, étroite et erronée, tous ces agnostiques qui donnent des coups de pied au culte, les lois anti-congrégations, la douloureuse séparation des Eglises et de l'Etat qui n'en finit pas, ces concours agités, gâchés et violents dont le sommet fut Roanne, il y a cinq jours à peine, police et armée intervenant pour un simple défilé.

Il y a également les deux belles créations fédérales, l'UGSEL pour le milieu scolaire privé (malgré les expulsions et les exils du début du siècle, l'enseignement libre a semble t'il encore, Dieu merci, de beaux jours devant lui) et l'UIOCEP sur le plan international.

Bien sûr, l'édifice fédéral est encore fragile et menacé de partout, même de l'intérieur : l'éducation sans concession, sans tricherie, sans compromission exigée par le comité central des responsables des patronages est un peu trop pour certains, parfois même en soutane, qui ont la tentation permanente d'appliquer la méthode de Tartuffe, *il est avec le ciel des accommodements :* en novembre dernier, au congrès, une Union a demandé la suppression des photos sur la licence. Trop difficiles à recueillir, disait-elle, mais une réponse positive aurait été la porte ouverte aux petits malins, sympathiques filous sans scrupules et pas toujours laïcs : il y a aussi des clercs dont la chaire est faible...

Mais la fédé fait œuvre éducative tous azimuts : dans *Les Jeunes,* elle donne une liste de 60 mots et expressions du *vocabulaire anglais des footballers* avec leur traduction, à privilégier : restons Français, oublions le *trip*, le *heading*, le *corner flag,* les *laws*, le *ground*, etc.

Bien sûr, il y a depuis longtemps des patronages pour jeunes filles mais aucune activité sportive organisée à leur intention alors que, chez les garçons, il y a quand même eu d'énormes progrès, depuis 1903, par exemple, où les résultats du cross fédéral étaient *envoyés à la presse par pigeons voyageurs pour être publiés le soir même* (on l'a vu, les pionniers n'ont jamais eu l'imagination en berne).

La fédération a maintenant des bureaux, des salariés, un magasin d'équipements et de matériel, un budget, un stade, une réputation et des milliers de responsables, dont une cinquantaine de techniciens et de politiques sur le plan national au lieu de la poignée de débordés qui faisait tout au départ.

Bien sûr, le lundi 29 juin, si la presse régionale a, comme toujours, largement relaté les événements locaux, les journaux nationaux n'ont, comme de coutume, accordé aucune attention aux 15 000 gymnastes rassemblés la veille dans les 6 concours de Bailleul, Lons-le-Saunier, Marseille, Paris, Rochefort et Vihiers, et ils ont titré sur l'assassinat à Sarajevo de l'archiduc François-Ferdinand, héritier du trône d'Autriche-Hongrie.

Bien sûr, l'événement est important et fait plus que jamais bruisser des rumeurs de guerre. Bien sûr, l'Alsace, la plus grande partie de la Meurthe et de la Moselle (dont Metz, sa ville natale) ainsi que les forêts de deux minuscules villages (redevenus français, eux, en 1872), Raon-lès-Leau (Meurthe-et-Moselle) et Raon-sur-Plaine (Vosges), appartiennent toujours à l'Allemagne, donc à l'empereur de Prusse... Pour Henri IV, Paris valait bien une messe. L'Alsace et la Lorraine valent-elles une guerre ?

Bien sûr, bien sûr. Mais, dans deux ans, il prendra sa retraite, ce qui lui laissera du temps, un peu pour sa vie de couple et la conférence Laennec, beaucoup pour la FGSPF et l'UIOCEP, puisqu'il a laissé le CFI à Charles Simon.

Sans doute serait-ce le moment d'appliquer à la fédé la méthode positive et révolutionnaire de ce psychologue et pharmacien de Troyes devenu célèbre l'an passé, Emile **Coué** de la Châtaigneraie, qui pense que l'inconscient est plus fort que le conscient, que l'imagination et la volonté doivent toujours marcher de pair, et que l'autosuggestion peut diriger l'imagination pour embellir la vie…

Il l'a écrit l'an passé, après Rome : *tout le monde aujourd'hui connaît et admire la FGSPF. Elle est bien belle et bien puissante, cette fédération qui unit vos unions régionales et vos sociétés. Je ne pense pas qu'il soit au monde un groupement plus vivant et mieux organisé. Ses rouages sont si soigneusement disposés et entretenus, actionnés par des travailleurs si dévoués qu'il est impossible que tout ne vienne pas en son temps et à son heure.*

Il n'y a pas de quoi se lever de bonheur tous les matins, mais presque ! Oui, la saison 1914-1915 s'annonce passionnante, et riche.

Curiosité : un championat d'orthographe

Encadré de 1ère page, *Les Jeunes* du 23 février 1907 : *Ayant à rédiger une affiche pour un concours de gymnastique, un de nos présidents, hésitant entre championnat et championat, consulta de nombreux dictionnaires. Il y trouva le mot champion, mais rien d'autre, et posa donc la question à M. Emile Faguet, de l'Académie française, dont voici la réponse* **:** Puisque le mot n'est pas dans le dictionnaire, son orthographe n'est pas fixée. D'après mes idées, et par analogie avec assassinat, sénat, diaconat, décanat, tribunat, écrivons championat ; pensionnat me paraît une absurdité. *Toujours dans le train*) *la FGSPF écrira donc dorénavant championat.* C'est effectivement ce qu'elle fit jusqu'au 11 mai 1912, où le second n fit un retour aussi discret que définitif, vraisemblablement à la suite de l'apparition du mot dans le dictionnaire.

Les Jeunes écrivirent longtemps baskett-ball et patronnage.

La question reste donc posée : pourquoi tant de n ?

1914-1918
LE CHAGRIN ET LA PITIE : ET TENEBRÆ FACTÆ SUNT

Où l'on voit comment la FGSPF prouve avec résilience que sa devise DIEU ET PATRIE n'est pas une publicité mensongère, et où il appert qu'elle gagne, aux yeux de ses détracteurs et des pouvoirs publics, un peu de respect et de considération par le sang de 26 000 de ses enfants.

Une semaine plus tard, c'est la catastrophe, prévisible, annoncée par certains mais à laquelle beaucoup refusaient de croire :

Un mal qui répand la terreur,
Mal que le ciel, en sa fureur,
Inventa pour punir les crimes de la terre,
La guerre, puisqu'il faut l'appeler par son nom...[32]

Rome, Roanne, les 5 morts de la séparation de l'Eglise et de l'Etat ne sont hélas plus grand chose, la guerre est là, les ténèbres s'abattent sur l'Europe. La fédération est prête ; depuis longtemps ; depuis toujours. C'est en partie pour cela que Michaux l'a créée, qu'il n'a jamais manqué une occasion de rappeler aux patronnés leur devoir de patriotisme, et que, depuis la mise en place par l'Etat du Brevet d'animation militaire, la FGSPF joue avec l'USGF à *c'est moi la plus patriote, c'est moi qui prépare le plus de jeunes au BAM.*

Dans ce domaine, comme dans celui des effectifs, on n'est pas loin du match nul, bien que le combat ne se déroule pas à armes égales : les autorités encouragent et aident très fortement l'une, et persécutent l'autre, sans doute au nom de *Liberté, égalité, fraternité.*

Quand il était président de la République (1899-1906) Emile Loubet assista religieusement (si vous me permettez cet adverbe aussi espiègle que hardi) tous les ans au concours de la républicaine USGF, alors qu'on ne l'a bien entendu jamais vu à celui de la FGSPF papiste,

[32] Avec la participation aussi aimable qu'involontaire de Jean de la Fontaine, in *Les animaux malades de la peste.*

donc subversive, anti patriotique et dangereuse pour une nation déjà surnommée (ô horreur) la fille aînée de l'Eglise !

Le 2 août 1914, la mobilisation enrôle sous les drapeaux les classes 1886 à 1910 (24 à 48 ans) : 2 900 000 hommes, dont 60 000 de ses membres. A la fin de l'année, l'appel massif des six classes du recrutement 1914 à 1919 en mobilise 50 000 de plus, soit 110 000, presque la moitié de ses troupes ![33]

François Hébrard est appelé comme sergent, Charles Simon comme simple soldat. Paul Michaux s'engage dans les ambulances, prenant sur ses épaules déjà voûtées un surcroît de fatigue qu'il traînera jusqu'à la fin. La fédé suspend ses activités nationales.

Louis Eblé se souvient : *au début de 1915, nous n'étions que 3 ou 4 à nous retrouver aux réunions de la commission sportive, Delaunay, Védie, Thibaudeau lorsqu'il venait à Paris, et moi.*[34]

Disparus après les 8 pages du numéro 30 du 25 juillet, *Les Jeunes* reparaissent. Après cette interruption de 3 mois, ils ne cesseront plus : sur une page recto-verso, certes, mais ils seront là tous les mois. A la une du numéro de reprise, le texte des deux lettres que Paul Michaux a adressées le 7 août, jour de la déclaration de guerre :

- Au ministre de la Guerre : *nous nous tenons à votre disposition pour organiser nos jeunes gens, tant à Paris que dans les grandes villes et bourgades, en services d'estafettes, de brancardiers, de gardes ou pour toute autre mission que vous jugeriez utile de leur confier.*
- Au président du Conseil des ministres *: notre bureau vient de se mettre à la disposition de M. le ministre de la guerre pour l'utilisation de ceux des membres de nos 1 650 sociétés qui ne sont pas appelés sous les drapeaux. Dans les journaux de ce matin, nous voyons votre appel en faveur de l'agriculture, et nous nous empressons de nous mettre à votre service pour agir immédiatement sur nos groupes de villes, bourgs et campagnes dans le sens que vous nous indiquerez.*

La première lettre n'eût jamais de réponse, la seconde si : le chef de cabinet du ministre de l'Agriculture promettait, *le cas échéant*, de faire appel aux bras de la fédé…alors Michaux passe à l'action : le 22

[33] Paul Michaux, discours d'ouverture du congrès*, Les Jeunes* n°20, novembre 1919.
[34] Robert Hervet, *la FSF 1898-1948*, page 61.

août, il fait publier dans *l'Echo de Paris, Le Figaro, La Croix* et les grands quotidiens de province une offre qui reçoit plusieurs réponses.

Contacts sont de nouveau pris avec les ministères et la SNCF. Les 50% pour groupes de cinq personnes et plus obtenus, les Parisiens vont aux champs pour les récoltes, puis les vendanges.

Transformé en office de placement, le siège envoie plus de 200 titis dans l'Yonne (hasard ou facétie, c'est à Villeneuve-l'Archevêque) la Vienne, le Lot-et-Garonne, la Drôme, la Charente, la Côte d'Or, le Rhône et l'Aveyron. Les jeunes viennent de *la Villa des Otages, l'Espérance de Saint-Séverin, l'Etoile des Deux Lacs, la France des Lilas, les Ménilmontagnards, le Cercle Athlétique du Rosaire* et *Championnet Sports.*

Inexpérimentés, mais joyeux, vaillants, robustes et disciplinés, les gavroches font un tabac dans les vignes. Ça les change de la ville : le curé du village les invite aux tables, la sienne et *la Sainte.* Ce n'est pas parce qu'on est à la campagne qu'on ne doit pas faire son salut en allant à celui du *Très Saint Sacrement*, et à la messe... D'ailleurs, c'est écrit dans les Evangiles : *l'homme ne vit pas seulement de pain, mais de toute parole qui sort de la bouche de Dieu.* Ah, vous voyez !

A Paris aussi, la fédé s'active pour la collectivité nationale. *Le 5 septembre à 4 heures de l'après-midi, par un coup de téléphone, la Société de secours aux blessés militaires nous priait de former en toute hâte des équipes de 10 brancardiers pour les gares de l'Est et de Lyon.* Pour assurer la permanence, il faut trois équipes dans chaque gare, soit 60 volontaires. Quelques coups de fil, et l'affaire est faite : *le C.A. Rosaire, l'Etoile des Deux Lacs* et *Championnet Sports* sont en place dès le lendemain gare de Lyon. *La Jeunesse Athlétique de Montrouge, les Ménilmontagnards et une équipe mixte Légion des Victoires* et *Laurentia* assurent la gare de l'Est.

Dans la série puisque ça a marché, recommençons, la Croix-Rouge redécroche le téléphone quelques jours plus tard pour la gare du Nord. *Le C.A. Rosaire* (ter), *le C.S. Plaisance, les Voltigeurs de Billancourt, l'Union sportive d'Auteuil* et *la Domrémy* fournissent chacun une équipe de dix... Fastoche !

Et il y eût aussi le service dans les cantines des gares d'évacuation, qui reçurent des milliers de blessés, les équipes de huit cyclistes qui assurèrent à ces derniers la livraison quotidienne des journaux dans les hôpitaux de Paris et de banlieue, le tout dans la discrétion, les faits n'étant relatés que dans *Les Jeunes*... et encore, pas toujours : il aurait été bien imprudent de signaler que les locaux de *la Lorraine de Saint-Mandé*, au nom déjà provocateur pour l'agresseur prussien, étaient devenus une annexe de Begin, hôpital d'instruction des Armées...

Plus spectaculaire, en revanche, sont les colonnes entières de *Les Jeunes* qui, sous le titre **Notre glorieux palmarès**, donnent, comme autrefois les résultats des concours, la poignante liste des **morts au champ d'honneur**. Pendant quatre ans, il y a des pages et des pages de cette horrible litanie, dont les noms sont fournis par les sociétés elles-mêmes, fières de participer à l'effort de guerre.

Egalement à la une, les listes, un peu moins impressionnantes mais volumineuses quand même, des **blessés à l'ennemi** et des **cités à l'ordre du jour, décorés et gradés sur le champ de bataille.** A partir d'avril 1915, les trois rubriques sont regroupées sous le titre **LE LIVRE D'OR DE LA FGSPF**, sur cinq colonnes à la une.

Début septembre 1914, les uhlans allemands sont aux portes de Paris, près de Meaux. Le général Galliéni réquisitionne plus de 1000 taxis pour acheminer en Seine-et-Marne la 7e division d'infanterie afin de détruire l'avant-garde et stopper l'avancée des troupes allemandes. Ils seront 1200 à effectuer le voyage et à être payés au retour par l'Armée selon le prix indiqué par le compteur.

A raison de 5 soldats avec leur paquetage dans chaque véhicule, ce sont donc 6000 soldats seulement qui avancent vers le front... qu'ils n'atteindront jamais : les Allemands reculent, mais se retranchent sur l'Aisne. Cette opération est une goutte d'eau dans l'océan de la guerre, mais son impact politique et psychologique est énorme dans le pays et même au-delà.

Le front fait 700 km de long, de la mer du Nord à la Suisse, et la première bataille de la Marne va commencer. Elle va faire plus d'un demi-million de victimes (morts, blessés ou disparus), 227 000, dont Charles Péguy, côté français, 256 000 chez les Allemands. C'est le 5 octobre que se déroule le tout premier combat aérien de l'histoire : à bord du biplan à hélice *Voisin III*, le sergent Frantz et le caporal Quenault abattent un avion allemand au-dessus de Reims.

Mais la vie continue pour la fédération : le 6 novembre, l'Union régionale de la Seine se réunit pour parler foot, hockey et service religieux pour les membres tués. Le compte-rendu donne bien entendu la liste des six présents, qui se termine par un lapidaire : *les autres membres du Comité sont aux armées.* Les compétitions locales de cross-country, de football et de gym se poursuivent, au ralenti mais bien réelles.

En juin 1915, c'est la catastrophe : Charles Simon *tombe au champ d'honneur* au combat du Labyrinthe, typique de cette guerre qui s'est enterrée pour 3 ans dans des tranchées de boue, de vermine et de sang, où chaque camp effectue, au prix de centaines de morts, des sauts de puce de 60 mètres pour conquérir une simple tranchée défendue à la mitraillette puis à la baïonnette.

Quelques jours plus tard, au même prix, des centaines de morts, l'ennemi reprend la tranchée, puis l'autre repart à l'assaut, et ainsi de suite, sous un déluge de bombes et d'obus qui tombe du ciel... Car, pour la première fois dans l'histoire, ce ne sont ni les fantassins ni les fusils qui gagnent, ce sont les mitrailleuses et les canons, nouveauté qui rend plus absurdes encore les assauts répétés décidés par des états-majors au chaud et à l'abri.

Dans la chaleur des explosions et de l'été précoce (les soldats se sont mis en bras de chemise et ne portent plus le casque), le *à toi, à moi* de la bataille du Labyrinthe fait 2 000 victimes françaises et sans doute presqu'autant d'allemandes entre le 30 mai et le 17 juin. Charles Simon meurt le 15.

L'émotion est grande en FGSPF, au CFI et au-delà. Par centaines, les lettres de condoléances et de sympathie arrivent au siège : clubs, députés, évêques, présidents des fédérations sportives françaises et même étrangères (Angleterre, Etats-Unis, Italie, Pays-Bas), ceux de l'UIOCEP et de la FIFA, et Pierre de Coubertin (*j'honore la mémoire de celui que vous pleurez, et qui était si digne de l'attachement et de la gratitude de vos sociétés).* Certaines sont adressées à Paul Michaux, d'autres à Henri Delaunay.

Tout le monde, surtout leurs détracteurs et leurs ennemis, sait en effet que CFI et FGSPF, c'est bonnet blanc et blanc bonnet. Tout à fait entre nous, ils n'ont pas tort, mais chut, on va faire comme si !

La FGSPF pleure *l'ami le plus dévoué, le collaborateur le plus actif, l'homme le plus nécessaire,* l'organisateur hors pair de tous ses grands événements et déplacements. Le 18 juillet, en la petite église mitoyenne de la fédé, place Saint-Thomas-d'Aquin, elle organise pour lui un service funèbre qui regroupe un beau parterre de personnalités civiles et religieuses, les drapeaux de plus de 40 sociétés portés par des gymnastes en tenue, et animé par *les tambours et clairons de l'Union Athlétique du Chantier qui, à l'élévation, saluèrent à la fois le Dieu de l'Eucharistie et les glorieuses victimes fédérales tombées pour la défense du sol national.*

Son remplaçant au secrétariat général de la fédération est tout trouvé : il est déjà adjoint, et vient de la même société que lui, ce club brillant qui ne se contente pas d'écraser le football FGSPF, et même français. Henri Delaunay a déjà succédé à Charles Simon, en 1905, à la présidence de *l'Etoile des Deux Lacs*. Dix ans plus tard, il fait de même à la FGSPF... et au CFI.

Footballeur et dirigeant dans l'âme, il vient d'arrêter l'arbitrage parce qu'il a... avalé son sifflet, au sens littéral : à la suite d'un shoot violent reçu en pleine figure, il a vraiment avalé le petit ustensile, qui lui a cassé deux dents au passage, ce qui lui a pour toujours coupé le sifflet de l'arbitrage. Ironie du sort, l'auteur de ce tir aussi puissant que maladroit jouait pour *l'Etoile Sportive... Bienfaisance.*

Henri Delaunay s'installe sur les deux sièges vacants : secrétaire de la FGSPF, et président du CFI. Le 23 août, ce dernier, poussé par son nouveau patron, décide de remplacer en 1917-1918 son épreuve traditionnelle par une Coupe ouverte à tous sans distinction de niveau, et qui portera le nom de Charles Simon.

1916 : les concours de gym, d'athlétisme, le tir et le football ont repris, à Angoulême, Bordeaux, dans les Charentes, Lyon, Marseille, Orléans, Paris et même Tunis. Le football-association est roi : 15 UD organisent toujours un championnat pour 188 sociétés (90, avec 115 équipes et 1700 matchs pour la seule Union régionale de la Seine).
Les résultats du *championnat Breton de guerre* ont même droit à la une, tout comme les deux matchs entre le camp d'aviation navale britannique de Vendôme et l'*Arago d'Orléans* : 9-2 à Vendôme et 5-1 à Orléans, où ils déposent une gerbe au pied de la statue de... Jeanne d'Arc, façon très anglaise (habile mais osée) de rappeler qu'ils n'étaient pour rien dans cette affaire franco-française qui a inspiré à Paul Claudel et Arthur Honegger un oratorio tout feu, tout flamme.

A Paris, on peut s'occuper plaisamment et utilement :

- Aux stands militaires d'Auteuil et de Vincennes, on peut tirer à l'arme de guerre (200 m). Armes et munitions sont gratuites sur présentation de la licence FGSPF ou UGSEL. Deux concours sont en projet.

- En 1912, l'abbé Guédé *(Jeune garde de Clichy)* s'était pris de passion pour un nouveau sport, américain, appelé *baskett* **(*sic*),** qu'il relance. Les équipes de Paris et des banlieues doivent s'engager (3 F) chez lui, 7 rue du Landy à Clichy, avant le 10 janvier 1916.

Car les activités ne doivent pas cesser, et ne cessent pas : devant l'augmentation (50%) du cuir, la fédé solde ses stocks de chaussures d'avant-guerre, à son magasin qui offre toujours appareils et tenues de gymnastique, ballons et maillots parce qu'elle *en tire une partie des ressources indispensables pour assurer la marche de l'œuvre.*

Au camp de prisonniers de Ratisbonne, Arsène Mathey, du *C.A. Rosaire,* organise des concours athlétiques. Les résultats (loin d'être ridicules) paraissent dans *Les Jeunes.* Et la fédé connaît même un moyen de distraire ceux qui s'ennuient sur le front : le pavé de 1ère page de 1913 et 1914 a changé de visage, passant de *Tous les sportsmen des patronages doivent lire Les Jeunes* à un plus actuel *Dans les tranchées, les jeunes doivent lire Les Jeunes.* Texto.

Début 1916, le siège édite une affiche de propagande, due à *l'initiative de M. le directeur de la Saint-Michel de Briare, Orléanais.* Sur papier orange (couleur fédérale), elle porte le long texte suivant : *jeunes gens, venez dans nos Patronages, faites de la gymnastique et des Sports athlétiques : c'est pour votre bien, c'est pour le bien de la race, c'est pour le salut de la France.* Le siège rappelle que l'affichage à l'extérieur est *soumis à l'apposition d'un timbre fiscal de 0, 12 F en vente dans les bureaux de tabac.*

Juillet : *Les Jeunes* reproduisent in extenso, sur cinq pages grand format, les débats du Sénat qui vient de rendre la préparation militaire obligatoire, décision qui ne surprend pas la fédé et qu'elle approuve avec enthousiasme. Les numéros suivants guident les sociétés dans les arcanes des dossiers de la reconnaissance officielle et recommandent la formation des instructeurs : 63 d'entre eux, issus de 19 Unions, assistent au 1er stage de formation à l'Ecole de Joinville. Pour préparer les gymnastes aux épreuves de la PM, le programme fédéral de gym 1917 est modifié en conséquence.

Hors fédé (si l'on peut dire…), ça bouge aussi. Le 15 septembre de cette même année 1916, Paul Michaux écrit à… son voisin de bureau place Saint-Thomas-d'Aquin, Henri Delaunay, président du CFI : *j'ai prié le secrétaire général du CFI d'être mon interprète auprès de votre bureau pour vous exprimer mon désir de m'associer effectivement à la décision que vous avez prise le 23 août 1915 de créer une épreuve nationale qui porterait le nom de notre regretté Charles Simon, et qui contribuerait ainsi à perpétuer sa glorieuse mémoire. De grand cœur, j'offrirais à votre Comité l'objet d'art qui serait l'enjeu de cette épreuve.*[35]

La compétition commence en septembre 1917 avec 48 clubs, et, le 5 mai **1918**, *l'Olympique de Pantin* bat le *FC Lyon* 3-0 et remporte la 1ère Coupe de France. Le trophée de 3,150 kilos (en argent, s'il vous plaît) monté sur un socle de 15 kilos en marbre blanc veiné est exposé au siège de la Fédération française de football (depuis 1967, celle que remportent les clubs vainqueurs est une réplique) et porte sur le socle l'inscription *Coupe Charles Simon, offerte par le docteur Paul Michaux, président de la FGSPF.*

Le 13 septembre, 4 000 fidèles se réunissent à Notre-Dame *pour implorer la clémence divine sur la France attaquée.*

En 1917, le concours de l'UD Seine, présidé par Maurice Barrès, bizarre hyper nationaliste-socialiste-antisémite-catholique-défenseur des Eglises, regroupe 40 sociétés et 2.500 gyms et musiciens.

Loin de France, à Petrograd (aujourd'hui Saint-Pétersbourg), des milliers de femmes manifestent pour réclamer du pain et le retour du front de leurs maris. Elles sont vite rejointes par beaucoup d'ouvriers, dont certains sont déjà en grève depuis un mois. Cette insurrection improvisée, qui va devenir *la révolution de février* provoque en quelques jours à peine l'abdication du tsar Nicolas II, la fin de l'Empire russe et de la dynastie des Romanov, et va avoir une influence sur le reste du monde.

Septembre **1918** : *Les Jeunes* célèbrent LA GLORIEUSE MEMOIRE DE NOS 22 000 CAMARADES TOMBES AU CHAMP D'HONNEUR POUR LE SALUT DE LA FRANCE, mais ce n'est rien à côté des lettres énormes de la une du numéro du 9 novembre : **VICTOIRE, VIVE LA FRANCE** ! En remerciement de *la Victoire définitive, la grande Victoire, la Victoire qui rend à la France l'Alsace et la Lorraine arrachées à la Mère Patrie il y a 48 ans, la victoire qui nous rend Metz et Strasbourg, Mulhouse et Colmar.*

---

[35] Cité par Claude Piard, in *La revue du Comité Pierre de Coubertin*, 2010.

Prévu de longue date *dans la basilique nationale du Sacré-Cœur, le service solennel pour nos morts au champ d'honneur (*qui avait lieu tous les ans en décembre depuis 1915 en présence de 300 gymnastes et musiciens *en l'église métropolitaine de Notre-Dame)* devient messe d'actions de grâce terminée par la triomphante hymne chrétienne de la victoire, le *Te Deum* :

Ceux qui pieusement sont morts pour la patrie
Ont droit qu'à leur cercueil la foule vienne et prie (Victor Hugo).
Dulce et decorum pro patria mori (Horace)

On y prie donc aussi pour *le grand directeur des patronages de Mulhouse mort de joie en attendant à l'Hôtel de Ville les soldats de France, pour tous les poilus et les patronnés héroïques* : *jusqu'au bout, vos vaillantes poitrines nous ont servi de boucliers. Aux rudes journées de l'Yser, de l'Argonne et de Verdun, vous étiez là pour dire à l'ennemi :* ***on ne passe pas*** *! Puis, avec vos grands chefs, vous étiez là pour crier :* ***on les aura !*** *Grâce à vous, aujourd'hui, nous avons le droit de crier bien fort* ***: on les a ! On les a !*** *Vive la France, vive les jeunes des patronages.* Du pur Michaux…

Le 17 novembre, comme c'est la tradition depuis 1239 dans toutes les grandes occasions de l'Histoire de France, *Te Deum* solennel à Notre-Dame pour célébrer la ratification de l'Armistice signée 6 jours plus tôt. La messe est dite par un prêtre alsacien et, comme en 1916, l'état-major de la fédération est là… mais pas le président de la République, Raymond Poincaré, au nom du principe de la séparation des Eglises et de l'Etat.

Il est représenté par le président du Conseil, Georges Clemenceau, dont les convictions anti religieuses sont connues depuis longtemps mais qui étrenne son tout nouveau surnom, *le père la Victoire.*

Les concours, FGSPF ou organisés par les autorités militaires pour toutes les fédérations ont continué, et, là encore, les sociétés de la fédé se frisent les moustaches, c'est l'armée qui le dit à *l'Echo de Paris* : le 27 mai, à Bordeaux, *la Flèche* a tout raflé, y compris le vase de Sèvres offert par le président de la République, et les autres FGSPF sont 6e, 7e, 12e, 14e et 15e. Idem à Lyon et Dijon. A Nantes, le 15 septembre, *les Clissons de Vannes, l'Armoricaine de Brest, la Loetitia (sic)* et *la Mellinet* raflent les quatre premiers prix. Le même jour, à Angers, les cinq sociétés FGSPF sont dans les dix premières.

Pour le Certificat de préparation au service militaire, c'est encore mieux, ou pire pour « les autres » : les premiers de subdivision sont partout (Bar-le-Duc, Cholet, Dijon, Rennes) membres d'un patronage, A Saint Etienne c'est même carton plein : 1er, 2e, 3e et 5e.

Ici encore, on n'a pas vraiment idée de la difficulté de la tâche consistant à appliquer la devise de la maison de Guillaume d'Orange, *Je maintiendrai*. Ecoutons l'un des plus fidèles, et des plus proches du patron : *nous nous retrouvions à quelques uns, toujours les mêmes, mais c'est cet attachement qui nous a permis de tenir plus tard, durant le conflit de 14-18. On a dit et répété combien il avait été difficile de maintenir l'existence de la fédération entre 1940 et 1945... Mais la tâche ne fut pas plus commode durant la première guerre.*

Si la FGSPF a survécu, elle le doit à cet enthousiasme des hommes du début, qui se dévouaient corps et âme à un mouvement sportif ne disposant pas des assises que l'on trouve l'année du cinquantenaire.[36]

Et les mêmes sont prêts à écrire le chapitre suivant. Sans reporter la chose aux calendes grecques, ce qui serait le jusqu'au-boutisme d'une procrastination étrangère à leur caractère.

[36] Louis Eblé, cité par **Robert Hervet**, *La FSF 1898-1948*, op cit.

1919-1939
LA PUISSANCE ET LA GLOIRE

Où l'on apprend comment, grâce à l'éclatement de l'USFSA en de multiples fédérations unisport, ainsi qu'à l'entregent et au talent de ses dirigeants et à l'appui très concret du clergé, la FGSPF, qui vient d'atteindre son âge de véraison, devient la fédération de référence, dont l'irréfragable vitalité écrase la concurrence, et dont les rassemblements battent tous les records.

L'étrange et sauvage boucherie est terminée : sauvage, parce qu'elle a fait entre dix et quinze millions de morts, dont officiellement 1 315 000 soldats Français (25% des 18-27 ans du pays) et des millions de civils. Elle a fait quasiment autant de blessés (six millions au bas mot) dont beaucoup gravement handicapés étant donnés les conditions d'hygiène, les remèdes rudimentaires et le peu de chirurgiens de l'époque. Il y a aussi des millions d'invalides, et plus de 15 000 défigurés, les *gueules cassées*.

Elle a ensanglanté quasiment l'Europe entière, le Japon et les Etats-Unis, complètement redessiné le paysage de certains pays, notamment la Serbie, la Belgique et la France (des villages entiers ont disparu, les sols sont pollués, minés ou truffés d'obus non explosés pour des dizaines d'années), sans compter la redistribution géographique des pays dans l'est de l'Europe, et elle a psychologiquement traumatisé à vie des millions d'individus.

Etrange parce que les pays attaqués sont vainqueurs, certes, mais exsangues et ruinés au moins pour les 30 ans qui viennent, alors que, aucun combat ne s'étant déroulé sur son territoire, qui n'a subi ni bombardement ni occupation, l'agresseur allemand, bien que vaincu, conserve intact son potentiel industriel et commercial.

Etrange parce que l'envahisseur n'est jamais arrivé à Paris, ville symbole. Sur la fin, à partir du 23 mars 1918, il a simplement envoyé sur la ville, par avion ou par zeppelin, quelques bombes qui n'ont pas occasionné beaucoup de dégâts, moins en tout cas que les 400 obus balancés de Crépy-en-Laonnois, à la distance alors impensable de 121 km, par les deux gigantesques *canons de Paris* (à ne pas confondre avec une autre tueuse en série au nom pourtant attendrissant et anodin, *la grosse Bertha*) fabriqués pour détruire Londres depuis la côte française, mais que les Allemands testent d'abord sur la ville qu'ils comptent encore envahir bientôt…

L'effet sur les parisiens est essentiellement psychologique, surtout l'obus qui, le 29 mars, tombe sur l'église Saint-Gervais, tuant 92 fidèles et en blessant 68. Hors batailles et tranchées, c'est la plus lourde perte causée en France par les bombardements.

Sur les terrains de l'Est, c'est autre chose : comme le Far-West et la Californie, la France a ses villes fantômes, 6 villages de la Meuse entièrement détruits, officiellement *communes mortes pour la France* mais toujours juridiquement existantes en 1998, sans un seul habitant mais qui, pour correspondre à la loi, ont un maire et deux adjoints, désignés lors de chaque élection municipale par le préfet du département.

Ces martyrs sont, par ordre alphabétique, Beaumont-en-Verdunois, Bezonvaux, Cumières-le-Mort-Homme, Fleury-devant-Douaumont, Haumont-près-Samogneux et Louvemont-Côte-du-Poivre.

Dans la bande frontalière de 50 km de large occupée en Allemagne par les alliés, c'est dès **1919** l'humiliation totale pour les locaux, surveillés, obligés de saluer le drapeau tricolore, de vivre à l'heure française, de subir le couvre-feu et de descendre du trottoir devant les officiers français. Les Rhénans ruminent déjà leur revanche…

Le traité de Versailles (signé le 28 juin 1919 mais promulgué le 10 janvier 1920) ne fera que jeter de l'huile sur le feu de la vengeance : à titre de réparations, l'Allemagne, *seule responsable de la guerre,* est condamnée à payer la somme hallucinante de 132 milliards de marks-or, équivalente à 47 312 tonnes d'or !

Le 7 avril **1920**, la cocotte-minute explose à Francfort, où des poilus qui se croient menacés ouvrent le feu : 10 morts, 30 blessés. Les tireurs étant des coloniaux, la presse allemande nationaliste et d'extrême droite retourne aux Français l'épithète dont ils ont affublé les Allemands (barbares) et se déchaîne contre Malgaches, Marocains et Sénégalais, *auteurs de crimes contre la race blanche, voleurs, violeurs et assassins.*

Le jeune Berthold Brecht, pas encore célèbre, écrit : *en Rhénanie, des compagnies entières de nègres engrossent les femmes.* Cinq ans plus tard, dans *Mein Kampf*, Hitler en rajoutera une couche : *afflux de sang nègre sur le Rhin.* La France rappelle les coloniaux, mais c'est trop tard, et elle continue à piller les richesses locales. La résistance allemande s'organise et passe à l'attaque par des attentats et des sabotages jusqu'au 30 juin 1930, date du départ des occupants auxquels elle présentera la note en 1939.

Revenons à la fédération : à vingt ans, elle peut sembler alerte, mais elle est en fait dans un sale état. Lors de son adolescence dramatique, elle a perdu son élan, ce qui n'est pas très grave, mais aussi son grand animateur, Charles Simon, 60 000 blessés et surtout 24 000 membres et cadres, un chiffre qui l'a saignée mais dont elle est très fière[37] et qu'elle décide de rappeler tous les ans par le dépôt d'une gerbe au monument aux morts lors des fédéraux de gym garçons, puis filles, puis majorettes.

Elle en est très fière parce qu'il prouve sans conteste que les catholiques, gymnastes ou pas, sont des républicains, des Français et des patriotes, pas les dégonflés amis de l'Italie qu'anticléricaux et socialistes les accusaient d'être avant 14, quand leur pacifique mais ostentatoire armée qui défilait en rangs serrés était soupçonnée, en cas de conflit, de devoir se ranger aux côtés de l'agresseur.

L'Union Sacrée de 14 et l'attitude patriotique de la fédé ont apaisé les esprits : l'anticléricalisme des groupes de pression très organisés a disparu sur le plan national, où il ne relève plus que d'individus. Sur le terrain aussi, la bête a perdu de sa virulence, mais elle a cependant encore de beaux jours devant elle avec tous ces instituteurs et maires qui se préparent à jouer, dans l'allégresse, les *Peppone,* et tous ces *don Camillo* qui n'ont rien contre une bonne petite bagarre !

Vingt-quatre mille morts, ce n'est hélas qu'une goutte d'eau dans un océan de sang et de larmes de plus de dix millions de victimes (sans parler de la grippe espagnole de 1918, qui en tua le triple, 20 à 40 millions, on ne saura jamais) mais c'est le chiffre des gymnastes qui avaient participé aux concours de juin et juillet 1914, et 15% de ses effectifs d'alors. Il ne faut pas partir de zéro, comme en 1897, mais, comme le Nord et l'Est de la France, tout rebâtir sur un champ de ruines. Et rebâtir pour toujours, car cette guerre, comme beaucoup de tournées de bistros, est vraiment *la der des ders*. Craché, juré.

[37] Le premier chiffre annoncé était de 22 000, mais il a ensuite toujours été rectifié à 24 000, notamment lors du congrès 1919, parfois même 26 000.

Le 4 janvier, *L'Echo de Paris* publie un long article intitulé NOTRE YMCA, C'EST LA FGSPF. Bien vu... Le 12, cross de l'UD Seine : 123 coureurs, dont 23 minimes. Le 26, à Lyon, grande fête de la jeunesse en présence de Henry Paté, député de Paris, délégué par le ministère de la Guerre. Arrivé avec deux heures de retard (problème de train...), il annonce qu'un projet de loi accordant dix millions par an *aux sociétés d'éducation physique, à quelque fédération qu'elles appartiennent* vient d'être déposé, car *il ne suffit pas d'avoir remporté une victoire, il faut combler les vides causés par la guerre, et c'est par l'éducation physique que l'on résoudra ce problème, en y joignant la lutte contre l'alcoolisme et l'encouragement à la repopulation.*

Paul Michaux reprend aussitôt les rênes. Les temps sont durs (le ticket de métro connaît sa première hausse : le prix n'avait pas bougé depuis 19 ans), mais, dès janvier 1919, *Les Jeunes* reparaissent deux fois par mois. Les patros du Nord peuvent enfin y raconter les brimades, les humiliations et parfois les sévices que leur ont fait subir *les Boches*. Le 1er février, Michaux y confirme ce qu'il martèle depuis deux ans sur les besoins de la fédé : *il faut des présidents, des directeurs, des moniteurs*. Il prie instamment *les chers Présidents des Unions régionales de se remettre à l'œuvre sans tarder, de grouper autour d'eux des bonnes volontés nouvelles, de rassembler les éléments épars des sociétés, et de préparer pour Pâques et le printemps prochain, pour les sociétés géographiquement proches* (problèmes de transport), *une série de réunions modestes mais soigneusement mises au point*.

Et il donne la marche à suivre pour cette *capitale réorganisation des patronages*. Il faut : 1° un effort de direction 2° la reconstitution d'un bureau 3° le choix d'un bon moniteur 4° la formation d'une section d'adultes et d'une de pupilles. Sauf votre respect, et la musique, chef ? Et le cross ? Et le football-association ?

La famille fédérale compte un petit nouveau, très attendu, accueilli avec ferveur, qui a fait acte de candidature au tout début de novembre 1918, avant même l'Armistice : fière anomalie alsacienne en terre allemande depuis le 26 février 1871, *l'Elsässer turner bund (ETB*), par lettre de son président, Auguste Biecheler, a demandé son adhésion comme *Avant-Garde du Rhin, Union régionale d'Alsace de la FGSPF*.

Lors de sa tournée-pèlerinage du 8 au 11 décembre 1918 à Mulhouse, Strasbourg, Colmar et Metz, le Messin président de la fédération avait, devant et avec ses amis et compatriotes locaux, versé *des larmes de joie, de bonheur, de libération et de rédemption* et redit à Auguste Biecheler, qu'il fréquentait et appréciait à l'UIOCEP (où l'ETB alsacienne avait rang de nation) sa joie de le retrouver libre et de l'accueillir.

Rebelote les 24 et 25 mai 1919 à Colmar, Issenheim et Notre-Dame-des-Trois-Epis, où 20 000 personnes assistent à la messe. A la fin du banquet qui réunit les présidents de toutes les sociétés (50) des deux provinces, *M. Biecheler apportait au docteur Michaux l'adhésion solennelle des gymnastes des Cercles Catholiques d'Alsace, et M. le chanoine Keller celle des cercles de Lorraine.*

L'Avant-garde du Rhin et l'Union Lasalle ont rejoint la France et la fédé, dont le président serre sur sa poitrine les frères retrouvés. Il convie toutes les sociétés aux concours internationaux de Metz en août 1919, et de Strasbourg l'année suivante.

Son appel de janvier **1919** aux petits regroupements est entendu, et la vie renaît (cross, athlétisme, football, gym et musique surtout) en beaucoup d'endroits : Angoulême, Bar-le-Duc, Blois, Châteauroux, Bordeaux (500 gymnastes et sept cliques), Chantilly, Cherbourg, Evreux, Grenoble, Lyon (festival salle des Lazaristes pour cause de pluie torrentielle), Lanester, La Rochelle, Marseille, Nancy, Nantes, Rennes, St Etienne, St-Germain-en-Laye, Strasbourg, Tours et même Oran (athlétisme, trois sociétés). L'Algérie n'a vécu la guerre que de loin, sauf bien entendu ses milliers de tirailleurs morts au combat.

Sans parler de Chartres (1 500 gymnastes de 38 sociétés dont *les Croisés beaucerons de Gouillons, les Gais moissonneurs de Voves, les Pieds blancs Les Aydes* et *les Francs-lurons de Nonancourt et Saint-Lubin* derrière *l'harmonie Saint-Ferdinand*), et de Paris, où *la grande journée patriotique et d'éducation physique du 6 juillet* regroupe, sur le *stade fédéral de Gentilly, 40 sociétés et 2 500 gymnastes et athlètes.*

Vingt-trois organisations régionales et nationales, c'est environ le tiers de celles de 1914 et le nombre de participants est bien moindre dans chacune, mais c'est remarquable quand même. Ça aurait pu être bien pire. Ça aurait dû être pire.

En revanche, Metz est annulé : *les questions de matériel, de vivres et de nourriture qui se sont dressées devant nous étaient si redoutables que nous avons dû reculer. Entre le bien-être de nos gymnastes et le cruel sacrifice d'amour-propre qui en résultait pour nous, nous ne pouvions tergiverser.* L'Union Drouot voisine inaugure certes à Nancy son propre Parc des sports, mais la pilule est amère pour Michaux le messin, dont on imagine la déception… et le désir de revanche : le concours aura lieu un jour, forcément.

Cinq ans après, appel est fait aux sociétés qui ont participé au concours de Salbris le 26 juillet 1914 et n'ont jamais reçu leur prix pour cause de déclaration de guerre. Devant l'augmentation massive du prix du bronze, de l'argent et du vermeil, accepteraient-elles d'abandonner fort généreusement les médailles qui leur reviennent, ou bien les estiment-elles indispensables pour le bien de leur œuvre ? C'est toute la fédé : honnêteté… et silence sur les résultats de l'appel !

Le 8 février **1919**, le rêve fou des pionniers de l'aviation qui ont en tête un transport de passagers qui serait encore plus rapide et performant que l'automobile et le train devient réalité : aux commandes d'un avion de ligne, le Farman F.6O Goliath, Lucien Bossoutrot conduit 12 militaires de Paris à Londres en 2 h 30.

Deux jours après à peine, sur un bimoteur C23, Georges Boulard inaugure la première ligne régulière, Paris-Bruxelles en 2 h 35.

Le 15 mai, deux entrepreneurs, le Français Georges Delacroix et l'Américain Raymond Linton, déposent au tribunal de commerce de Bordeaux une marque de boisson américaine qui a connu un échec retentissant en Angleterre, où aucun soda ne peut rivaliser avec le thé chaud. La publicité française représente un ours blanc qui donne à boire au soleil pour le rafraîchir. La saga Coca-Cola est en marche.

La fédération doit hélas continuer à ferrailler avec les autorités. Le 1er octobre 1919, en 1re page, Louis Eblé signe un article sobrement intitulé AGREMENT, dont voici le début : *vous avez pu lire, comme moi, dans un grand journal, que la FSFSF vient d'être agréée par le Ministère de la guerre comme Société de préparation militaire. Vous qui savez que ce sigle signifie Fédération des sociétés françaises de sport féminins, vous avez souri, même si vous êtes de l'avis du chroniqueur sportif,* ***la femme étant jugée à juste titre comme l'un des facteurs de la régénération physique.***

Mais maintenant, réfléchissons : la FSFSF est agréée par le Ministère de la guerre, la FGSPF ne l'est pas. Nous ne comprenons plus, ou plutôt nous comprenons trop bien : la qualité de société agréée comporte quelques avantages qu'il est peut-être poli d'offrir aux sociétés sportives féminines, mais qu'il semble inadmissible d'accorder aux patronages catholiques.

Cette survivance de la méfiance anticatholique est difficile à comprendre : c'est depuis 1915 que le gouvernement refuse d'habiliter la fédération qui fait le plus pour la PM. Pour la FGSPF, la PM, c'est un vrai parcours du combattant ! L'amendement de Lamarzelle (1916) permet enfin, Dieu merci, que les candidats des *sociétés libres* (donc ceux de la fédé) soient considérés comme les autres.

En 1917, la Chambre des députés accepte donc qu'installations et terrains soient mis à la disposition des *établissements libres* et que ces derniers bénéficient de l'agrément ministériel et de ses avantages. Mais malgré la nomination de Paul Michaux (sur proposition du Comité national des sports, qui plus est) à la Commission ministérielle chargée de préparer la classe 1918, certains fonctionnaires n'ont toujours pas changé leur fusil d'épaule, et l'instance tarde à agréer la fédération, dont les responsables ont la malodorante impression de patauger dans le Kafka…

Le **7 avril 1919** constitue une date historique pour le sport français et donc pour la fédé : le CFI devient FFFA ; fini le Comité français interfédéral, vive la Fédération française de football-association. Le premier président, c'est Jules Rimet. Le premier secrétaire général, c'est Henri Delaunay.

La nouvelle n'a bien sûr pas pris au dépourvu maman FGSPF, dont l'accord était nécessaire, accord que le comité central a donné le 24 février *(Les Jeunes* du… 15 février !) après avoir rajouté au projet de statuts que les fédérations membres pourront présenter elles-mêmes les demandes d'affiliation de leurs sociétés qui le souhaitent.

Henri Delaunay souhaite se consacrer au foot à plein temps. Il est donc remplacé au secrétariat de la FGSPF par un Vendéen devenu membre d'un club de foot parisien à son arrivée en 1904. Il ne s'agit plus de *l'Etoile des Deux Lacs* du tandem Simon-Delaunay, mais de *la Jeunesse Sportive Pitray Olier.*

Armand Thibaudeau y est devenu un arbitre de haut niveau : c'est lui qui officie en cette année 1919 pour la seconde finale de la Coupe de France où, devant près de 10 000 spectateurs, *le CASG Paris* bat *l'Olympique de Paris* 3-2 après prolongations. Six mois plus tard, le 1er octobre, il est officiellement nommé secrétaire général de la

FGSPF, où il s'occupe déjà d'athlétisme, de football et de tennis dans les commissions de l'Union régionale de la Seine.

Comme Simon et Delaunay avant lui, Armand laisse à Michaux le spirituel, le message dans *Les Jeunes,* le patriotisme ardent et le catholicisme militant, privilégiant le développement des activités, en FGSPF et au dehors : en 1920, il devient membre de la FFBB, dont il fut vice-président de 1931 à 1955 et trésorier de 1945 à 1955, date de son attaque de paralysie… mais la FFBB, ce n'est pas la fédération de basket, comme beaucoup le croient, c'est celle de base-ball.

En mars 1918, il avait assisté à une rencontre organisée par *l'UA Cognac*, et les *sammies* (*GIs*) américains avaient renouvelé leur démonstration à Dijon, à Contres et lors des Jeux interalliés de 1919. Ce sport balbutie dans l'hexagone mais semble avoir des chances de succès en FGSPF, d'où sans doute l'engagement de Thibaudeau...

Travailleur brillant, pugnace et acharné, mais d'une discrétion et d'une modestie de violette (trouver articles ou documentation sur lui est mission impossible), Armand Thibaudeau est un acteur central méconnu du développement du sport français. Ajoutons que le père Armand ne coûte rien aux deux fédérations, puisqu'il exerce le très beau métier de rentier et qu'il y est bénévole à temps plein.

Son engagement, et celui d'Henri Delaunay au football, c'est pour la FGSPF du remarquable boulot de relations extérieures, certes, mais surtout une preuve incontestable de contribution au développement du sport français bien au-delà des murs de sa chapelle catholique.

L'investissement de ces deux grands dirigeants dans un sport collectif ne doit rien au hasard : la fédération se méfie beaucoup des sports individuels, source d'orgueil personnel, voire d'égoïsme. Le culte de l'individu, non merci : même la gym est en groupe. En 1949 encore, les filles auront un mal de chienne à créer un fédéral d'athlétisme pourtant admis depuis longtemps chez les garçons : *la vanité féminine* (*dixit* mère Sainte Monique en pleine assemblée générale, devant les dirigeants masculins de la FGSPF dont beaucoup n'attendent que ça) est bien connue, surtout des aumôniers !

Surnommé *Sir Henry* pour son élégance, son anglophilie (ce parfait bilingue a créé la Coupe de France sur le modèle de la *Cup* anglaise), sa réserve et sa pipe de *gentleman-farmer (indeed !)* Henri Delaunay fut membre de l'*International Board* de 1924 à 1928. En 1927, il y propose la création d'un championnat d'Europe des nations et d'une Coupe d'Europe des clubs champions. Oui, en 1927.

L'année suivante, avec Jules Rimet (mais seul le nom de ce dernier restera pour l'histoire), il crée la Coupe du monde des nations, qu'il annonce lui-même à Amsterdam où se déroulent les Jeux olympiques à la suite des travaux d'une commission spéciale du *Board* dont il assure le secrétariat… et bien sûr l'animation.

Flairant l'aubaine, les pays européens se battent pour l'organiser… mais c'est peine perdue : *la Céleste* vient tout juste de confirmer son titre olympique de 1924, et son jeu est effectivement si céleste que la première DOIT avoir lieu chez elle, en Uruguay. Ce sera 1930.

Il faudra en revanche attendre trente ans pour que sa première idée, le championnat d'Europe des nations, devienne réalité. Décédé le 9 novembre 1954 (quelques mois à peine avant Armand Thibaudeau), il ne verra pas le capitaine de l'URSS soulever en 1960 le trophée après la victoire de son équipe 2-1 devant la Yougoslavie.

Le nom officiel de l'épreuve, qui se déroule elle aussi tous les quatre ans, est Coupe Henri Delaunay. Est-il besoin de rappeler que la Coupe de France s'appelle Coupe Charles Simon, et qu'elle a été offerte et payée des deniers de Paul Michaux ?

Le 29 avril (1919 toujours) ce dernier réunit au siège les présidents régionaux. C'est un mardi, ce qui explique le nombre d'excusés (parmi lesquels le colonel Shalk pour l'Aunis-Saintonge et le baron de Meynard pour Poitou-Vendée) pour parler de la place des sociétés FGSPF au sein de la FFFA. A l'unanimité moins une abstention, décision est prise de faire adhérer la FGSPF à la FFFA.

Six jours auparavant, le 23 avril, le gouvernement a voté ce que certains (la CGT notamment) réclament depuis plus de 30 ans déjà, la journée de 8 heures de travail au maximum, soit la semaine de 48 heures puisque, depuis 1906, le dimanche est obligatoirement le jour non pas du Seigneur (cette notion est réservée aux catholiques) mais du repos hebdomadaire. Les ouvriers ont de plus en plus de temps libre, c'est tout bon pour la pratique sportive, donc pour la fédé !

Le congrès des 25, 26 et 27 novembre 1919 marque lui aussi la reprise après six ans d'interruption. Paul Michaux aime les images, et les symboles. Le congrès est donc revenu rue d'Assas, là-même où il avait, 22 ans plus tôt, proposé et obtenu le premier rassemblement des sections sportives des patronages.

L'indispensable démonstration des mouvements du programme de gymnastique a lieu dans la salle du *Bon Conseil*, gracieusement mise à disposition par l'abbé Esquerré, mais c'est dans la salle Olivaint que Paul Michaux donne sa pleine mesure de tribun. Dans *Les Jeunes* de septembre, déjà, il a déclaré que *la fédération ne doit plus être l'œuvre d'un seul, mais devenir l'œuvre de tous,* slogan qu'il répètera en 1re page le 15 juin 1920 pour bien enfoncer dans le crâne des troupes l'idée que *le cher président* n'est pas éternel.

Car c'est un Michaux usé par les soucis, les tracas, les voyages, les contrariétés, les luttes incessantes de la guerre et de ses multiples vies, corps cassé mais enthousiasme et verbe intacts, qui prend la parole. Reproduite *in extenso* dans *Les Jeunes* (une page et demie) sa longue harangue lyrique, un peu ampoulée comme il est de mise à l'époque mais qui ne tombe jamais dans la capucinade, est digne des plus grands orateurs, et comme toujours visionnaire.

Après avoir évoqué *l'armée de héros et de martyrs que la FGSPF a donnés à la France pour son salut, à l'Alsace-Lorraine pour sa rédemption et au monde pour sa liberté,* il rend un hommage vibrant à Charles Simon. Puis il donne lecture de la lettre que le général de Castelnau lui a adressée le 22 novembre 1918 pour souligner *l'ardeur inlassable de votre patriotisme et le labeur écrasant consenti (soyez-en béni et remercié par les générations d'aujourd'hui et celles de demain)* et lui témoignant de *sa sympathie et son admiration pour la belle œuvre que vous dirigez avec tant de dévouement.*

Puis celui qui parle *avec une chose qui, je l'espère, n'a pas trop vieilli en moi, le cœur,* redit *l'immense affection que j'ai pour vous tous* et s'aventure sur un terrain qu'il n'a encore jamais abordé : *à ne voir que nos matchs, nos épreuves athlétiques, nos concours de gymnastique et nos fêtes, vous serez peut-être tentés de croire qu'il ne s'agit là que de jeux d'enfants, d'amusements honnêtes, ce qui aurait déjà son importance à une époque où les jeunes gens sont sollicités par tant d'attractions malsaines.*

Il n'en est rien, et c'est peut-être que je touche au point le plus important. C'est une véritable éducation populaire que nous réalisons par les sports dans les patronages, une éducation populaire tout à la fois physique, morale et religieuse, une éducation complète, intégrale, visant à une formation virile parfaite.

Puis il élargit le rôle du sport, remède possible aux problèmes d'hygiène sociale (tuberculose, alcoolisme) *qui confine aux questions plus redoutables de la sécurité nationale et au problème si difficile des relations du capital et du travail.* Et il conclut : *dans 10 ans d'ici, avant peut-être, vous serez une force véritable, une force invincible, et tout ce qu'il y a de bon et d'honnête sur terre sera avec vous.*

Comment une assemblée entièrement composée d'éducateurs et de prêtres ne suivrait-elle pas un tel chef ? C'est une salle enthousiasmée qui passe donc aux affaires courantes, concours spéciaux de vétérans (en sections) en gym, d'amicales d'arbitres et de moniteurs dans les Unions, propagation du *baskett-ball* et l'une des trois questions qui, avec *Les Jeunes* et le prix des licences, vont agiter tous les congrès pendant 60 ans, les rapports entre ses deux filles aînées, qui n'arrêtent pas de faire la fête ensemble mais de se chamailler.

Maurice de Vienne, secrétaire général de l'Union Drouot, est pour l'union, à fond la (grosse) caisse : *les fêtes de gymnastique sans musique ne se conçoivent pas. L'inauguration de notre stade a été un immense succès grâce à elles. Nous avons comparé cette fête avec d'autres, sans la musique, et la différence est si grande que pour nous la musique est chose nécessaire.* M. Besson (Rhône) regrette lui aussi que les sociétés musicales ne puissent être affiliées, alors qu'elles prêtent leur concours aux fêtes FGSPF et que *certains de leurs membres sont dans nos patronages ou s'y rattachent par leurs idées.* Mais il y a aussi quelques bémols dans la salle, organisateurs des concours et moniteurs n'ayant aucune autorité sur les chefs de fanfare.

Faut-il changer les statuts de la fédération (pour la formation *physique* et morale de la jeunesse), ou recréer une fédération des cliques catholiques, avec laquelle la fédé envisageait de signer un protocole d'accord début 1914, projet qui n'a pas survécu à la guerre ? Pas de véritable réponse sur la première possibilité, mais refus unanime de la seconde, qui aurait l'inconvénient de *scinder la direction des patronages, et de mettre hors de l'autorité de la FGSPF un des éléments les plus difficiles à discipliner de nos sociétés.*

Affaire à suivre, donc, comme celle dont il n'est pas question dans *Les Jeunes* et qui va pourtant changer le paysage du sport français dans les années qui viennent. En juillet, Paul Michaux avait reçu une visite, qu'il espérait et qui l'avait donc rempli de joie : un des meilleurs cadres fédéraux, fraîchement diplômé de l'Ecole supérieure de Joinville mais qui avait déjà enseigné à Saint-Cyr et à Saint-Maixent (excusez du peu) en 1915 et 1916, était venu lui demander conseil : *je suis allé donner des cours à l'école des garçons du Raincy, tenue par les Sœurs de Saint Vincent de Paul*[38]. *Sœur Roussel m'a dit :* ***mes filles souhaitent faire de l'exercice. Je désirerais essayer ce qui est fait pour les jeunes gens, mais que va-t-on dire ?*** *Qu'en pensez-vous, monsieur le président ?*

Mon pauvre ami, j'ai eu tellement de mal avec mes garçons ! Je ne sais que répondre. Occupez-vous de la chose si vous voulez, mais je vous préviens, faites attention, faites bien attention : que d'obstacles vous rencontrerez sur votre route ! Je vous mets simplement en garde.

Même s'il n'ose pas vraiment pousser son interlocuteur sur ce chemin montant, sablonneux, malaisé, Michaux le souhaite très fort, et se réjouit de l'opportunité de pouvoir, tout en rebâtissant la maison FGSPF, en construire sur le même terrain une identique, tout aussi vaste et prometteuse : *quand le bâtiment va…*

Félix Mathey décide d'y aller quand même : les patros, c'est son truc. Pupille, il a participé au premier concours du 24 juillet 1898 au Parc des oiseaux, où, avec sa section du *C.A. Rosaire*, il a remporté un 1er prix, et a récidivé à Rome en 1906, où il a de nouveau gagné, en adultes. Puis, comme Dufauret, il a changé son fusil d'épaule (il n'est jamais trop tard pour bien faire, et les épreuves d'athlétisme dans les concours de gymnastique sont obligatoires et donneuses de points) pour devenir huit fois champion fédéral de saut, en hauteur (1,80 m en 1917), longueur (5,80 m) et perche (2,80 m).

Dès septembre **1919**, il commence, sous l'œil maternel et vigilant de sœur Roussel, les séances d'éducation physique aux jeunes filles dont la robe et les bas ne facilitent pas les mouvements, mais dont certaines franchissent pourtant 1,30 m en hauteur. Ce dernier exercice étant contesté (trop violent) par certains médecins, Mathey passe à un autre, bien plus doux, le triple saut sans élan *(fou, non ?)* et même à une course (très surveillée) d'un kilomètre dans la nature.

Le patronage attire les jeunes filles, qui sont bientôt 80. Il faut lui donner un nom…ce sera celui de l'astre qui guide les voyageurs et les

---

[38] On voit que, en seulement quinze ans, les choses ont bien changé pour les congrégations enseignantes, revenues sur le devant de la scène après les échauffourées et les expulsions musclées de 1903 à 1906…

égarés, *l'Etoile*, un symbole si fort qu'il fera florès même chez les communistes, où quelques *Etoiles Rouges* brillent encore aujourd'hui. L'Etoile, donc, mais en version latine, *la Stella,* pour bien indiquer la filiation latino-catholique…

Hors gymnastique, la réorganisation et le redémarrage des sports sont confiés à un autre grand dirigeant de l'ombre, donc méconnu, Lucien Bon. Fondateur avant la guerre de la très puissante et vivante Union régionale de la Seine, dont il est resté l'animateur (commission sportive) et récemment devenu le trésorier, il est nommé à la tête de la commission sportive de France (athlétisme, cross, basket, football-association et escrime).

Ce gros travailleur y donne la mesure de son expérience, de sa compétence et de son talent. Il relance la machine fédérale en recrutant pour les commissions spécialisées de nouveaux membres qu'il a repérés dans les Unions et en réorganisant les compétitions.

Le 23 mai **1920**, à 23h15, Paul Deschanel, en voyage présidentiel, se penche trop par la fenêtre de son wagon et tombe du train, qui roule heureusement à faible vitesse. La télé n'existe pas encore, et tout le monde ne lit pas les journaux : l'un des cheminots qui travaillent sur la voie à cette heure tardive, André Radeau, médusé, prend cet hurluberlu, pieds nus, en pyjama et le visage en sang, qui se dit président de la République, pour un ivrogne ou un fou, mais il le conduit quand même chez les garde-barrières de Mignerette (Loiret). Pendant que le mari tourne la manivelle du téléphone Marty pour appeler l'opératrice qui va le brancher sur la gendarmerie, madame prend soin de l'olibrius : la matoise perspicace a *tout de suite vu que c'était un monsieur : il avait les pieds propres.*

Michaux a les pieds propres, et suit de près Mathey et *la Stella*. En juin, on montre aux parents et aux curieux le travail de l'année. Le bouche à oreille fonctionne si bien que, dès le mois d'octobre, une seconde société naît à Paris. C'est *le premier grenadier de la République,* dont le nom est gravé sur l'Arc de triomphe, Théophile Malo de la Tour d'Auvergne-Corret, qui fournit le nom : *la Tour d'Auvergne.* Bretagne bretonnante en action ? Non, simplement le nom de la rue du 9e arrondissement où le patronage est situé.

C'est le succès : un an plus tard, en octobre 1921, elles sont 120. Les deux sociétés font des rencontres amicales en athlétisme (haies, disque, javelot) cross léger, basket et volley. La rumeur se répand.

Bientôt naissent *le Chardonnet, les Libellules de Saint-Mandé* et *les Fauvettes de Montmartre,* premières espèces du si tentant bestiaire des filles, tous ces oiseaux de bon augure à œufs et à ailes, archiptères, hémiptères, lépidoptères, coléoptères, hyménoptères, aptères, les *Cigales, Coccinelles, Libellules, Abeilles, Papillons, Lucioles* et *Scarabées, Aiglettes, Aiglonnes, Alouettes, Hirondelles, Mésanges, Moinelles, Mouettes, Fauvettes* et *Canaris* (mais ni *Buses* ni *Bécasses*, ni *Grues*, ni *Oies*, il ne faut pas exagérer, quand même !) qui vont bientôt voler sur les fleurs du RSF, les *Ajoncs*, *Bleuets, Boutons d'or, Coquelicots, Cyclamens, Edelweiss, Genêts* (d'or ou pas), *Liserons, Marguerites, Muguets, Myosotis, Lys, Pervenches, Roses* (rouges ou blanches), *Violettes*, etc.

Félix Mathey trouve l'aide de son frère Arsène, rentré d'Allemagne (l'organisateur des compétitions d'athlétisme au camp de prisonniers de Ratisbonne, c'était lui) et le mouvement s'amplifie. La maison FGSPF aussi reprend vie. Michaux a demandé, dans son édito de Noël 1919, *un effort des jeunes pour suppléer à la vieillesse de leur Président général,* et son vœu le plus cher se réalise le 25 juillet **1920** : le concours de Metz a enfin lieu, et c'est un triomphe.

Le 4 juillet, à Paris, au Parc des Princes, sous une pluie diluvienne, les généraux De Maistre et Destiker (qui remplace au dernier moment *le maréchal Foch, retenu*) avaient inspecté les troupes. *Ils se font présenter les moniteurs et directeurs des sections, interrogeant particulièrement ceux des gymnastes dont la poitrine est chargée de décorations et embrassent de jeunes pupilles.*

A Châteauneuf-sur-Sarthe (Maine-et-Loire, aujourd'hui Les-Hauts-d'Anjou), le général de Cadoudal préside le concours régional, auquel il assiste toute la journée : il a la même conviction religieuse que son illustre ancêtre breton guillotiné… C'est très clairement l'Armée qui témoigne à la FGSPF (qui dépend d'ailleurs administrativement du ministère de la Guerre), le plus d'intérêt et de considération. L'Union d'Anjou voisine, par exemple, fondée par le colonel Couilleau, est, en cette année **1920,** présidée par le colonel de Gouvello, et le cas est loin d'être rare.

Le 8 août, par exemple, les prix du concours de Corbigny (Union nivernaise) sont offerts par colonel Bonneau de Martray pour la musique et par le président de l'Union, le vicomte d'Armaillé, pour la gym. Le lieutenant Gardin de Vallerin, le comte de Nadaillac et le marquis de Certaines font partie des jurys. Car, nous y reviendrons, l'aristocratie participe activement elle aussi, pour d'autres raisons que les militaires, à la vie des patronages et de la fédération

Car l'Armée a toujours apprécié hautement l'exercice physique. Beaucoup ont oublié que l'homme unanimement considéré comme le père de l'éducation physique en France, Amoros, s'appelait don Francisco Amoros y Ondeano, marquis de Sotelo, et avait en France le grade de colonel...

L'Armée aimait la discipline paramilitaire de la gym, des sections, des concours et des défilés... sans parler de la préparation militaire, très organisée par la fédé, et du fait que de très nombreux officiers de haut rang sont, discrètement, catholiques. Discrètement parce qu'ils savent que la carrière de Ferdinand Foch a sans doute longtemps été freinée par le fait qu'il a été élevé chez les jésuites et que son jeune frère Germain le soit lui-même devenu en ces temps où Clémenceau méprise et brocarde ouvertement *les généraux de jésuitières* (pour la même raison, le général de Castelnau aura lui aussi une progression très lente) ...

Les hauts gradés offrent des récompenses, encouragent, assistent aux concours et sont souvent présidents départementaux et régionaux jusque dans les années 70. Issus de l'Ecole normale de gymnastique de Joinville, les sous-officiers donnent des leçons d'éducation physique entraînent les sections des patros et préparent leurs candidats aux épreuves de l'examen de préparation militaire....

En FGSPF, les chiffres de participation aux concours de gym et de musique redeviennent ceux de l'avant-guerre : 2 700 et 44 sociétés à Saint-Etienne, 2 000 et 35 à Lyon, et 6 000 à Colmar. A Metz, le 25 juillet, sous l'organisation de *l'Union Jeanne d'Arc* (qui deviendra Union Jeanne-la-Lorraine) , il y a, *pour porter à nos frères bien-aimés* 160 drapeaux, 8 000 gymnastes et musiciens, avec pour la première fois dans l'histoire de la fédération, pourtant née il y a 22 ans, un *représentant officiel du gouvernement de la République*, M. Guy de Wendel, député de la Moselle, qui fait un tabac lorsqu'il déclare à Michaux : *vous avez réalisé votre rêve, vous êtes entré dans Metz à la tête de vos gymnastes !*

Plus tard, M. Manceron, préfet de la Moselle, exprime enfin ce que les responsables de la fédé attendaient depuis la fin de la guerre : il *remercie la fédération du haut enseignement patriotique et du grand exemple qu'elle vient de donner*, ajoutant même que *les gymnastes de la Fédération comptent parmi les meilleurs serviteurs de la Patrie.* Enfin un peu de reconnaissance…

Deux autres clins d'œil de l'Histoire font de ce Metz 1920 un concours hors normes :

- Le 10 juillet, donc 15 jours à peine avant le rassemblement organisé par l'Union Jeanne-la-Lorraine, l'Etat français avait confirmé l'importance qu'il attachait à la sauvegarde de l'Histoire et apporté de l'eau au moulin de la FGSPF : à une très large majorité (188 voix contre 21), les députés instaurent *la fête de Jeanne d'Arc, fête du patriotisme, qui sera célébrée tous les ans le 2e dimanche de mai, jour anniversaire de la délivrance d'Orléans.*
- Hasard, coïncidence ou message amical du Ciel, le concours en sections est remporté par… l'Arago d'Orléans., et le titre individuel par G. Rousset, lui aussi d'Orléans.

1920 marque aussi la reprise des relations internationales. Le 1er août, à Liège, le drapeau et la délégation fédérale soutiennent *nos amis si solidaires avant et pendant la guerre de la Fédération des sociétés de Gymnastique et d'Armes de Belgique.*

Maribor, en *Yougo-Slavie*, du 27 juillet au 7 août, est un voyage plus politique, fortement encouragé et financé (en partie !) par le *ministère des Affaires étrangères, section de la propagande française à l'étranger.* La délégation fédérale de dix-huit personnes (les douze gymnastes de *l'Avant-garde de Montmartre*, avec Emile Richard, et six accompagnateurs, dont le docteur Terris et Armand Thibaudeau) prend en pleine figure la réalité politique et sociale de l'après-guerre.

Dans le train qui traverse Allemagne, Suisse et Autriche, *le mercantile Allemand n'a pas perdu de son outrecuidance. Au pays des Soviets, tout étranger est suspect, tout voyageur est un fraudeur, ce qui donne de multiples et minutieuses fouilles des portefeuilles et des bagages, de nombreux poinçonnages et estampillages, des passeports chargés de 25 cachets des plus bizarres, mais non gratuits,* sans parler de *la grimace affreuse d'un douanier Autrichien constatant que le drapeau dans son étui est un drapeau Français…*

Dans ce même pays, c'est le poignant spectacle d'*une population minée par la détresse et la faim et de petits enfants à la face amaigrie et enfiévrée, aux étroites poitrines minées par la tuberculose.*

Le polyglotte docteur Terris (médecin fédéral avant la lettre) a bien compris que l'Armistice, la rudesse de l'occupation alliée et la bavure du 7 avril à Francfort ne plaisent pas du tout outre-Rhin. Dans son article fleuve (plus de deux pages) il glisse donc un prémonitoire : *celui-là seul qui, comme nous, a vu l'Allemand chez lui, a compris que la bête n'est que blessée, et que, tapie dans sa tanière, elle attend l'heure où, guérie de ses blessures, elle se jettera à nouveau à la curée sur notre chère et douce terre de France.*

Après un déprimant voyage, Dieu merci court (trois jours pleins, certes, mais avec deux nuits *à terre*) les Parisiens arrivent à Maribor. Changement de décor : c'est aux cris de **VIVE LA FRANCE** que les Slovènes en costume rouge, les Tchèques aux costumes bleus et les Slovaques à la calotte de velours noir accueillent avec ferveur les Français, avec lesquels ils fraterniseront pendant cinq jours.

La rencontre est un rassemblement pas vraiment organisé par l'UIOCEP mais placé sous son égide. Ces hôtes enthousiastes sont les organisations sportives catholiques des cinq pays que l'on appelle aujourd'hui Croatie, Slovénie, Serbie, Tchéquie et Slovaquie. Lassées des tracasseries et des persécutions des Sokols politisés dont elles sont membres par force, elles viennent de fonder, chacune dans leur pays, un Orel (*Aigle*). Ensemble, elles comptent plus de 100 000 membres, et elles organisent leur premier concours commun après avoir envoyé, quinze jours auparavant, une délégation à Metz.

Comme à Ljubljana trois jours après, journalistes (*il y en a partout*) et indigènes chouchoutent les Français, catholiques et si forts en gym malgré ces quatre années de guerre, au cri de ralliement des Orel, *bog jihvi.* On se quitte le 4 août, ce qui empêche hélas la délégation de suivre l'allèchant cours de socialisme (concession aux autorités...) programmé du 4 au 6. Rendez-vous à Strasbourg l'année prochaine.

La fédé a repris le cycle de ses échanges internationaux interrompu par la guerre, et ne les arrêtera plus : elle en a immédiatement compris l'intérêt et les avantages. Mais c'est en France qu'un nouveau danger menace. Dans *Les Jeunes* du 1er novembre 1920, Armand Thibaudeau remplace Paul Michaux pour signer l'article de tête sur **les relations interfédérales.**

Bien peu désormais n'ont entendu parler de l'autonomie des sports, formule sacro-sainte très à l'ordre du jour mais plus snob que pratique, je le crains. Le 9 octobre dernier, sacrifiant à l'autonomie, l'USFSA se transformait en UFFSA, Union des fédérations françaises des sports athlétiques.

Je pose immédiatement pour nos sociétés l'impossibilité de suivre cette idée d'autonomie, pour des raisons d'organisation (la Ligue de Paris de football refuse déjà de laisser mensuellement un dimanche libre aux patronages affiliés), *de direction* (la FFFA a *le droit le plus étendu de juridiction sur joueurs et dirigeants, donc sur les clercs directeurs, ce qui est inconcevable*) *et financières* (double cotisation, double licence, double droit d'engagement).

Il suggère la mise en place officielle du système du foot (la FFFA admet, aux côtés des clubs *affiliés*, des clubs *reconnus*, qui, en échange d'une modeste cotisation de 2 F, ont le droit de rencontrer les autres en match amical) mais surtout une entente interfédérale, car le malaise commence à prendre forme sur le terrain.

Soixante ans après, ce problème, toujours pas résolu –bien au contraire-causera, dans tous les sports collectifs et en gymnastique, le départ, volontaire ou forcé, de plusieurs dizaines de clubs FSCF vers les fédérations dirigeantes/délégataires, devenues plus attractives, parfois même, pour certaines, maîtresses–chanteuses.

Puis vient le congrès, second de l'après-guerre. En 1919, Paul Michaux, le sportif qui voyait plus loin que le stade, le visionnaire, avait traité un sujet neuf, l'éducation populaire. En 1920, il joue rebelote, avec deux thèmes qui n'ont jamais encore été abordés, ni dans *Les Jeunes*, ni au congrès :

- Il donne la parole aux deux directeurs des Œuvres de Lille et de Paris, qui insistent pour que la fédé se rapproche d'une *association franchement catholique qui pratique des sports et fait en France de nombreux adeptes*, mais qui est menacée : *il est à craindre que les Scouts de France ne soient gagnés par la très active propagande des organisations de Scouts protestantes qui, dans les pays dévastés, ont transformé un grand nombre de foyers du soldat en foyers YMCA.*

Après de longues discussions et négociations, les deux comités proposent *une entente qui, respectant l'autonomie des Scouts, les place cependant sous la juridiction de la FGSPF pour la pratique des sports, de la gymnastique et de la préparation militaire.* Lus en séance, les articles sont approuvés un par un, ce dont se réjouit

M. l'abbé Cornette, éminent aumônier général des adeptes de Baden Powell en culotte courte, que l'on dit toujours prêts.

- *Une réunion de sportifs ne peut se tenir aujourd'hui sans qu'on n'y parle de sports féminins.* Les moniteurs de la fédé sont de plus en plus sollicités par les directrices d'écoles et de collèges. Partant du postulat *qu'il n'est pas question d'organiser au sein de la fédération une branche féminine,* que peut-on faire pour mettre fin à honni soit qui mâle y pense des classes et cours de récré féminins ?

Les premiers essais publics de sport féminin *offrent de réels dangers moraux*[39] mais, plus que le football-association, *la danse rythmée et surtout le basket-ball semblent bien le jeu le plus adapté aux jeunes personnes du sexe faible.* Après une *discussion très animée et très intéressante,* le congrès arrive à la conclusion unanime que *les sports féminins doivent être considérés comme faisant partie du programme d'hygiène et de puériculture à établir dans les établissements d'instruction primaire ou secondaire,* et qu'ils ne doivent *jamais donner lieu à des exhibitions publiques.*

Il serait également désirable qu'une commission ad hoc, composée de membres compétents de la fédération et d'éducateurs catholiques, *élaborât un programme qui tienne compte à la fois des besoins de culture physique de la jeunesse féminine et de la modestie chrétienne.*

On remarquera qu'il ne fut jamais question de l'UGSEL, pourtant spécialisée en éducation physique scolaire, et qui aurait sans doute pu, elle, ouvrir une branche féminine…

Puis le congrès passe à l'ordre du jour, qui passionne beaucoup moins, il faut le confesser. Il adopte cependant *une proposition de MM. de la Perrière (Lyon) et Glotin (Bordeaux) tendant à introduire dans la commission gymnastique de France un représentant par union. De cette façon, la commission de France pourra être mieux édifiée sur les desiderata des provinces, et la collaboration constante des Unions provinciales à ses travaux aura pour résultat de rendre plus homogène l'application des programmes techniques.* Puis la salle en vient comme tous les ans à sa cible préférée, *Les Jeunes.*

---

[39] Ben voyons ! (NDLR). Rappelons qu'à l'époque, apercevoir fugitivement une cheville féminine nue plongeait beaucoup de messieurs en émoi, voire même en transes….

Cette fois-ci, la décision est prise, c'est le grand saut dans le monde merveilleux de la communication grand public : le journal devient un magazine hebdomadaire, format plus petit, meilleur papier, de 12 à 20 pages selon les matières, et abondamment illustré. Une commission spéciale est créée en séance. Elle comprend François Hébrard, MM. Gaillard, Chevallier et le docteur Mayet.

Le changement occupe toute la 1re page du dernier numéro vieille formule du 31 décembre 1920, sous un titre de sept lignes annonçant que *le journal des sportifs catholiques se donne, entre autres missions, l'éducation de la jeunesse au sens le plus élevé du mot.* Il traitera aussi de *la pratique de l'éducation physique dans ses branches les plus variées,* le tout pour la modique somme de 50 centimes l'exemplaire et 12 F pour l'année. C'est cadeau !

Les débuts sont effectivement un peu timides, mais intéressants. C'est *l'Arago d'Orléans, premier au concours international de Metz et détenteur du drapeau fédéral* de gym, qui occupe toute la 1re page avec une photo de ses quatorze pupilles sous leur grand béret blanc, ses 23 musiciens (majoritairement très jeunes) et ses 59 gymnastes, ceinture noire, grosse étoile sur la poitrine et casquette blanche, sans oublier bien sûr son président barbichu, ses deux aumôniers dont un chanoine et le drapeau du club…

Mais pas un mot sur sa section de cross, qui a pourtant gagné le championnat fédéral individuel et par équipes en 1918, 1919 et 1920 et récidivera un mois plus tard. La gym, la gym, toujours la gym…

A l'intérieur, quatre autres sociétés sont sur la photo : la section de gymnastique de *la Montagne Verte de Strasbourg* et trois de football, *l'Etoile Sportive du Raincy, l'Union Sportive de Beauregard de Laval* et *l'Union Sportive la Frontière de Nancy.* Mais le club des stars n'est pas fermé : entre deux *Abonnez vous aux jeunes*, il y a des *envoyez nous des photos,* et des *envoyez nous des communiqués…*

L'édito présidentiel est comme toujours en page deux. Michaux *dit un mot de louange et d'adieu aux Jeunes d'hier avant de louer Les Jeunes d'aujourd'hui,* puis rend un nouvel hommage très appuyé à *celui qui fut pendant des années le rédacteur en chef, le collaborateur infatigable, le maître ouvrier, en un mot l'animateur qui, au champ d'honneur, a reçu de Dieu sa récompense, notre pauvre et grand ami Charles Simon.*

Il appelle enfin tous les directeurs à faire, à la réception du journal, une prière spéciale pour la FGSPF, afin que le *grand frisson de solidarité puissante et de totale confiance dans l'avenir que nous avons senti passer lors du Congrès ne soit pas vain*, puis cède la place à NOTRE ESPRIT, article de fond sur les vertus et les limites du sport signé de l'abbé J. Le Goaguen, directeur de *la Phalange d'Arvor de Quimper* et à DRAME DE PATRONAGE, une parabole à vous fendre le cœur sur un complot familial d'adultes privant de patronage *un fils de riches aux poumons rose tendre* pour cause de son trop grand investissement aux côtés de l'abbé.

L'article est signé Pierre L'Ermite, un nom familier à la fédé et aux lecteurs de *La Croix* où, depuis le 8 janvier 1892, Mgr Edmond Loutil tient, sous ce pseudonyme historique, une rubrique hebdomadaire. Ecrivain prolifique (onze recueils de nouvelles, vingt-sept romans, dont plusieurs à plus de 100 000 exemplaires) cet Assompsionniste, dont une place de Paris porte le nom, collabora régulièrement à *Les Jeunes*. Visiblement écrits exprès pour le journal fédéral, ses articles partent toujours d'un pittoresque ou minuscule fait divers, réel ou inventé, qui ramène, en conclusion, aux patronages, qu'il connaît bien : il a fondé *Saint-Roch Sports* en 1896, et fut plus tard aumônier de *la Nicolaïte de Chaillot.*

Parmi la multitude de petites nouvelles et d'annonces (y compris publicitaires) relevons que *les Unions Régionales sont priées de faire connaître avant le 31 janvier leur représentant à la commission de gymnastique de France*, et la pub pour la délicieuse *réglisse pectorale au goudron LB*. Amis lecteurs attention, *méfiez-vous des contrefaçons, exigez la signature LB en vert sur la bande de la boîte...*

Le numéro 2 a seize pages, et François Hébrard y signe le premier article d'une très longue série. Le directeur des œuvres du diocèse de Lille, F. Tack, rappelle que, en novembre 1918, il ne restait aucune des 50 sociétés de gym affiliées avant 1914, et annonce avec joie que, trois ans après, l'Union vient d'affilier sa 45e société et compte plus de 4 000 jeunes, dont 20 équipes de football.

Tancée pour sa discrétion de violette dans le premier numéro, l'UGSEL tient chronique, qui deviendra aussi régulière qu'étoffée, et le *baskett-ball* (toujours avec 2 t) sort de son silence : une page pleine, où l'on apprend qu'il existe déjà, en région parisienne, des *challenges 1er, 2me, 3me et 4me séries* et que l'abbé Guédré envisage, à la demande de plusieurs sociétés, d'organiser une série complémentaire pour mieux équilibrer les rencontres.

On trouve dans les noms de 1re série des noms qui vont vite devenir célèbres, par exemple *le Club Sportif de Plaisance,* qui vient d'infliger un indigeste 38-0 à *la Jeanne d'Arc de Ménilmontant,* et que les simples d'esprit de la caserne de Châlons ont pourtant invité le 16 janvier à un match amical. Résultat des courses : 44-0 pour le *CSP*... un sigle que Limoges fera de nouveau briller, bien plus haut encore, 71 ans plus tard, avec le *Cercle Saint-Pierre* qui remporte en 1982 la première de ses cinq Coupes d'Europe.

En ce même funeste 16 janvier, *le Patronage Olier* bat *l'Union Sportive du 1er arrondissement* 20-0, mais c'est... du foot.

Le 10 janvier **1921**, *Le vingtième siècle*, journal catholique belge, publie dans son supplément jeunesse le début d'une bande dessinée dont le héros, un jeune reporter accompagné d'un fox-terrier à poil dur, voyage chez les Soviets et, seul de la presse occidentale, dénonce l'effroyable régime de l'URSS. L'auteur, qui s'appelle Georges Rémi, signe de ses initiales, RG, devenues Hergé. Les albums de Tintin sont aujourd'hui traduits en plus de 50 langues.

Le 27 mai, un texte officiel règlemente *l'usage des voies ouvertes à la circulation publique.* Il comporte sept chapitres, qui concernent *les véhicules automobiles*[40]*, les cycles, les véhicules à traction animale, les animaux non attelés ni montés et les piétons.* Dès l'année suivante, 1922, il prendra le nom de code de la route, et le certificat de capacité à la conduite d'un véhicule automobile sera remplacé par le permis de conduire, aussitôt surnommé carte rose à cause de sa jolie couleur qui permet de ne pas la confondre avec la carte grise créée en 1893. Un nouveau métier voit le jour : moniteur de conduite.

En FGSPF, il n'y a pas que le gouleyant beau magazine nouveau, son ermite et ses photos. Il y a aussi des décorations, des médailles, des lettres de félicitations, des escarmouches, un généralissime, des drapeaux, les Tuileries, les Champs-Elysées, l'Arc de triomphe, le soldat inconnu, des paniers neufs mais percés, des sixtes, Robin des bois, Jeanne d'Arc, Paris-Strasbourg, deux poids-deux mesures et de la musique sur les stades... mais pas de ratons laveurs.

---

[40] Environ 200 000 dans les années 20, et 10 fois plus en 1939.

1921, c'est aussi l'année où le gouvernement commence à décorer de la Légion d'honneur ceux qui ont eu pendant la guerre une attitude remarquée. Pour la FGSPF, ça commence en janvier par Jacques Récamier, *membre de la Commission Sportive de France et excellent centre-avant du Pitray Olier*[41] médecin aide-major qui a reçu cinq citations *pour sa conduite sur les champs de bataille sous le feu ennemi*, promu au grade de chevalier, tout comme ses collègues les docteurs Paul Bisch (Union Dauphinoise) et Arnould, tous deux pour les soins prodigués pendant la guerre aux blessés FGSPF.

La promotion compte aussi *notre collaborateur* M. Cordonnier, Chaput, capitaine de l'équipe de *baskett* de *Championnet Sports,* Félix Legraverend (*SGS Le Bourget*) pour ses cinq citations, trois dirigeants de *l'US Courbevoie*, MM Lenoir (cinq citations également), Hénonin et Veuville, ainsi que M. l'abbé James, directeur du *Réveil Saint-Pierre de Montluçon,* lieutenant deux fois blessé sur le front. Toutes ces décorations sont à titre militaire.

Beaucoup de clercs accèdent au grade d'officier, notamment l'explosif abbé Gas, créateur en 1902 de l'Union régionale des patros du sud-ouest (URPSO), inlassable organisateur de cross et de concours régionaux puis engagé volontaire dès 1914 auprès de la Division marocaine (Légion étrangère plus zouaves et tirailleurs marocains), nommé aumônier de ce corps qu'il accompagna partout, y compris lors des assauts, *parcourant le champ de bataille jusqu'à la nuit pour être sûr qu'il ne restait pas un seul blessé ou un seul mourant.* Ses collègues, les abbés de Saiseray, secrétaire général de l'UR Saône et Loire, Bérardier (*notre si précieux conseiller des œuvres de l'Union Lyonnaise*), Péchenard, directeur de *la Martiale de Château-Thierry,* et Perrichon, manifestement revenu de son célèbre voyage à Chamonix et toujours directeur de *la Saint-Michel d'Oullins,* l'accompagnent.

La liste est incomplète. De nombreux autres dirigeants, clercs et laïcs, ont droit à la médaille militaire, moins prestigieuse peut-être mais tout aussi difficile à obtenir, et plus nombreuses encore sont les lettres de félicitations des ministères et du gouvernement.

---

[41] Donc largement responsable du massacre des innocents du 1er arrondissement, le 16 janvier, dont on vient de parler (28-0). La coupe senior de football porte toujours aujourd'hui le nom de ce grand dirigeant.

Le 20 mars 1921, c'est LE grand jour : Paul Michaux obtient son bâton de maréchal, épinglé sur la poitrine par un autre maréchal de France, un vrai, l'adolescent de 18 ans qui, il y a 55 ans, en 1867, lui avait remis, à Metz, alors qu'il avait treize ans, son diplôme d'entrée dans la congrégation Marie reine des anges, Ferdinand Foch.

Organisée par l'Union de la Seine, la cérémonie a le lustre que mérite le récipiendaire : dans la vaste allée centrale des Tuileries, il y a une palanquée de personnalités civiles et politiques françaises et UIOCEP en redingote, chapeau melon ou chapeau mou, d'officiers généraux et de clercs en grande tenue, 5 000 gymnastes et musiciens portant *150 drapeaux cravatés d'orange* (seule couleur officielle de la fédé) : plus de 100 sociétés de la Seine (3 600 jeunes), douze de Seine-et-Oise (600) ainsi que quatre sociétés de province, *les Enfants de Saint-Faron de Meaux* (venus de la très lointaine Seine-et-Marne), *la Jeanne d'Arc de Charleville, la Persévérante d'Epernay,* et bien sûr le détenteur du drapeau fédéral, *l'Arago d'Orléans.* En ce très beau dimanche printanier, les Scouts de France aident les forces de police à canaliser l'innombrable foule de curieux et d'amis.

Lentement, escorté d'une double haie de Scouts de France, le maréchal s'avance vers le docteur, et lui serre affectueusement la main. Toutes les têtes se découvrent, et la Marseillaise éclate, prestigieux instant de recueillement dans la Foi patriotique.

Et voici debout face à face *le généralissime de toutes les armées alliées et notre président général tel que nous l'avons toujours connu, simple, modeste, s'ignorant lui-même, plus humble encore peut-être aujourd'hui au fur et à mesure que la gloire grandit pour lui.*

Le discours est bref. Foch rappelle *les services distingués, éminents et particulièrement dévoués rendus à la science et à tes malades, sans compter ceux que tu as rendus et rends encore à la jeunesse en fortifiant son moral et ses muscles.* Puis il épingle le ruban rouge et la médaille de chevalier de la Légion d'honneur[42] sur la poitrine de celui qui *a été l'un des plus grands artisans de la victoire.*

[42] Offerte au docteur Michaux par les membres de la fédé, grâce à une souscription où, *afin que personne ne puisse être privé de la satisfaction de participer, les versements ne pourront pas dépasser 0,10 F par individu.*

Deuxième Marseillaise (quand on aime, on ne compte pas) puis les deux Messins *passent devant le front des gymnastes tandis que tous les drapeaux s'abaissent et que toutes les mains saluent militairement.*

Mais ce n'est pas fini : *les gymnastes catholiques devaient porter une couronne jusqu'à l'Arc de triomphe sur la tombe du soldat inconnu.* C'est donc par les Champs-Elysées que les 5 000 gymnastes, *drapeaux fièrement déployés, au son de leurs tambours et de leurs clairons, accompagnés d'une foule immense et sympathique, montèrent accomplir leur patriotique pèlerinage.*

En ce dimanche des Rameaux, la petite histoire ne dit pas si, comme les habitants de Jérusalem 1 888 ans auparavant, les Parisiens avaient trouvé des branches de palmier ou d'olivier pour les agiter au passage des héros du jour, ni s'ils ont étendu par terre leur manteau. La gerbe arrive déjà à l'Arc de triomphe alors que les derniers gymnastes et musiciens sont encore aux Tuileries, défilant toujours devant Foch et Michaux. Deux pupilles en tenue (culotte, maillot et béret blancs, ceinture tricolore) déposent la gerbe, et le bureau de l'Union régionale de la Seine ravive la Flamme, après que *le chanoine Couget, représentant son Eminence le cardinal Dubois,* excusé, ne prie, au nom de tous les gymnastes, *pour le martyr inconnu de la Patrie.*

C'est dur de redescendre sur terre après un tel torrent d'émotion… Il le faut, pourtant, car la vie continue. Le foot poursuit sa croissance et gagne toutes les régions, comme le prouvent par exemple les fières photos, souvent en 1re page, de *l'Avant-garde Samaritaine d'Oloron* (Union Pyrénéenne), du *SF Black Stars du Cercle Saint-Laurent de Biesheim* (étoile noire, effectivement, sur la poche blanche du maillot noir), de *la Stella Maris de Monaco*, qui brille *sur les grounds* avec son étoile sur le cœur, et même de *la Joyeuse Union de Tunis*…

Le 6 mars, en coupe fédérale, *le Pitray Olier* bat *l'AJA Auxerre* 5-2 malgré la grosse présence physique chez les Bourguignons du demi-centre Total (qui n'est manifestement pas parvenu à endiguer à lui seul la marée blanche des Parisiens) et du gardien Robin (des bois, nul ne pourra me contredire…).

Le foot grandit, mais, comme tout adolescent, il devient quelque peu turbulent et tête à claques : en de nombreux endroits, les arbitres bénévoles sont apparemment trop laxistes, ce qui provoque quelques incidents et un rappel aux devoirs des officiels par la commission sportive de France. Et voilà que, pour couronner le tout, les indépendantistes lyonnais se distinguent, les bougres.

Vous n'allez pas le croire, mais, le jour de la fête du muguet de 1923, ils organisent leur IIIe tournoi… de sixte, qui regroupe 22 équipes issues de neuf patros, et voit la victoire des *vieux footballeurs de l'Union Sportive Saint-Bruno* qui collent 4-0 à *la jeune équipe de l'Espérance de Sainte-Blandine*, de nouveau martyrisée.

La commission sportive de France les avait pourtant mis en garde un mois auparavant. Sous le titre espiègle de SIXTE OU SEPT, Pierre Déliée (ça sent le pseudonyme, si je peux donner mon avis) rappelle que la commission a certes suivi d'un œil favorable l'organisation de *certains jeux dérivés du football, comme la sixte,* mais précise que, *à la réflexion, ce jeu nous semble un peu bâtard. Pourquoi 6 plutôt que 5, ou 7, comme au basket-ball ? (*Tiens, un seul t ! NDLR)

Avec la sixte, impossible de montrer aux jeunes ce que représente marquer un adversaire, et l'attaque est trop forte par rapport à la défense (la preuve : les scores élevés*). A 7, on peut rétablir la règle essentielle du football, l'off-side.* (NDLR : apparemment, l'appel de Les Jeunes en 1914 pour utiliser un vocabulaire français en football n'a pas été très efficace…). Donc à sept oui, à six non !

Le 10 avril (1921 toujours), ça y est : la FGSPF a son premier champion fédéral de basket… A l'issue de la très courte saison due au très petit nombre d'équipes, *le Club Sportif de Plaisance* est sacré vainqueur au classement par points devant *la Sportive d'Ivry-Port.* Cette 1re édition n'ayant pas donné lieu à une finale, les cinq lignes de *Les Jeunes* du 17 avril sont passées inaperçues de beaucoup, mais c'est bien ainsi que le club est présenté à l'occasion d'une autre nouveauté, le tournoi qui oppose ensuite les deux meilleurs patronages et les deux meilleurs clubs de la fédération d'athlétisme, qui chapeaute alors le basket.

Les deux fédérations viennent de signer un *protocole d'entente*, et, *pour préparer l'an prochain*, décident que c'est un tournoi qui désignera le premier champion de France de l'histoire. Les organisateurs sont le pionnier du basket FGSPF depuis 1912, l'abbé Guédré, et le lieutenant Coste, de l'Ecole de Joinville, président de la commission basket de la FFA, qui assurera lui-même *un arbitrage d'une qualité excellente et d'une impartialité au dessus de tout éloge.*

Volontairement, les demi-finales sont croisées FGSPF-FFA. A la FGSPF aussi on croise les doigts, on espère, on prie et on rêve : une finale 100% patros, ça aurait diablement de la gueule, non ? Raté, et pas qu'un peu. Dans les deux matchs, les enfants du bon Dieu sont battus par les canards sauvages : *l'Ecole Polytechnique* écrase *le CS Plaisance* décimé par le tout récent appel sous les drapeaux de plusieurs de ses joueurs, et *les remarquables athlètes du Stade Français* battent *Ivry-Port. Eli, eli, lama sabachthani ?*

En finale des mécréants, *le Stade* remporte 17-13 un titre qu'il garde jusqu'en 1951, quand l'étrange capitaine Beaupuis prétend que le vrai premier champion, en 1921, c'est son équipe, *l'Evreux Athletic Club,* vainqueur d'un autre tournoi lui aussi étiqueté national. Comme il est alors vice-président de la FFBB et avait été, sous Vichy, directeur des sports, la réclamation embarrassa tellement la FFBB que la réponse officielle, confirmant *le Stade* dans le palmarès, ne viendra que 50 plus tard, donc au siècle suivant, le nôtre : en 2002.

La FGSPF, elle, n'en a hélas pas fini avec les tracasseries et même les agressions, et elle proteste. Pas d'article guerrier ou d'édito revendicatif en 1re page (ça n'est plus possible : depuis la nouvelle formule, la une, c'est le sommaire et la grande photo d'une équipe, point barre), mais dans la très régulière page AUTOUR DE NOUS, entre les nouvelles du foot anglais[43] et celles des autres fédérations, toutes égales et amies… mais dont certaines sont beaucoup plus égales que d'autres ! La rubrique s'appelle **en marge des sports** :

- *Dans **Sporting**, M. Reichel se plaint de la mauvaise répartition des subventions. Il est en effet bizarre de voir la FFFA toucher 60 000 francs alors que la fédération féminine de Melle Milliat, qui réunit 50 sociétés, en touche 65 000. Mais que dirait M. Reichel s'il savait que la fédé, qui compte autant de sociétés que n'importe quelle autre fédération, n'a rien touché ? Les clubs riches et puissants comme le Stade et le Racing reçoivent, en plus de leurs terrains, plus de 10 000 francs, alors que certains de nos patros en touchent 300. Il serait temps que l'assiette au beurre soit partagée entre tous.*

[43] Les lecteurs ont dû tomber de leur chaise en lisant qu'il y a eu 75 000 spectateurs pour un match… Même si le chiffre est exagéré, il n'y a alors en France aucun stade pouvant en accueillir plus de 40 000.

- L*a 2FA vient d'entrer au Comité National des Sports, et c'est naturel. Mais que la Fédération des Sourds-Muets en fasse autant, c'est bizarre, étant donné qu'elle est omnisports, ce qui empêche la fédé d'y entrer. Il est donc permis de protester lorsque l'Auto annonce que toutes les Fédérations sportives de France sont représentées au CN. Et nous ?*
- Le 27 mars, dans le numéro qui consacre quatre pages et neuf photos à la décoration de Paul Michaux : *les lecteurs de l'Auto ont vu avec étonnement que l'Union des Sociétés de Gymnastique de France avait reçu la bagatelle de 450 000 F pour l'organisation de son concours de Lille. Notre Fédération ne touchera rien pour Strasbourg, arrivera cependant au même résultat et fera probablement mieux. Que serait-ce si une telle manne tombait dans sa caisse !*

Ces ostracistes valétudinaires font tout pour plonger la fédé dans la déréliction, mais, comme si cela ne suffisait pas, voici que *les Rouges* s'en mêlent : *Ils étaient 150, de 10 ans de moyenne d'âge, de l'Etoile Sportive Saint-Michel et des Ménilmontagnards, qui défilaient dans la rue, et c'est sur cette troupe terrible que la horde rouge a foncé : ces gamins ne se permettaient-ils pas de faire claquer au vent le drapeau tricolore ? Pressé par plusieurs communistes, le porteur du drapeau (15 ans à peine) se l'est vu arracher.*

Mais, sous l'acharnement de ces petits, cognant, mordant et griffant, les hommes *ont pris peur, et jeté leur trophée par-dessus un mur. Mais sans le vouloir, ils ont permis l'apothéose : le drapeau s'est accroché dans les branches d'un arbre d'où, déployé et haut, il a assisté au défilé. Ménilmontant l'a ensuite récupéré au commissariat de police tout proche.* Merci, la rousse !

Le 17 avril, pour leur 2me rencontre, au Raincy toujours, les 110 filles (60 de *la Stella,* 25 de *la Tour d'Auvergne* et 25 du *Patronage Saint-Hippolyte)* n'ont pas ce genre de problème avec les *bolcheviks,* devenus *soviets :* apparemment, il n'y en a pas sur place. Pourtant, malgré l'interdiction du congrès, c'est encore en public, et les pionnières sont bien obligées de voir le mâle partout : 80% des spectateurs sont masculins. La chair est faible…

De façon inattendue, c'est l'Etat qui, on l'a vu, a fourni à la fédé l'occasion de montrer sa force de mobilisation : par la loi du 10 juillet 1920, il avait décidé que, la France célébrerait Jeanne d'Arc (canonisée le 9 mai) tous les ans, le 2ème dimanche de mai, date anniversaire de la libération d'Orléans en 1429. *Les Jeunes* du 24 avril précisent que LA FEDERATION NE FAIT PAS DE POLITIQUE, et c'est collectivement signé *le comité central*, donc on le croit : il ne peut bien sûr y avoir dans *Les Jeunes* ni billevesées ni balivernes, encore moins fariboles et calembredaines ! Pour la fédé, la fête est un don du ciel : il tombe comme mars en carême.

Le 8 mai **1921**, en bien plus grand nombre qu'en 1913 et 1914 où, de sa propre initiative, la fédé avait déjà défilé à Paris, les troupes gymniques FGSPF mobilisées descendent donc dans les rues des grandes villes, derrière des cliques elles-mêmes précédées de quelques chapes, quelques mozettes et quelques barrettes en laine noire ou soie violette, et calottes du même métal.

Les Jeunes relatent, souvent photo à l'appui, les défilés de Beaune, Bordeaux (23 sociétés), Figeac, Lyon (13 sociétés), Marseille, Paris (place de la Concorde et sur les voies du tramway place Saint-Augustin), Tain-l'Hermitage, Tournon et... Tunis. Pas de nouvelles de Lorraine. Mais le top des tops, c'est bien sûr Orléans, où *la Pucelle* a commencé sa carrière d'héroïne avec une flèche dans l'épaule.

En tête du cortège, entre des trottoirs noirs de monde, défilent *le grand évêque de Jeanne d'Arc,* Mgr Touchet, accompagné du cardinal Granito di Belmonte, *représentant officiel de Sa Sainteté Benoît XV,* entouré des cardinaux Andrieu, Luçon, Maurin et de 30 archevêques et évêques ! *L'Arago* suit, arborant fièrement le drapeau fédéral de gym conquis en 1920, précédant 3 500 gymnastes et musiciens. Le ministre de la Guerre, Louis Barthou, s'est fait remplacer au dernier moment par M. Bonnevay, ministre de la Justice.

Et la fédé continue son inexorable marche en avant : les unes après les autres, sur consignes et avec l'aide technico-administrative de la place Saint-Thomas d'Aquin, toutes les sociétés (les listes sont dans chaque numéro de *Les Jeunes*) obtiennent l'agrément du ministère de tutelle, celui de la Guerre (les jeunes et les sports n'ont pas de tutelle officielle) et ont donc existence légale et possibilité de subventions.

M. Gabriel Defrance, tambour-major de la Garde Républicaine et président de la Commission de France de batteries de la FGSPF, a composé, en collaboration avec A. Rippe, un accompagnement pour les mouvements d'ensemble adultes et pupilles du programme 1921.

En vente au siège de la Fédération, 6 F (6,50 franco). On peut verser dans tous les bureaux de poste au CCP Paris 159.32.

Six francs, c'est quasiment le triple du prix du programme (2, 15) et des schémas (2, 40) et c'est dans le magazine du 5 juin, ce qui, on le voit, laisse largement le temps aux sociétés de travailler avant les concours de la fin du mois et de l'été !

Tiens, les concours **1921**, parlons-en, en tout cas des deux gros. A l'interrégional de Paris, le 3 juillet, il y a 5 500 gymnastes et 800 tambours et clairons pour 83 sociétés de gym et on ne sait combien de musiques. Le dimanche précédent, à Asnières, au concours de l'UD Seine-et-Oise, il y avait seize batteries (*la Tricolore de Meudon et la Saint-Georges d'Argenteuil* ont été *particulièrement félicitées* par le jury), mais les deux seules dont parlent *Les Jeunes* sont militaires.

Dans les sociétés de gym, il y a du beau linge : trois *Jeune Garde*, une *France* et six *Jeanne d'Arc* encadrent *la Domrémy*, accompagnée par *la Carolingienne, la Cayenne Sport de Saint-Ouen, les Rupins de Bourgogne, la Diane d'Urville, l'Alsace de Bagnolet* (qui va s'illustrer 40 ans plus tard dans une activité différente, le basket), *l'Elite Saint-Joseph, la Croisade de Neuilly-sur-Marne, l'Aigle de Saint-Jean, l'Association sportive Guynemer, la De Castelnau* et *la Ozanam de Boulogne,* excusez du peu !

Le concours et le festival se déroulent *au Stade-Vélodrome du Parc des Princes* (le premier stade de France, inauguré le 18 juillet 1897) où *son Eminence le cardinal Dubois*, *archevêque de Paris,* célèbre la messe à 11 heures (commencés à 6 h 30, les concours sont terminés). De la tribune et *d'une voix claire et forte,* il félicite ensuite les troupes fédérales, les exhorte et leur rappelle pour finir la vibrante devise des catholiques Français, *Pro Deo et pro Patria.*

Il est toujours là l'après-midi, pour *passer les gymnastes en revue avec sa bonne grâce habituelle,* puis, dans la tribune, faire la causette au maréchal Foch, au gouverneur militaire de Paris, au représentant du ministre de la Guerre, à Marc Sangnier, au duc de Caraman et à une ribambelle de personnalités religieuses, politiques et fédérales, dont Auguste Biecheler qui, pour rattraper le temps perdu, se rend souvent à Paris où il se montre et s'informe. De plus, dans un mois, c'est lui qui organise à Strasbourg…

L'Union de la Seine fait fort : elle a tiré 100 000 exemplaires (!) du *programme-réclame* mis à disposition des sociétés *selon leurs désirs pour une distribution judicieuse et profitable (Unions et écoles paroissiales, œuvres, sorties des messes, etc.).*

A Strasbourg, début août, c'est donc le championnat fédéral, et même international étant donnée la situation géographique et symbolique de la ville. Ce concours porte en lui tout ce qui fera la caractéristique, extraordinaire mais aussi source d'agacements, des futurs championnats fédéraux : gigantisme (engagement libre sans condition de niveau), ordre de passage établi en fonction de la situation géographique et de l'heure d'arrivée des sociétés (les locales et celles arrivées sur place le vendredi passent à l'aube le samedi), incessants rappels des organisateurs et du secrétariat fédéral pour que les associations respectent les délais d'inscription et, celle-ci opérée, cessent de changer de catégorie toutes les semaines.

En juin, premier coup de clairon de l'histoire contre *les intérêts particuliers et égoïstes* de ceux qui, au lieu d'accepter *paillasses avec sacs de couchage, traversins et couvertures ainsi que les repas proposés par l'organisation cherchent des communautés religieuses, des pensionnats, des hôtels et des restaurants qui pourraient mettre à leur disposition un couchage plus confortable et des repas plus avantageux.* Rien de nouveau en 1998 sous le soleil des concours…

La solidarité démocratique de la Fédération exclut tout privilège, et ces beaux jeunes gens, *ces soldats de demain*, sont donc priés de *faire joyeusement le sacrifice de quelques commodités,* et de laisser les rares hôtels confortables aux 100 juges, aux membres honoraires des sociétés et aux personnalités.

Car il devrait effectivement y avoir foule : la France entière veut voir Strasbourg, devenue ville symbole, enfin française, et la fédé met le paquet : chaque numéro de *Les Jeunes* en parle depuis janvier, par pages pleines. Le signataire, J. Spinner, est un vrai guide touristique, pratique et culturel. Il rappelle l'histoire de l'Est de la France, donne les villages, les monuments à voir en route, tronçon par tronçon (Paris-Belfort, Belfort-Strasbourg, Nancy-Strasbourg, puis Strasbourg elle-même). Comme d'habitude, la fédé a affrété des trains spéciaux (cinq) en partance de Paris, Bordeaux, Lyon, Besançon et Troyes.

Hélas, fin juillet, le vilain méchant syndicat des chemins de fer impose tellement de conditions pratiques et financières que la fédé annule les trains : tout le monde au même régime, 50% de réduction groupes… mais pas sur les express, surtaxés de 25%. Bref, en 1921 déjà, personne ne comprend rien aux opaques tarifs SNCF !

Les organisateurs ont énormément de monde à loger, d'où leurs rappels excédés dans *Les Jeunes*. Il y a finalement 266 sociétés, dont 97 Alsaciennes, et dix étrangères, dont *l'Avenir de Porentruy* et *la Saint-Clara de Bâle* (Suisse), *l'Espérance de Bruxelles, la Fulgor d'Asti* (Italia, ***sic***), *la Wilhemina* (sous-officiers Hollandais, comme l'indique le nom de leur reine bien-aimée) et *la Jeune-garde de Dudelange* (grand-duché du Luxembourg).

Les 4 autres, la cerise sur le kugelhof, c'est, comme promis l'année précédente à Maribor et Ljubljana, *une délégation Polonaise,* une *Yougo-Slave* et deux *Orel Tchéco-Slovaques* dont un féminin, avec en prime les fusiliers-marins de Lorient dans leur démonstration (très applaudie) de grimper à la corde sur portique.

Les Jeunes ne précisent pas qui sont les deux biffins *blacks* en uniforme (tirailleurs Sénégalais ?) qui sourient timidement sur l'une des 28 photos du numéro du 18 août à côté des Alsaciennes en costume local qui vendent des insignes, des fleurs et *Les Jeunes*, mais le tout donne 18 000 gymnastes ! Pour les concours, on se débrouille avec les places, les stades et les terrains vagues. Mais le festival ? *Où et comment faire manœuvrer ensemble une masse si formidable ?* Fastoche, quelqu'un y a pensé, il y a longtemps déjà, et ce quelqu'un est très haut, mais alors très haut placé !

La Providence avait tout prévu le jour où elle inspira à Guillaume de Hohenzollern l'idée de créer, à côté de son palais Strasbourgeois, cette kolossale *esplanade où il aimait à jeter le défi aux Alsaciens en y passant les revues de ses fidèles soldats Allemands. C'est là que s'est déroulé notre concours, comme si Dieu avait voulu lui prouver qu'il n'y a qu'un seul Dieu, celui de la Justice, celui-là même qu'adorent* ***ces mécréants de Français****.*

Le docteur Mayet ne se donne même pas la peine de citer la place Kléber ! Le bourdonnant et industrieux Mgr Ruch, nommé en août 1919 et premier évêque français de Strasbourg depuis 50 ans, ne dit pas mieux *en la vieille et admirable cathédrale* : ses difficultés d'élocution vont bientôt devenir célèbres.

Il co-préside la fête de nuit avec NN.SS. Ginisty, évêque de Verdun, de la Celle, évêque de Nancy, *des évêques et Archevêques étrangers, dont celui de Yougo-Slavie*, et laisse la célébration du lendemain à son collègue de Verdun. Mais c'est lui qui donne lecture aux 18 000 gymnastes (qui viennent de chanter *Je suis chrétien, le Credo, O salutaris hostia* et *la belle et glorieuse cantate à Jeanne d'Arc)* du télégramme de sa Sainteté Benoit XV : *à la demande de votre Grandeur, Saint Père envoie de tout cœur bénédiction apostolique à tous participants concours international gymnastes catholiques.*

Foch a lui aussi envoyé un télégramme, et Alexandre Millerand, président de la République depuis un an (encore de gauche mais qui commence son virage à droite) a poliment et politiquement répondu à l'invitation de Paul Michaux par un très bel exemple de télégramme langue de bois : *vous prie d'accepter mes remerciements sincères pour votre aimable télégramme qui m'a vivement touché.* Ah, la diplomatie élyséenne...

Sur ses terres (bien qu'elle soit du département voisin mais tant ami du Haut-Rhin), *la Saint-Joseph de Mulhouse* remporte le titre en sections et en individuel (J. Blanchard).

1921 est fini, ou presque. Il s'est passé des choses extraordinaires en FGSPF, mais aussi hors fédé, notamment dans le domaine de l'aviation. Adrienne Bolland (qui a effectué le 25 août précédent la première traversée féminine de la Manche en avion dans le sens France-Angleterre) a entendu parler des accidents mortels des cinq aviateurs qui ont tenté de traverser les hautes montagnes d'Amérique du Sud et décide illico de faire mieux que *les macchabées des Andes* et de voler de Mendoza (Argentine) à Santiago du Chili, par-dessus la cordillère, 400 km de large et 4 200 m de haut en moyenne.

Les ingénieurs de son Caudron G3 ne savent pas si son avion vétuste peut monter aussi haut et tenir aussi longtemps. L'appareil moderne promis par le patron n'arrive pas, alors, le 1er avril, la folle se lance, après avoir cependant mis tous les atouts de son côté.

La titulaire du brevet de pilote féminin n° 12 bis[44] utilise en effet les énormes progrès de l'habillement (corps enduit de graisse, plus trois couches de journaux sous un pyjama de soie et combinaison de

[44] Terriblement triskaïdécaphobiques, les superstitieux aviateurs n'attribuent jamais le chiffre 13, censé porter malheur. De nos jours encore, selon le fameux fabricant d'ascenseurs Otis, 85% des immeubles et des hôtels du monde n'ont ni chambre 13 ni 13e étage, appelé 12 A, 12 B ou M comme la 13e lettre de l'alphabet.

mécano) et les moyens modernes de navigation, les GPS (grandes personnes serviables) indigènes : *au lac en forme d'huître, virez à gauche en direction de la chaise renversée. Si vous prenez à droite, vous êtes perdue.* Malgré ses centaines d'heures de démonstrations et de vol, elle ne sait toujours pas se servir des instruments de navigation et continue donc à se fier à son seul instinct. Mais elle a tout prévu, y compris un couteau en cas d'attaque de condor ! Sacrée Adrienne…

Partie d'Argentine à 7 h 30, elle se pose au Chili 4 h 15 plus tard. Les autochtones la prennent pour une extra-terrestre : non seulement elle vient de nulle part et n'est pas attendue, mais en plus, sa carlingue étant découverte, elle a le visage en sang, les vaisseaux des joues, des lèvres et du nez ayant éclaté avec le vent, la vitesse et le froid). Ils lui font un accueil triomphal et organisent en son honneur des festivités à n'en plus finir. C'est parfait pour la fêtarde !

Le lendemain, l'ambassadeur de France à Santiago lui avoue pourquoi il n'est pas venu l'accueillir : *je ne croyais pas que vous réussiriez. Etant donnée la date, j'ai pris l'annonce de votre arrivée et de votre succès pour un poisson d'avril* ! Les demoiselles du RSF en sont encore à demander la permission de faire du sport, ou presque…

Le 5 mai de cette belle année 1921, parmi les sept parfums que lui présentent ses nez, Gabrielle Chasnel, dite *Coco Chanel*, choisit le numéro 5, qu'elle baptise de ce nom. Albert Calmette et Camille Guérin inventent le vaccin bilié contre la tuberculose : désormais, des millions d'écoliers vont recevoir le BCG (B pour Bacille).

Le 2 juin, le président du Comité olympique français, Justinien de Clary, le marquis de Polignac et Frantz Reichel (athlète-rugbyman) convainquent le CIO de dissocier le patinage et le hockey sur glace des Jeux d'été et d'organiser des Jeux d'hiver quadriennaux eux aussi. Les premiers se dérouleront dans trois ans, en 1924, à Chamonix.

Les Allemands instaurent et adoptent la norme DIN 476 qui fixe 10 formats de papier dont la fameux 21x29, 7 que la France, utilisatrice du 21x27, n'adoptera qu'en 1967 et auquel les Etats-Unis résistent encore malgré sa transposition (ISO 216) en 1975.

Les Jeunes sont devenus nettement plus intéressants. Ils comportent systématiquement une page sur le basket, une sur l'UGSEL, une sur le sport à l'étranger, dans la presse et dans les autres fédérations, une sur *l'atlhétisme* (ainsi orthographié jusqu'en avril) deux ou trois de foot, beaucoup de nouvelles des régions et de leurs concours de gym, parfois une de tennis, et des articles d'intérêt général sur les assurances, les sports féminins, l'éducation physique, le sport dans l'histoire, et une de PM[45] qui donne dans chaque numéro la liste des nouvelles sociétés qui ont victorieusement franchi le labyrinthe de l'Administration et obtenu l'agrément.

Les autres, les vieilles, se font un plaisir de jouer à distance à *c'est moi la meilleure* en publiant la liste détaillée de leurs membres incorporables présentés et, nom et nombre de points à l'appui, le nombre de reçus ... Beaux pourcentages, indubitablement.

Impressionnant chef-d'œuvre, mais en péril : la commission de l'Instruction publique du Sénat propose dix amendements à la future loi sur l'éducation physique et la PM obligatoire, dont un visant à *exclure de l'agrément les Sociétés n'ayant pas un strict caractère de neutralité politique et confessionnelle.* Ce sectarisme provoque même l'ire de *l'Auto* (aujourd'hui *l'Equipe*) et bien sûr de la fédé, les mots instruction militaire étant l'IM de son 1er sigle, USGIMPOJF...

Michaux le prolifique n'écrit pratiquement plus dans *Les Jeunes* : 2 fois seulement cette année, pour célébrer Strasbourg et commenter le congrès de novembre. Il a été remplacé par plusieurs signatures connues, notamment François Hébrard, François Kérivan (le docteur Henri Mayet, déjà cité), Senior II (le père Dassonville, SJ) et quelques mystérieux pseudonymes tels que *Amicus fidelis* ou *Pierre Déliée.* Le sang de ce dernier n'a fait qu'un tour à la lecture du numéro du 3 juillet, dans lequel le chroniqueur d'athlétisme, qui connait de nom et de visage tous les athlètes des clubs et des fédérations de la Seine, donne, sans citer leur nom, deux exemples de coureurs qui n'ont rien à voir avec la fédération et viennent pourtant de devenir champions des patronages de Seine-et-Oise avec licence FGSPF.

Le 31, Pierre Déliée en appelle solennellement aux *chers directeurs* pour qu'ils cessent d'embaucher ce genre d'intérimaires clandestins, de truquer licences et dates de naissance (déjà !) et leur promet que la fédé va sérieusement étudier la question.

Effectivement, ce sera l'un des thèmes du congrès des mercredi 23, jeudi 24 et vendredi 25 novembre 1921. Il y aura trois groupes de

[45] Où l'on apprend le 10 juillet, 3 ans après la fin de la guerre, que, *à l'entrepôt d'effets de Lyon, il y a 30 000 bidons gourdes provenant de prises sur l'ennemi pouvant être cédés à des sociétés de PM 0,50 F l'unité.* A la bonne vôtre !

travail, annoncés et détaillés trois semaines avant (*Les Jeunes* du dimanche 6) pour que les congressistes y réfléchissent et que les autres envoient au siège leur contribution préalable : les relations interrégionales, le siège central, en trois sous-groupes (l'organisation des bureaux, *Les Jeunes*, les licences, les finances, la propagande, le recrutement des membres honoraires) et les relations interfédérales, *qui comprend les grosses questions de la Préparation Militaire et de l'agrément ainsi que les sports féminins.*

Chacun des sujets est bien expliqué, reste à le discuter... Les comptes-rendus sont peu prolixes, sauf sur l'essentielle mais délicate question de la licence. *Les Jeunes* publient, le 4 décembre, l'excellent rapport qui a servi de base aux discussions : trop peu de membres la prennent, mais toute initiative qui en augmenterait considérablement le nombre placerait bien évidemment le secrétariat fédéral devant une situation impossible à gérer, la crampe de l'écrivain menaçant le porteur du porte-plume qui les établit !

Le 11, de larges extraits de la discussion montrent la difficulté du sujet. Le 18, c'est le rappel des décisions :

- Les droits annuels des licences sont de 1,50 F dont 1 au bénéfice de la fédération, le reste pour l'Union
- A partir du 1er janvier 1922, elles seront délivrées non plus par le siège mais par les Unions régionales
- A partir du 1er octobre, seuls les nouveaux modèles seront admis. Ces décisions s'accompagnent du vœu proposé par Marius Pradairol : *tout membre d'un patronage faisant partie d'une section de gymnastique ou d'un groupe sportif devra posséder sa licence en règle, autant pour inculquer à chacun l'esprit fédéral que pour apporter à notre Fédération les ressources dont elle a besoin.*
- Ce vœu est ainsi complété par l'assemblée générale : *la licence sera exigée de tous les gymnastes ou athlètes, tambours, clairons, musiciens, participant à un concours, un festival ou une réunion sportive organisés sous les règlements de la FGSPF.* Le texte vise tous les gymnastes qui ne concourent pas, mais participent aux mouvements d'ensemble et aux défilés où on ne leur demandait rien jusque là.

Les Unions sont par ailleurs priées (sommées ?) de désigner en leur sein un correspondant pour *Les Jeunes*. Paul Michaux salue tout particulièrement *l'Alsace et ses 12 000 gymnastes et les 60 sociétés de Lorraine,* avant que, jeudi soir, le congrès ne se transporte de la salle Olivaint jusqu'à la salle des Sociétés savantes pour assister à la projection d'un film (hélas perdu, NDLR) sur le concours de Strasbourg, et on se donne rendez-vous au congrès de 1922, qui tirera les conclusions de la nouvelle formule licences.

Ainsi s'achève, dans le sérieux, cette importante année **1921**. Pour les responsables nationaux, la suivante devrait normalement être plus calme. Normalement... Parce que le but, et tout le monde l'a bien en tête depuis belle lurette, c'est 1923, la célébration des 25 ans de la fédé. Pour Paul Michaux, épuisé et dont la santé décline assez vite, hélas, il faut que ce soit l'apothéose. CE DOIT être l'apothéose. Pourvu seulement que le héros tienne jusque là...

Ce concours de 1921 à Paris, avec son chiffre ridicule de 3 500 participants, c'est un brimborion, un tcharafi, un colifichet, de la roupie de sansonnet, des menuailles, un aimable divertissement, un brouillon, un entraînement léger, un échauffement. Le but, c'est de faire mieux que Strasbourg et ses 18 000 envahisseurs pacifiques.

Et Paris a deux choses que la capitale alsacienne n'a pas : les Champs-Elysées, et la tombe du soldat inconnu, désigné parmi huit cercueils par le 2e classe Auguste Thin en novembre 1920, il y aura donc un peu moins de trois ans, et près duquel la fédé a déjà déposé une gerbe en 1921 le jour de la Légion d'honneur du président général. Ça aussi, c'était une répétition à petite échelle...

Dix-huit mois, ce n'est pas trop pour organiser la manifestation gigantesque dont Thibaudeau, Michaux, le comité central et les commissions de France de gymnastique et de musique, rêvent. Le quatuor de choc qui a fait un sans-faute à Strasbourg, Defrance, Jubert (présidents des deux commissions), Imbault et Maucurier, avec Marius Pradairol comme moniteur général, c'est du solide !

Mais ça, c'est pour la partie technique, les concours, les défilés, les horaires de passage, les juges, les résultats et le festival. Tout le reste (largement aussi important), l'administration, l'énorme logistique, la sécurité, les autorisations, les réceptions, le programme général et annexe (tarifs réduits pour les visites culturelles), les hébergements, les repas, les transports, les relations publiques, la publicité, les media, les messes, c'est pour Lucien Bon et son orchestre, dont les premiers violons seront Armand Thibaudeau, François Hébrard, Xavier Lauras, Jehan de Cargouët, Jean Gaillard et René Chevalier.

La fédé tourne bien, malgré les tracas et les problèmes, internes et externes, dont la difficile mise en place du nouveau système de délivrance des licences. La formule des concours de gym est rodée, les rassemblements de plus en plus nombreux, de plus en plus fréquentés et d'un niveau technique sans cesse meilleur, grâce aux conseils techniques illustrés de croquis signés A. Sandoz qui paraissent désormais dans *Les Jeunes,* et à l'émulation inter œuvres.

De plus, chacun y trouve une spécialité qui lui sied. Le choix est vaste en musique (harmonies, batteries ou fifres en groupes, clairons trompettes ou tambours en individuels) et en gymnastique, pour tous niveaux, du débutant à l'Excellence, et tous groupes, de douze à vingt et plus : championnat «artistique», championnat olympique (lever à deux mains d'une pierre de 50 kilos, puis vingt-cinq de chaque main) athlétisme (100 m, 1 000 m et saut à la perche pour adultes, 60 m et lancer de balles pour pupilles), grimper à la corde (à l'équerre pour les frimeurs) et les deux exercices qui font toujours des festivals un vrai triomphe, les spectaculaires mouvements d'ensemble, avec ou sans engin *(et 1, et 2, et 3, et 4...),* et le top des tops, le sommet : *nul ne comprendrait que nos fêtes se terminent sans une ou deux pyramides.*

Et puis il y a tous les concours spéciaux : ballets et farandoles, et, en alternatif ou en simultané, poses plastiques et démonstrations notées d'escrime, de canne, de bâton, de boxe ancienne ou nouvelle[46] et, pour les gros bras moustachus qui se prennent pour l'immense vedette de l'époque, *l'homme le plus fort du monde*, Charles Rigoulot, il y a *la lutte à la corde.* Mais, pour y participer, il faut s'inscrire aux championnats d'athlétisme, pas de gym.

1922. Les Allemands instaurent et adoptent la norme DIN 476 qui fixe 10 formats de papier dont la fameux 21x29, 7 que la France, utilisatrice du 21x27, n'adoptera qu'en 1967 et auquel les Etats-Unis résistent encore malgré sa transposition (ISO 216) en 1975.

En France, le foot commence à poser problème : *au fur et à mesure qu'il conquiert les faveurs du public, le chauvinisme des foules et la brutalité augmentent. La galerie hurle sur la touche, qui après les arbitres, qui après les joueurs adverses, et les actes suivent parfois les*

[46] Garde, coups de poing garde à gauche puis à droite, coups de pied au flanc, etc...

paroles, entre joueurs d'abord, puis entre joueurs et public, et à la fin entre arbitre, public et acteurs. En Italie, en Espagne, en Hongrie, au Pays de Galles aussi il y a des matches supprimés.

Pas de ça en fédération, disent *Les Jeunes (*où *Yvonneck des Landes* a remplacé, dans le même style, Pierre L'Ermite), qui lancent un appel aux arbitres (tous amateurs, bien sûr) pour plus de sévérité. Oublié 1914, où, pour intéresser les lecteurs de *Les jeunes,* la fédé avait tenté, sans succès Dieu merci, d'instituer un concours de pronostics sur les compétitions fédérales de football-association...

Le 9 juillet, les concours du Lion-d'Angers (70 sociétés, 3 500 gyms et musiciens), Croissy (50 sociétés, 3 000 gyms, 600 musiciens), Dreux (50 et 2 500, 35 fanfares et 850 exécutants), Grenoble (120 œuvres et 6 000) et Pau (2 500 gymnastes) regroupent à eux cinq plus de 17 000 gymnastes et musiciens.

A Croissy, c'est sur l'île de la Grenouillère. Les officiels, dont le représentant du gouvernement (M. Colrat, sous-secrétaire d'Etat à la présidence du Conseil, en redingote et chapeau melon) les spectateurs, les gyms et les musiciens participants traversent la Seine sur un pont de bateaux, où ils ont droit à la haie d'honneur des représentants d'un très beau métier aujourd'hui disparu mais ce jour-là en grand uniforme sur la photo de première page de *Les Jeunes*, les pontonniers. Voilà qui doit réjouir Louis Eblé, président de la commission de foot de la Seine et lointain parent du fameux général patron des pontonniers de la Bérézina...

L'officiel fera un peu plus tard preuve de sang-froid et d'efficacité, lors de l'affaissement de la tribune, qui envoie par terre, en douceur, Dieu merci, 1 000 spectateurs, dont l'évêque de Versailles, Mgr Gibier (légèrement contusionné, comme une quinzaine d'autres chuteurs sans parachute), la duchesse douairière d'Uzès[47] et les trois généraux, dont le calme et la réaction immédiate évitent que l'incident ne dégénère. Ceux qui sourient à l'idée de la pauvre et si respectable duchesse avec jambes et trois couches de jupons à l'air sont des malfaisants : on a frôlé le coup de Trafalgar, quand même !

La raison pour laquelle ce Furiani avec 70 ans d'avance n'a pas provoqué de morts ni même de blessures est très clairement identifiée

---

[47] Première française à avoir obtenu le permis de conduire, vous vous en souvenez ?

dans *Les Jeunes* : c'est quelque chose d'insondable mais de très utile et très sympa, appelé *Providence.* Dieu, merci.

Le fédéral **1922** se déroule à Bordeaux les 29 et 30 juillet. Le cardinal Andrieu remplace donc Mgr Ruche. Comme à Strasbourg l'année précédente, et comme si le fameux *avantage du terrain,* bien connu des sports d'équipe, transcendant ceux qui reçoivent, paralysant les visiteurs et plaçant les juges dans des conditions psychologiques différentes, s'appliquait aussi en gym, un club local rafle les titres en sections et en individuels. Après *la Saint-Joseph de Mulhouse,* c'est *la Flèche de Bordeaux* et le talentueux multicartes Dufauret, champion fédéral à la perche (3,20 m) deux ans auparavant.

Le 6 août, il y a beaucoup de joie et d'émotion au concours de Bretagne à Saint-Brieuc : une star est là, qui assiste à la totalité de la journée et chante avec ferveur le *credo* de la messe célébrée par *Sa Grandeur Mgr Morelle.* Le maréchal Foch est une icône, comme le souligne lors du festival *l'éminent évêque de la ville, dont l'envolée inoubliable souleva l'enthousiasme de l'assistance toute entière dans une acclamation qu'il dût Lui-Même calmer d'un beau geste de sa main épiscopale.* Paul Michaux, à la santé déclinante, n'a hélas pas pu venir rencontrer son ami Ferdinand.

Les Américains, qui, on en conviendra, s'y connaissent en matière militaire, disent de ce personnage extraordinaire : *Foch est le soldat français typique. En lui résident la foi chrétienne et le courage serein de Bayard sans peur et sans reproche, le travail intellectuel permanent, la volonté et la puissance 'apprendre d'Henri de Turenne, l'abnégation de Louis Desaix, la générosité, la bravoure et la force du plus brillant des théoriciens militaires.* Sauf erreur de ma part, c'est un tantinet dithyrambique, mais il y a quand même du vrai !

Du 16 au 23 août, nouvelle aventure internationale. C'est à Brno, *en Tchéco-Slovaquie où le nom seul du docteur Michaux est si vénéré.* Un train spécial (spécialité de la fédé) emporte une délégation de 300 personnes, conduites par Maurice de Vienne, Armand Thibaudeau, Louis Leproust (rédacteur de *Les Jeunes* pour l'occasion), le général de Morlaincourt, le comte de Lopinot et l'abbé Callon, *délégué de la Fédération sportive féminine et catholique, jeune sœur de notre dernier congrès,* donc vraisemblablement le Rayon sportif féminin.

Sont du voyage pour ce concours UIOCEP *la Rehonnaise, la Saint-Louis de Strasbourg, la Constantia, la Frontière de Nancy, la Légion*

Saint-Georges, la Saint-Maxellende de Caudry, l'Espérance, l'Union Vosgienne, les Trois Couleurs, la Saint-Antoine de Limoges et les Bleus de Libourne, une délégation patriotique en diable et pour moitié ex-possessions prussiennes.

Les petits Français en prennent *plein la pipe* : des archevêques et des évêques comme s'il en pleuvait, un nonce apostolique, une belle brochette de ministres, 14 nations, 18 discours lors de la réception officielle, immense défilé de 35 000 gymnastes dans les rues, libération d'un *Orel* (aigle) vivant, mouvements d'ensemble par 5 200 *orels* puis par 4 000 *orlices* (femmes) *dirigés devant 150 000 personnes par le moniteur général placé à 30 mètres du sol.* Louis Leproust est de Lorraine, pas de Tarascon, mais il est manifestement très impressionné par l'estrade et la densité du public !

Le groupe passe une journée à Prague, qui le stupéfie par sa beauté, puis, conduit par Mgr de la Celle, évêque de Nancy qui vient de le rejoindre, se rend à Austerlitz. *Voilà des braves...* Question résultats, c'est moins enthousiasmant : les différences de terminologie entre les nations rendent tout classement impossible, tant les productions sont diverses. Pas grave (l'essentiel n'était pas là) mais à régler rapidement par un comité technique UIOCEP à créer... *La Frontière de Nancy* remporte quand même le *classement international adultes.*

La commission de PM, présidée par Henri Huel et suivie par le délégué du comité central, Edouard Des Robert, président de l'Union de Meurthe-et-Moselle, dite Union Drouot, constate avec plaisir que l'Etat ne met plus de bâtons dans les roues des patros, et se félicite des premiers concours départementaux individuels de tir PM et de PM tout court. Au programme de ces derniers, celui de l'examen d'Etat : 25 km sur route, hauteur, longueur, 100 et 1 500 m, lever, porter, tir, éducation morale, éducation militaire et hygiène. La natation n'est qu'optionnelle, il y a trop peu de piscines en France.

Et trop peu de sport féminin : lasse des fins de non-recevoir du comité olympique et du baron de Coubertin pour une plus grande participation des femmes aux épreuves d'athlétisme, Alice Milliat, fondatrice de la Fédération sportive féminine de France en 1917, organise, dans l'intervalle des « vrais » Jeux, les *Jeux olympiques féminins.* Attaquée et menacée de procès, elle change le titre mais *les*

Jeux mondiaux se déroulent bien au stade Pershing à Paris le 20 août : 5 pays, 11 disciplines, 20 000 spectateurs[48].

Le congrès fédéral **1922** arrive enfin. C'est François Hébrard qui l'ouvre : *J'occupe ici une place qui n'est pas la mienne. Jusqu'au dernier moment, nous espérions que notre cher président général serait ici. Il ne peut y être. M. le docteur Mayet vient de vous apporter ses regrets, et plus que des regrets. Nous devinons en effet quelle épreuve la Providence envoie à son cœur aimant et dévoué.*

Les chiffres sont moins tristes : en 1914, la fédé comptait 1 750 sociétés, dont 650 ont disparu dans la tourmente, et 46 Unions régionales. Huit ans plus tard, après l'accueil récent des deux petites nouvelles de la Haute-Loire et du Tarn, la revoici à 47 et 1 898. Il y a 25 championnats régionaux de foot, 25 de cross et d'athlétisme, mais la Champagne est la seule à avoir rejoint la Seine pour le basket. *On dit pourtant que les patros s'organisent à Lille, à Evreux et dans le Jura, mais ils n'en soufflent mot.* Natation, tennis et escrime rament aussi. La brillante fille aînée de la fédération, en revanche, bat tous ses records : 24 concours pour 90 000 gymnastes.

Les officiels franciliens se font taper sur les doigts : sur 13 arbitres désignés pour des matchs de foot et de basket, un dimanche, ils n'ont été que deux à appeler SEGur 03 16 pour donner le résultat, d'où le rappel énergique aux arbitres et directeurs d'œuvres du responsable du service de presse marri de ce service de paresse…

Puis vient le point que tous attendent : *la grande réorganisation administrative.* Le nouveau système (licence obligatoire pour tous les membres) a très bien fonctionné : la fédération est passée de 30 000 en 1920-1921 à 64 970. Plus du double ! Mais il reste encore beaucoup de sociétés (entre 25 et 50% selon les Unions) qui n'ont rien demandé encore. Le digne représentant de l'Eure-et-Loir, l'abbé Chevauché, pas fantastique, explique que *c'est pour des raisons pécuniaires*, mais il ne s'attire que des *protestations de la salle.*

Pour le contrôle lors des championnats, là aussi ça se précise : il est officiellement et systématiquement institué (nombre et identité) pour

[48] L'édition 1926 rassemblera à Göteborg dans 12 épreuves (courses, sauts et lancers) 100 athlètes de 9 nations, mais les Jeux mourront en 1934 après la 4e organisation (à Londres) torpillés par le CIO… qui aura désormais plus largement ouvert les Jeux aux femmes.

gyms et musiciens, mais selon des modalités simplement suggérées, à charge pour chaque Union de voir ce qui est possible. La très longue discussion qui suit ne change rien quant au fond.

Les Jeunes annoncent, sans commentaire mais non sans primesaut, que le nouveau président de la Ligue vélocipédique belge s'appelle M. Margoulin (ah, ces Belges !). Puis, avec commentaire, ils soulignent que, pour la 1re fois de son histoire, la fédé a touché une subvention étatique : M. Paté, haut-commissaire aux Sports, lui a alloué 50 000 F, soit la même somme que l'Union des étudiants… contre 240 000 pour l'Union des sociétés de tir, 220 000 pour l'Union des sociétés d'EP et de PM et autant pour l'Union des sociétés de gymnastique.

Le 10 décembre, Charles Hardy, membre du comité central et président de l'UR Yonne, justifie son nom de famille et tance vertement les sénateurs qui *viennent de refuser aux femmes le droit de suffrage.* Dans le long plaidoyer de la page deux nécessitant forcément l'accord du comité de rédaction et intitulé **Quand les femmes voteront,** il exalte et défend *la femme, assurément aussi intelligente que l'homme. Elles voteront, cela ne fait aucun doute, puis réclameront et obtiendront le droit d'être éligibles.*

Voter ne les empêchera pas d'être sœurs charitables et compatissantes mères ou épouses. Ne font-elles pas maintenant des sports, et la Fédération catholique gymnastique féminine ne vient-elle pas de naître ? Décédé l'année suivante, l'Auxerrois ne verra donc pas son désir réalisé… vingt-deux ans plus tard par le général de Gaulle, qui, par une ordonnance du 21 avril 1944 signée à Alger, accorde aux femmes françaises le droit de vote, 35 ans après les norvégiennes et les danoises, presque 25 ans après les arméniennes et les azerbaïdjanaises, 21 ans après les Turques et 20 ans après les Mongoles. *Patience et longueur de temps…*

Mais place maintenant au 25e anniversaire. Le président de la commission de France de gymnastique, A. Jubert, qui a déménagé en province, a remis son poste et été remplacé par Léon Rousselet, mais cela ne change rien à la détermination de la commission et du comité central, qui tient réunion exceptionnelle sur ce sujet le 19 décembre. Comme d'habitude, 17 heures, au siège parisien, un jour de semaine : le samedi et le dimanche, c'est pour la messe, l'œuvre, les matchs et les concours, à la rigueur pour la famille…

Les décisions sont approuvées par le comité suivant, comme il est d'usage à l'époque, et en bien des endroits encore. Le 16 janvier 1923, c'est officiel : pas de concours interrégionaux cette année et, pour les sociétés participant au régional d'une union mitoyenne (notamment l'Eure, l'Eure-et-Loir, l'Oise et l'Orléanais), engagement par écrit de participer aussi au concours de Paris.

La commission de France de gymnastique se prépare activement. M. Rousselet (président du jury), Marius Pradairol (moniteur général) et Maucurier (directeur des concours) ont chacun quatre adjoints, parmi lesquels Boularand et Armand Girodit. Sur l'organigramme et sur le papier (hiérarchie oblige) le président du comité d'organisation est Xavier Lauras, membre du Comité central, assisté de Jean Gaillard, lui aussi du Comité directeur, mais l'âme de l'équipe, la cheville ouvrière, le factotum, c'est Lucien Bon.

La mayonnaise et la fièvre montent. Le record à battre ces 21 et 22 juillet **1923**, ce ne sont pas les 35 000 gymnastes de Brno (pas dans les moyens de la fédération, sauf les 5 200 du mouvement d'ensemble, record très possible), mais les 18 000 de Strasbourg en 1921.

Le programme est copieux :

- Vendredi 20 : réception des sociétés étrangères par le conseil municipal de Paris sous les ors de l'Hôtel de Ville
- Samedi 21, de 6 heures à midi puis de 14 à 20 h, championnats artistique et olympique (adultes et pupilles) et concours de préparation militaire, de musique et de batterie
- Dimanche 22, à 7 h, deux messes : une au Grand Palais et une de requiem à la mémoire des morts de la fédération *en l'église Métropolitaine de Paris* (Notre-Dame, donc). Puis, de 9h à 11h, défilé : avenue des Champs-Elysées, Arc de triomphe, Trocadéro et Champ-de-Mars. A 11 h 15, répétition des mouvements d'ensemble. A midi, déjeuner froid dans les vestiaires. L'après-midi commence par un défilé à 14 h 30 et se termine par un défilé à 18 h 30.

Partout en France on parle du concours, et à l'étranger aussi. Il y a des envoyés spéciaux de la presse européenne (20 pays), vietnamienne et américaine. Comme le prouve l'affiche, aujourd'hui furieusement *vintage*, de la couverture de cet opus, le concours est placé *sous la présidence d'honneur* (officielle donc : oublié, le télégramme bateau de 1921) *du président Alexandre Millerand*, ainsi que *sous le haut patronage de MM. Raymond Poincaré (président du Conseil) et André Maginot (ministre de la Guerre*, l'homme des futurs forts en ligne*), de leurs Eminences le cardinal Dubois (archevêque de Paris) et Ceretti (nonce apostolique), de MM. les maréchaux de France et enfin des présidents du conseil de Paris et du conseil général de la Seine.* MM. Raiberti, ministre de la Marine, et Henry Paté, haut-commissaire à l'Education physique, invités et annoncés, seront présents.

La FGSPF n'a pas droit à l'erreur. Elle a donc minutieusement, inlassablement, préparé le rassemblement, dans les moindres détails, des photos souvenirs à 0,25F (sur place ou livraison sous 48 heures) aux explications culturelles et historiques sur le parcours du défilé en passant par la permanence d'accueil dans toutes les gares (avec fanfare gare de l'Est) et les 71 autels de campagne de la messe devant le Grand Palais. Sans oublier les appels à l'exemplarité dans plusieurs numéros de *Les Jeunes,* en 1re page : *ne vous attardez pas aux terrasses des cafés, et que, le samedi et le dimanche, on ne rencontre aucun gymnaste passé 22 heures. C'est à travers chacun de vous que l'on jugera tous les membres de la Fédération des Patronages.*

Les Jeunes du dimanche 29 juillet qui relatent la manifestation sont, comme elle, exceptionnels, tirés à 10 000 exemplaires, en-tête couleur (fond jaune) 20 pages, dont 19 sur la manifestation, et seize photos dont une immense étalée sur la double page centrale montrant l'énorme rassemblement de gymnastes et de drapeaux sur le Champ-de-Mars (aménagé en quinze jours en stade avec tribunes) : *une foule immense de 50 000 spectateurs a envahi les tribunes. A 3 heures de l'après-midi, les guichets de vente des billets ont été fermés. 30 000 personnes qui n'ont pu pénétrer dans l'enceinte se déversent dans les rues avoisinantes, tâchant d'apercevoir le sommet des drapeaux et écoutant les sonneries des clairons. Les heureux qui sont arrivés à temps et qui peuvent jouir de la fête acclament sans arrêt les diverses productions, et les mouvements d'ensemble exécutés par 8 000 adultes déchaînèrent les applaudissements.*

Oui, 8 000 adultes, pari gagné, record battu : 28 000 gymnastes au total, 600 sociétés avec les musiques. Voilà pourquoi il a fallu deux messes, 15 000 gyms dans Notre-Dame et sur le parvis, le reste au Grand palais ! Bienvenu, le photographe officiel de la fédé, s'est lui aussi surpassé avec ses impressionnantes vues aériennes du long défilé (7 km en 90 minutes, plus de 80 000 spectateurs) des *gymnastes fiers, disciplinés, l'allure dégagée* prises du haut d'immeubles des Champs-Elysées, de la tour Eiffel et du Trocadéro.

Le cortège est passé sous les voûtes de l'Arc de triomphe (avec dépôt de gerbe sur *la tombe du poilu inconnu*, qui n'a pas encore de flamme du souvenir, et devant laquelle *Auguste Biecheler et la délégation alsacienne fondent en larmes*) et sous la tour Eiffel.

Prise du 1er étage, la photo des gymnastes noircissant le Trocadéro et le pont d'Iéna est très spectaculaire. La légende précise que, lorsque la tête de la première colonne arrive au Champ-de-Mars, la dernière est encore au diable vauvert, aux Tuileries… Gigantesque.

Il y a treize sociétés étrangères, de Belgique, du Luxembourg, du Limbourg, de Suisse, de *Tchéco-Slovaquie* et de *Yougo-Slavie*. Le vendredi, l'accueil en musique des Tchèques en gare de l'Est a été grandiose, la fédé renvoyant l'ascenseur des deux concours UIOCEP où sa délégation avait été reçue avec chaleur et enthousiasme. Les 300 *orel* et *orlice* en costume traditionnel font un triomphe auprès des voyageurs et des badauds qui n'ont jamais rien vu de tel, et il en sera bien sûr de même le dimanche sur les Champs-Elysées.

Deux déceptions seulement : l'absence, prévue mais douloureuse, de Paul Michaux, pudiquement évoquée par François Hébrard lors du banquet (*quelle épreuve pour ce cœur aimant que son absence en ce jour où nous fêtons le don d'une vie à la plus belle et à la plus noble des œuvres),* et, dans un registre bien plus léger : *pour des raisons indépendantes de sa volonté,* la fédé n'a pu mettre en vente les insignes souvenir, que les gyms peuvent maintenant commander au siège (0,50 F) afin de *les épingler sur leur poitrine, se reconnaître entre eux et dire moi aussi, j'étais au concours de Paris.*

Mais au fait, ce concours, qui l'a gagné ? Il y avait treize sections au *championnat de France*. Sans surprise, *la Flèche* repart à *Bordeaux* avec le drapeau puisqu'elle conserve son titre, comme sa vedette, Dufauret. Elle devance la *Nicolaïte de Chaillot* (3065,50 pts contre 2986,25). *La Jeune Garde de Grenoble* est 3e et *la Laetitia de Nantes* 4e loin derrière.

Le *concours international de musique* a vu quant à lui la participation de 55 groupes (il fallait ça pour le gigantesque défilé de plusieurs kilomètres !) dans les nombreuses catégories et divisions, et plus de 50 exécutants ont obtenu la moyenne en individuels trompettes (trois candidats seulement), clairons et tambours.

Le plus ahurissant, c'est qu'il n'y eût non seulement aucun accident ou incident, mais aucun retard, ni dans le défilé ni dans les compétitions de ce concours monstrueux. Certes, pour les sociétés de 1923, cadrées et encadrées par moniteurs, prêtres-directeurs et adultes, discipline n'était pas un vain mot, mais quand même !

La presse est enthousiaste. Les mots qui reviennent le plus souvent sont *discipline, bonne humeur, endurance, tenue exemplaire* et *valeur technique. La Croix* (que l'on peut cependant suspecter d'une légère partialité bienveillante) y consacre un très long article. *Le Figaro* a été frappé par la discipline et l'unité : *on dirait qu'une seule pensée les commande, ou un phénomène de sympathie. L'Echo de Paris* parle des *inoubliables impressions de reconnaissance, de confiance et de fierté qui resteront au cœur des spectateurs.*

Pour *l'Âme Française*, c'est encore plus signifiant : *une jeunesse s'est levée et prend place dans la vie publique. C'est une force que l'on ne peut plus méconnaître. Le Matin, l'Intransigeant, Aero Sports, Le Journal, l'Auto* et même l'hyper sérieux mais non sportif *Journal des Débats* apprécient et félicitent eux aussi.

Quelques voix discordantes s'élèvent, bien sûr : *le cléricalisme reprend le terrain perdu. Vous en doutez ? Promenez-vous à Paris ces jours ci, vous serez vite fixés (Le Populaire). Le Quotidien* du vendredi signale à ses lecteurs qu'*un grand danger fasciste menace la République*, sans autre précision, mais donne la liste complète des divertissements et spectacles du dimanche : kermesse aux arènes de Lutèce et course de tonneaux boulevard de la Gare. Circulez, y a rien d'autre à voir !

L'Humanité du lundi n'a pas vu de défilé, mais simplement *une messe au Grand Palais, réservée aux militaires. L'Œuvre* admire la redoutable habileté des diables catholiques, qui avancent masqués, méchants loups cléricaux déguisés en doux moutons sportifs : *la Fédération des patronages a fait la preuve d'une puissance que l'on aurait mauvaise grâce à nier. Elle a, en plus, montré un talent d'organisation qui s'est mis, avec habileté, au service de la propagande en faveur de l'éducation physique, réussissant ainsi la difficultueuse mission dont ses dirigeants s'étaient chargés.*

En région, c'est Noël. *Les Jeunes* publient des citations de *l'Eclair de Montpellier, La Croix de Limoges* et celle *de Saint-Chamond, Le Ploërmelais, Le Patriote des Pyrénées, Le Réveil du Charolais, Le*

Lorrain de Metz, l'Echo de la Beauce et celui *de la Loire, le Journal d'Ancenis* et celui *d'Amiens, Le Mercure segréen, l'Indicateur d'Hazebrouck, Le Gaulois* et *l'Est républicain.* Mis à part ce dernier, tous ces titres ont aujourd'hui disparu, mais la fédé n'y est pour rien !

Au siège, on colle sur six gros albums l'himalayesque et quasiment nirvanique spicilège des 22 000 articles de France, d'Allemagne, d'Amérique du Sud, d'Angleterre, d'Annam, de Belgique, du Canada, des Etats-Unis, d'Espagne, d'Italie, de Scandinavie, de Pologne, de Suisse, de Tchéco-Slovaquie et de Yougo-Slavie…

Cerise sur le gâteau : Raymond Poincaré, président du Conseil, a été informé par les ministres, ou il a assisté, incognito, au défilé ou (et) au festival. Il a déclaré plus tard au docteur Lauras (comité central) : *j'ignorais jusqu'ici la puissance des patronages catholiques. Je suis maintenant très renseigné : c'est une force que nous devons respecter. Comme Lorrain* (Bar-le-Duc, comme Maginot, NDLR) *et comme Français, j'ai le devoir de les aider, et je les aiderai.*[49]

Le mardi, Flaminius Raiberti, ministre de la Marine, représentant de l'Etat au concours mais aussi et surtout sénateur des Alpes-Maritimes, reçoit au ministère les jeunes gymnastes de *l'Intrépide de Cannes* et de *la Masséna de Nice,* futurs électeurs de son département, qui montent le grand escalier entre deux haies de marins au garde-à-vous avant de suivre la visite guidée du somptueux hôtel particulier et de se jeter sur le goûter offert par les contribuables, pardon, par le ministère. Et savez-vous ce qu'elle leur dit, la marine française ? Elle leur dit : champagne pour adultes et dirigeants !

Après de telles émotions, la vie normale va paraître bien fade, mais *la difficultueuse mission* de la FGSPF exige qu'elle reparte aussitôt de l'avant, car, Dieu merci la vie bouillonne dans les patronages. Les compétitions de la seule Union régionale de la Seine, par exemple, ont, en 1922-1923, regroupé 89 équipes de *baskett* et 162 de football-association, il y a eu 52 participants aux rencontres de fleuret et d'épée, près de 100 en natation, 423 coureurs lors des quatre *cross-countries* et plus de 2 000 coureurs, sauteurs et lanceurs aux sept réunions d'athlétisme, 1 491 aux 29 séances de tir…

---

[49] *Les Jeunes* n° 141 du 16 décembre 1923, page 741. Les pages sont numérotées de 1 à 790 pour toute l'année.

La vie continue comme un long fleuve tranquille… mais, sous la surface, il y a des remous : les archives de l'Archevêché de Paris contiennent plusieurs lettres des années 20 et 30 qui dénoncent *le sport au goût de guerre* de la FGSPF (c'est la PM qui est visée) ou se plaignent de l'attitude, parfois insolente il est vrai, des gymnastes, *dont beaucoup semblent très éloignés de la religion : ici, certains jouent aux cartes au foyer pendant que leurs camarades sont à la messe, ailleurs, d'autres brocardent ouvertement le vicaire.* Mais ces lettres restent inconnues des responsables nationaux, et ne sont pas très nombreuses, alors la vie est belle…

Et elle continue, même pour le couple Thibaudeau, qui a perdu son fils unique de deux ans et demi en juin, juste avant le concours. *Petit à petit, Armand fait son nid*, ce qui n'était pourtant pas facile après deux géants comme Charles Simon et Henri Delaunay, auxquels il ressemble par sa puissance de travail, sa ténacité, son habileté, son sens aigu du politique, ses qualités d'administrateur et d'organisateur. Et les cimetières sont peuplés de gens indispensables !

Les acteurs qui assistent Michaux sont d'une autre génération : en 1900, ils ont entre 17 et 23 ans, Michaux en a 46. Le président incarne le dévouement, l'assurance, la conviction et une époque de lutte pour le tissage d'un réseau catholique fort face aux menaces anticléricales. Les plus jeunes s'investissent dans la vie associative sans tenir pour prioritaire la lutte pour la défense religieuse.[50]

La vie continue au Japon, ravagé le 1er septembre **1923** par un tremblement de terre estimé depuis (l'échelle de Richter n'existait pas encore) à 7,9 qui fait plus de 105 000 morts et 37 000 disparus, donc bien plus que celui du 18 avril 1906 à San Francisco. Dans *Les Jeunes*, Louis Eblé, *docteur ès sciences* et président de la commission de football de la Seine, explique les séismes, et celui-là en particulier, croquis, schéma d'un sismogramme et carte du pays à l'appui.

La vie continue en Turquie, et elle s'y accélère, même : Mustafa Kamal Atatürk instaure la laïcité et le vote des femmes, donnant à la Turquie 100 ans d'avance sur tous les autres pays musulmans… et au moins 20 sur quelques pays européens, dont la France. En 1998, il sera élu homme politique du siècle.

---

[50] Laurence Munoz, *La fédération des patronages, lien institutionnel entre le sport et le catholicisme en France (1898-2000)* L'Harmattan, Paris 2002

La vie continue en FGSPF, et elle est même belle pour les Basques de l'*Arin Luzien* de Saint-Jean-de-Luz, dont le pied agile prouve que le nom du club n'est pas usurpé *(arin* signifie léger) qui remporte le championnat fédéral de foot pour la seconde année consécutive[51] et conserve ainsi à jamais le bel objet d'art du challenge Albert Jolly.

La vie continue, malgré *de grandes fédérations* qui recrutent à tout va, y compris les sociétés FGSPF, en distribuant lors des fêtes et concours de PM des bulletins d'adhésion. Il faut *prendre le taureau par les cornes et rester à la Fédération.*

La vie continue en gymnastique, où l'auteur des articles techniques avec croquis de *Les Jeunes* publie un *Recueil d'exercices aux agrès et de terminologie gymnastique illustré de 564 figurines thématiques* et en vente (5,50 F, franco 5,75) au siège de la fédération. L'auteur, A. Sandoz, vice-président de la commission de France, est *ancien professeur d'éducation physique aux écoles, dans les lycées de Paris et au cours Supérieur de l'Université*, une belle polyvalence qui parait aujourd'hui incongrue.

La vie continue aussi pour un footballeur breton suspendu en octobre jusqu'au 24 janvier 1924 par la ligue de l'Ouest de la FFFA avec demande d'extension à la FGSPF, qui accepte : il a signé unc licence dans un club pour lequel il n'est pas qualifié, *les Enfants de Saint-Méen-le-Grand* (Ille-et-Vilaine). Le coupable, boulanger de son état, se nomme Louis Bobet. Deux ans plus tard, il aura un fils, auquel il donne le même prénom que lui, mais que la famille, lassée d'entendre deux réponses chaque fois qu'elle appelle Louis, baptisera très vite Louison, diminutif qui lui restera.

Louison, *le boulanger de Saint-Méen,* ne sera pas footballeur, mais pongiste doué puis coureur cycliste encore plus talentueux puisqu'il remportera trois tours de France et un championnat du monde.

La vie continue pour l'UD Seine, qui assure public (entre trois et neuf personnes par société, pas moins, pas plus) *De Profundis* (l'abbé Courbe) sonneries réglementaires *(la Diane de Montrouge*) et forêt de drapeaux le 11 novembre sur la tombe du soldat inconnu.

La vie continue : l'ordre du jour du congrès des jeudi 22 et vendredi 23 novembre 1923 est encore plus chargé que d'ordinaire puisque, en plus des trois questions sur lesquelles il travaille depuis

---

[51] Devant le même adversaire, *les Jeunes de Chaumont* : 3-0 en 1922, 4-2 en 1923.

plusieurs années *(Les Jeunes*, délivrance et contrôle des licences, périmètre des Unions régionales) et bien sûr du superbe concours de Paris, il traitera de trois nouveaux sujets importants :

- L'organisation administrative des sociétés
- L'assurance des pratiquants, *qui préoccupe les sphères gouvernementales et les milieux sportifs, qui s'accordent tous à considérer que c'est de nous, patronages catholiques au degré d'organisation le plus parfait, que doit venir l'exemple*
- La perplexité des sociétés, *sans cesse sollicitées pour s'affilier à des groupements régionaux et nationaux ou participer à des manifestations en dehors du cadre FGSPF.* Une loi fédérale s'impose, car *en pareille circonstance, la liberté devient l'anarchie.* La discussion est ouverte…

La vie continue… et pourtant ! Les congressistes sont encore plus nombreux que d'habitude, tous regonflés par la fantastique célébration du 25e anniversaire quatre mois plus tôt, venus pour en parler et en parler encore. Comme l'an passé, et comme en juillet sur les Champs-Elysées, Paul Michaux n'est pas là, et son absence n'étonne plus.

Mais ce qu'annonce d'entrée son «remplaçant» François Hébrard glace le sang de l'assistance : le président, le pionnier, le fondateur, le guide, est décédé la veille, mercredi 21. Lyrique, comme toujours, François Hébrard cite Dante (*si le monde savait quel cœur il eût, après l'avoir beaucoup loué, il le louerait plus encore)* puis l'Evangile : *là où deux ou trois seront réunis en mon nom, je serai au milieu d'eux* (Matthieu, XVIII). *Et nous voici réunis comme des fils frappés dans leurs plus chères affections…*

Pour qu'il n'ait même pas fait une petite visite au congrès de l'année passée, ni même et surtout à quelque moment que ce soit du 25e anniversaire, il faut vraiment qu'il ait été usé jusqu'à la corde. Sa *chère fédé* l'a tué, littéralement. *Il n'y a pas de plus grande preuve d'amour que de donner sa vie pour ceux que l'on aime…*

La grande ombre de Paul Michaux plane donc sur le congrès, plus encore qu'elle ne l'a fait sur le concours de juillet, car, cette fois, s'y ajoutent la tristesse, et le souvenir, d'autant que, avec huit ans de retard, l'Etat français vient de décerner la médaille militaire à Charles Simon *brave soldat qui a toujours fait vaillamment son devoir, tombé au champ d'Honneur le 15 juin 1915 à Ecurie.*

Mais la vie continue. Le cap des 2 000 sociétés est franchi : 2 005, plus 107, dont les 43 (pour 1 200 licences) de l'UGSEL, implantée dans quatre régions seulement, dont le rapport d'activité est intégré par Armand Thibaudeau à celui de la FGSPF. Sur le podium de cette dernière, l'Avant-garde du Rhin (208), la Seine (150) et la Bretagne (125). Il y a 48 Unions régionales (donc une de plus) mais seulement 65 235 licences, peu ou prou la même chose qu'en 1922.

Le reste est en augmentation : le tirage de *Les Jeunes* (6 700 contre 5 100, effet du concours de gym et de musique) le volume de courrier (17 000 lettres reçues et expédiées, hors concours) plus de soixante organisations régionales (dont 29 en foot), 80 crossmen, 200 athlètes, 37 équipes de foot et huit de basket aux fédéraux. La fédé vient de signer une *entente interfédérale* avec une 8e fédération, la lutte, après celles d'athlétisme et de basket, d'escrime, de football-association, de hocquet *(sic)*, de natation et sauvetage, de tennis.

En conclusion, Armand Thibaudeau confirme que *le docteur Michaux nous a quittés hier, 21 novembre 1923 à 2 heures, pour aller recevoir au ciel –ce n'est pas douteux- la récompense du bon travail dont nous récoltons les fruits* et passe la parole au trésorier, qui, en trois chiffres, relève le moral de l'assistance avec un petit exercice de calcul mental : les 65 235 licences à 1 F ont rapporté… 50 000 F[52] et le concours du 25e a laissé 180.000 F… de déficit.

Le budget total de la fédé (hors concours) est de 313 000 F, mais la Providence est là, on ne va pas se laisser démoraliser par ce genre de détail minable, alors la vie continue. Le comité central crée une commission pour la modification des statuts et discute le projet de contrat d'assurance établi par Armand Thibaudeau.

La vie continue : le décès de Paul Michaux est sur deux colonnes avec photo à la une de *La Croix* du vendredi 23, veille des obsèques en l'église Saint-Thomas-d'Aquin, mitoyenne de la fédé et paroisse de Paul Michaux. Son Eminence le cardinal Dubois, en cappa violette, concélèbre avec cinq évêques et plusieurs chanoines, devant une liste de personnalités longue comme le bras venue se condouloir.

Il y a le maréchal Foch et treize autres généraux, plus l'admirable amiral Merveilleux du Vignaux (tous en grande tenue), Henry Paté

[52] Les retards de paiement des Unions vont désormais provoquer tous les ans (et encore en 1998) le désespoir du trésorier national et la colère des bons payeurs…

(haut-commissaire à l'Education physique), le préfet de police, cinq colonels, sept députés, des sénateurs, des élus municipaux, quatorze médecins de renom conduits par le directeur de l'Assistance publique, Félix Van de Kerkhove, président de l'UIOCEP, des tas de présidents d'associations (dont l'ACJF et la CFTC) et de fédérations sportives, et bien sûr Henri Delaunay et Jules Rimet.

Il y a des centaines de membres de la fédé, de 50 sociétés : 13 de province (dont *les Jeunes Ouvriers de Metz*) et 37 de la Seine (dont *la Foch* -Paris 16e-, qui existe encore et avait une homologue, aujourd'hui disparue, à Gueugnon) et 10 délégations de collèges UGSEL. *L'Avant-garde de Saint-Denis* ouvre le cortège qui se rend ensuite au cimetière Montparnasse, précédant les 72 drapeaux des Unions régionales (il n'en manque pas un) et des sociétés de la Seine.

Derrière le char funèbre, fort simple et sans couronnes, le drapeau fédéral, les représentants officiels, le Comité Central, le Bureau de la Conférence Laennec, les membres des commissions fédérales, des Unions Régionales et les nombreux amis.

La fédération a reçu des centaines de lettres et de télégrammes de condoléances, beaucoup de sociétés et d'Unions (Bordeaux, Grenoble, Le Mans, Lyon, Mont-de-Marsan, Nantes, Pau) font dire des messes à sa mémoire. En décembre 1934, le conseil de Paris donnera son nom à une place du 16e arrondissement, tout près du Parc des Princes. Elle existe toujours.

Les responsables fédéraux ne sont pas du genre à en rester aux thrènes et à la déploration. Ils n'ont pas encore vraiment *tué le père*, mais il n'est plus là, donc la fédé peut grandir. Elle doit grandir… Et les orphelins s'y attellent aussitôt.

Les chantiers sont nombreux, et d'importance très différente, mais, comme l'oiseau, *petit à petit, la fédération fait son nid.* Instruite par le 25e anniversaire, elle rédige, à destination des organisateurs des futurs concours, un *coutumier* récapitulant conseils et consignes quant à tout ce qui fait un concours : repas (à laisser au soin des sociétés), hébergements (le moins possible de grandes unités, qui regroupent les sociétés par colonnes de défilé, et porté à la connaissance des intéressés à leur arrivée, pas avant), questionnaires d'engagement, protocole d'accueil des participants, de la presse et des autorités civiles et religieuses, contrôle des licences (dans les vestiaires ou sur le terrain, et pas à l'arrivée comme le font certains innocents), plan de table du banquet, secrétariat, etc.

Le 22 janvier 1924, sans surprise aucune et à l'unanimité, François Hébrard est nommé nocher officiel du vaisseau fédéral à la place de celui qu'il remplaçait déjà dans les faits depuis deux ans. C'est un grand homme qui succède à un grand homme, un docteur qui succède à un docteur, mais pas dans la même matière. L'Héraultais (né à Lodève le 24 décembre 1877, il a donc 47 ans) élevé par les Jésuites à Montpellier est licencié en droit (Institut catholique) l'année du premier rassemblement fédéral (1898) et docteur quatre ans plus tard, en 1902, obtenant un premier prix pour sa thèse *Sort des biens des associations en cas de dissolution*, sujet prémonitoire et un peu chaud en ces temps de guerre Etat-congrégations catholiques.

L'Institut catholique l'a bien sûr repéré : maître de conférences en 1903, il devient dès 1904 professeur de droit administratif et titulaire d'une chaire de droit civil, et sera doyen en fin de carrière. Il aime les œuvres sociales. C'est lui qui a créé, dès son arrivée à Paris en 1898, le *Patronage d'Auteuil et du Point du Jour*, dont il assure toujours la présidence lors de sa nomination à la tête de la FSCF. Il fondera plus tard un second patronage, *le foyer du 16*^e^, et, lors de son long parcours engagé au sein du catholicisme social, il sera président départemental et membre du comité national de l'association créée en 1886 par Albert de Mun et qui commence alors son virage vers la démocrate chrétienne, l'ACJF, Action catholique de la jeunesse de France.

Il sera également membre de nombreux organismes catholiques de prestige tels que les comités nationaux de la société d'Education et d'Enseignement, de l'union professionnelle de l'Enseignement libre, de la chambre syndicale des Professeurs, de la Fédération nationale catholique, des Amis des étudiants et, on l'oublie souvent, du comité catholique du Cinéma et de la Radio.

Comme Paul Michaux, il n'a pas que la FGSPF dans sa vie, mais elle y tient la plus grande place. Comme Michaux, il est militant actif du catholicisme social. Comme lui, il aime les mots. Il n'a pas le souffle un peu emphatique et les envolées de tribun du Lorrain, mais sa plume est alerte, il possède le sens de la formule et de l'image et il écrit disertement, sans tomber dans le gongorisme de l'époque.

Ses articles de droit, de pédagogie et d'éducation, ses éditos sont attendus avec impatience par les lecteurs de *Les Jeunes*… et autres, puisqu'il collabore régulièrement à plusieurs revues de haut niveau : *La revue d'organisation et de défense religieuse, Le dictionnaire de droit canonique, Le répertoire pratique de droit civil et ecclésiastique, La documentation catholique, Les annales de la Vie Nouvelle, La Réforme sociale* et *l'Echo de Paris.*

Lors de sa présidence, il publiera *Les disciplines de l'action* (1925) et *Soigne ton corps, forme ta volonté (1930)* qui parle de la FGSPF sur 40 pages. Son action lui vaudra d'être nommé en 1936 membre du Conseil supérieur des sports, après avoir obtenu en 1925 la cravate de commandeur de l'ordre de Saint-Sylvestre, le ruban de chevalier de la Légion d'honneur en 1934 et la rosette d'officier en 1948.

Parti sergent sur le front en 14, il en était revenu capitaine avec quatre citations. Dès son accession à la tête de la FGSPF, l'impétrant demande à Foch d'accepter le titre honorifique mais symbolique de président d'honneur. Le maréchal décline cette faveur pourtant insigne, et c'est à son adjoint, le populaire vainqueur du Kaiser à Nancy et en Champagne, le général Edouard de Curières de Castelnau, qui suit lui aussi la fédé de très près, que l'on propose donc le titre, qu'il accepte volontiers.

Les dirigeants nationaux pensent qu'ils ont 25 ans pour mener à bien l'alliciante perspective de rendre la fédé encore plus grande et plus belle, dans un contexte devenu plus difficile (il y a, en vrai ou en projet, une fédération par sport, donc plus de concurrence) et pour organiser en 1948 un 50e anniversaire du feu de Dieu. En fait, ils n'en ont que seize, mais ils ne le savent bien sûr pas.

Pendant ces seize ans, la FGSPF va devenir grandissime, jouer dans tous les domaines un rôle de *leader*, de pionnier ou de modèle, admiré mais tout aussi envié et jalousé, et inventer deux grandes choses dans le triple champ de la responsabilité des dirigeants, du confort des pratiquants et du *sport pour tous les jeunes*.

Elle va faire sienne la devise de l'Espagne, *plus ultra,* toujours au-delà, toujours plus. Toujours plus de sociétés, toujours plus de compétitions régionales et nationales dans toujours plus d'activités, toujours plus de licences et de membres, toujours plus de services, toujours plus d'exigence, toujours plus de qualité, toujours plus de représentativité, toujours plus de reconnaissance par le milieu sportif et les autorités politiques, toujours plus de nouveautés…

Les Jeunes, par exemple, à la fois vitrine (très lus par les fédérations unisports envieuses de l'éclectisme du journal et par le ministère, qui y puise beaucoup d'informations) et moyen de donner aux animateurs des conseils, des nouvelles et des idées leur permettant de toujours mieux accomplir leur mission d'éducateur. Les jeunes lecteurs sont de plus en plus nombreux eux aussi par l'abonnement en masse de sections entières.

Au fil des années, les articles sont de plus en plus diversifiés, dans tous les domaines de l'information, de la formation, de l'éducation (les trois missions fédérales essentielles) mais aussi de la récréation. On y parlera de tout ce qui fait le monde et l'actualité, du Congo, de *la Chine mystérieuse,* de l'électrification des chemins de fer, des *nègres*, de l'exploit d'Alain Gerbault, de l'aviation, des progrès scientifiques et médicaux, de sport, de culture, d'histoire, etc.

Aux côtés de feuilletons-maison (certains en plus de 50 épisodes) les extraits de grands auteurs y sont nombreux : tout le monde ne peut pas s'acheter un livre de Jean Aicard, René Bazin, Henri Bordeaux, François Coppée, Théophile Gauthier ou Edgar Allan Poe… et la fédé a une mission d'éducation populaire à remplir.

Beaucoup d'Unions régionales prennent l'habitude d'envoyer au siège les comptes-rendus des réunions de leur comité directeur et de leur assemblée générale, ainsi que les palmarès de leurs compétitions avec quelques lignes d'ambiance. Chacun peut donc ainsi suivre la vie des plus dynamiques et plus communicantes : Algérie,[53] Anjou, Berry, Bretagne, Dauphiné, Flandre, Haute Normandie, Landes, Loir-et-Cher, Loire et Loire-Inférieure (aujourd'hui Atlantique), Lyonnais, Meuse, Meurthe-et-Moselle (dite Drouot), Oise, Orléanais, Picardie, URPSO (patronages du Sud-Ouest, en fait la seule Gironde), Pyrénées et Vosges. Sans oublier bien sûr les deux qui éclatent de vitalité et fournissent, sauf en gym, la quasi-totalité des animateurs techniques nationaux car ils sont géographiquement proches du siège, la Seine et la Seine-et-Oise.

Quelques jours avant Pâques, on y apprend que, sous l'impulsion du père Julien Dhuit, les jeunes du *patro de Ménilmontant* continuent

[53] Rappelons une fois encore que, jusqu'au début des années 60, la France possède les TOM-DOM d'aujourd'hui, mais va aussi *de Dunkerque à Tamanrasset* (Charles de Gaulle, 13 mai 1958) et même plus bas, en AEF et AOF…

à jouer *la Passion*, dont c'est en 1998 le 66e anniversaire et qui, bien loin désormais du théâtre de patronage du début, est devenue un spectacle professionnel.

Les articles techniques sur le corps, le système nerveux, la fonction locomotrice, l'éducation physique, la technique de chaque sport, la terminologie, les plans d'entraînement par tranches d'âge (8-10 ans, 10-13 ans et plus de 16) et la pédagogie deviennent de plus en plus fréquents… et attendus. Ils ne sont en général pas signés, mais fort utiles aux entraîneurs, moniteurs et responsables, qui n'ont souvent aucun autre moyen de formation et d'information.

Car les animateurs généralistes ne sont évidemment pas oubliés : informations et conseils psychologiques, pédagogiques et juridiques (droits d'auteur, responsabilité civile), rappel des exigences du rôle de l'éducateur FGSPF et mises en garde quant aux conséquences de la non assurance et du non respect des règles de sécurité sont fréquents.

C'est dès janvier 1923 que l'UD Seine se fait taper sur les doigts pour sa pusillanimité en ce domaine : *la ligue d'athlétisme du Berry a décidé de ne plus délivrer de licence sans que la demande ne soit accompagnée d'une fiche médicale. Décision sévère, mais dont il sera intéressant de suivre l'application : chez nous, l'Union de la Seine parle depuis longtemps de cette fiche, mais ne se décide pas à la faire mettre en pratique.* Allez, la Seine, on se jette à l'eau !

Mais rien ne vient, alors la fédération prend le taureau par les cornes, et invente : *comme toujours, notre fédé est à l'avant-garde. Notre fondateur ne nous recommandait-il pas d'être les premiers partout ? A dater du 1er mars 1924, par le seul fait qu'ils auront été inscrits sur les états de contrôles fédéraux, les adhérents de la FGSPF bénéficieront en cas d'accident des avantages correspondant à la catégorie de licences choisie par eux.*

Il y a trois catégories, en place dès le départ et sur lesquelles la licence-assurance du 21e siècle continue à fonctionner : non travailleur (A), travailleur (B, 5 francs d'indemnité journalière) et C, 10 francs par jour). Et les sociétés qui licencient la totalité de leurs membres sont *ipso facto* garanties en responsabilité civile. On n'a rien inventé depuis 1924 !

Mais cette assurance n'est pas obligatoire, et l'opération démarre donc lentement. Alors les responsables nationaux passent au plan B, la publication dans *Les Jeunes* de la longue liste (quasiment une page) des accidents survenus dans les clubs bénéficiaires.

Beau palmarès, un peu surréaliste quand même, que ce concours de plaies, bosses, déchirures, luxations, foulures, contusions et entorses, avec en prime une arcade sourcilière fendue, quatre fractures et un tireur très maladroit à *la Monistrolienne* de Monistrol, sur Loire ou sur Allier, on ne sait pas : *balle de carabine dans cuisse gauche.*

Toutes les fédérations dirigeantes vont bientôt emboîter le pas de la pionnière, reprendre à leur compte cette licence-assurance et même la rendre obligatoire, avec bien moins de scrupules, et des moyens de coercition que ne possèdent ni la FGSPF ni la fédération de 1998.

Lucien Bon, dont les qualités de tous ordres ont éclaté au grand jour lors de l'organisation du monstrueux concours de 1923, dont il a été la cheville ouvrière, et sur lequel les dirigeants en place fondent beaucoup d'espoirs politiques, est nommé au comité central en 1925, mais le destin frappe à nouveau la fédération : ce grand dirigeant décède en juillet 1926, à l'âge de 44 ans.

Il ne verra donc pas non plus la seconde invention fédérale de cette période, qui concerne non plus l'assurance mais l'éducation physique. Au congrès de **1931,** l'UR Midi (Toulouse) avait demandé la création, aux côtés des trois grandes commissions de France existantes (gym, sport et musique), d'une *commission d'éducation physique chargée de surveiller les excès déjà commis en sport et gymnastique par certains moniteurs et par de pauvres êtres qui se croient de futurs champions* et donc suggéré avec insistance que la fédération *crée un programme basé sur les méthodes de Joinville.*

Le congrès refuse la contre-proposition de contrôle proposée par certains techniciens et vote pour une commission spécifique. Le comité central crée donc, le 2 février **1932**, la commission d'éducation physique et de préparation militaire, composée d'éléments des commissions sportive et de gymnastique. Bien joué… La première réunion a lieu le 7 mars, et le groupe se donne pour président le docteur Récamier, multicartes déjà très engagé dans les instances techniques et politiques de l'UD Seine, *une autorité à la fois médicale, sportive et fédérale.*[54]

---

[54] La coupe fédérale senior disputée tous les ans en FSCF porte son nom.

Ses adjoints sont deux autres grosses pointures, les présidents des deux commissions dites de France, Jehan de Cargouët (*Patronage de La Garenne-Colombes*) qui a remplacé Lucien Bon à la tête de la commission sportive, et Gabriel Maucurier, président de la commission de gym depuis le 4 février 1929 à la suite de la démission de Léon Rousselet.

Trois ans plus tard, après avoir rapidement supprimé la mention *et de préparation militaire* (les deux sujets lui semblent trop différents, et donc à dissocier), la commission d'éducation physique propose au congrès de **1936** deux nouveautés déjà testées sur le terrain :

- Une fiche d'éducation physique
- Un certificat d'éducation physique pour les 13-15 ans.

Approuvé. Quatre mois plus tard, le 10 mars 1937, Léo Lagrange crée le Brevet sportif populaire *moyen de conquérir et d'entretenir santé et vigueur* qui vise à remplacer l'épreuve d'éducation physique du *certif* délivré à la fin des études primaires, fixée depuis l'année précédente (1936, donc et Jean Zay) à quatorze ans au lieu de treize.

A dater de ce jour, le docteur Récamier dira, sans amertume et avec un petit sourire en coin : *le BSP n'est que la minimisation de notre certificat. Nous l'avions créé avant.* Exact, même si Léo Lagrange l'avait sans doute en tête depuis quelques années…

Au 31 décembre **1937,** pour la 1re année d'expérience, l'Etat délivre 328 898 BSP (sur 459 330 candidats) dont 102 565 (quasiment un tiers) pour la FGSPF sur les 123 317 qu'elle a présentés.

La préparation militaire n'est pas oubliée pour autant : sur vœu de l'Union Drouot au congrès 1932, une commission spécifique est créée le 7 février 1933. Sa présidence est confiée à Ernest Clauzel, du *Club Athlétique de la Jeunesse Ouvrière* (*CAJO*), qui s'occupe de cette activité depuis 1924 à l'UR Seine, et préside la commission régionale avec efficacité depuis 1931.

La commission de PM accomplira un travail remarquable, interne et externe, en ces temps de furieuse compétition inter-fédérations sur le thème *c'est moi qui prépare le mieux et le plus de candidats* au service militaire… Elle mènera quatre tâches principales :

- Création et suivi du challenge interclubs FGSPF, *la Croix d'Honneur du docteur Michaux*
- Diffusion et commentaires de tous les textes (nombreux et souvent très administratifs) concernant la PM officielle

- Statistiques (3 732 brevetés en 1935, 3 920 en 1936)
- Organisation des deux fédéraux de tir, celui de PM (le plus important) et celui du petit frère, le tir sportif à 12 m.

La guerre brisera l'élan de la PM, mais ne la tuera pas, et la vie continue : le samedi 21 mai **1927**, l'impossible devient réalité sous les yeux de 200 000 Parisiens en transe alertés par la radio. A 22 h 22, sur l'aérodrome du Bourget, un Américain, Charles Augustus Lindbergh, parti de New York, pose son monoplan, le *Spirit of Saint Louis*. La toile et le téméraire ont résisté au vent, à la vitesse (160 km/h) à deux orages dont un magnétique, au givre et à 33 h 30 sans sommeil, donc sans arrêt technique ni pour le pilote ni pour l'appareil.

Quatorze jours plus tôt, les Français Charles Nungesser et François Coli sont partis en sens inverse, avec New-York pour objectif, mais on ne retrouvera jamais *l'Oiseau blanc*, soit écrasé au Canada soit abîmé dans l'Atlantique. Dès son arrivée, Lindbergh demande à rencontrer leurs épouses, ce qui augmente sa popularité déjà énorme.

Un vent de folie souffle sur le monde entier : partout, les gens dansent dans les rues, des inconnus s'embrassent, la presse se remplit d'énormes titres, et Broadway offrira plus tard à son héros la plus gigantesque parade jamais organisée, sous dix-huit tonnes de serpentins et de confettis. Le monde moderne, celui de la technologie, de la vitesse, est né ce soir là, 21 mai 1927.

Il faudra attendre trois ans, donc 1930, pour que deux autres téméraires (les Français marchent par paires…) Dieudonné Costes et Maurice Bellonte réussissent, sur le *Point d'interrogation*, dont le nom même dit bien que ce n'était pas gagné d'avance, ce Paris-New York qui fait rêver tous les pilotes et les aventuriers de France, de Navarre et d'ailleurs.

Le 18 novembre 1928, New-York est tout excité : le second film d'animation sonorisé, *Steamboat Willy,* dont l'héroïne est une souris mâle dénommée Mickey, fait un triomphe auprès du public et de la presse, dithyrambiques à l'égard du créateur, Walt Disney.

Deux ans plus tard, les 12 et 13 mai 1930, à bord de l'hydravion Laté 28-3 baptisé *Comte de Lavaux*, Jean Mermoz apporte 130 kilos de courrier européen de Saint-Louis-du-Sénégal à Natal (Brésil) en 21 petites heures. Il y a donc désormais une liaison commerciale entre Afrique-Europe et les Amériques.

Revenons sur terre et à la fédération. Le tir et la PM ne sont pas les seules activités à y naître dans ces *années* dites *folles*. De nouveaux championnats rejoignent athlétisme (et tir à la corde), basket, cross, foot, gym et musique. Ce sont la natation (1924 : 22 nageurs, dont dix-huit Parisiens), l'escrime (1926), le pentathlon (1935), le ski (1936), le tennis (1936), et les éphémères hockey en salle et pelote basque (1923 et 1924).

Le grand krach américain de 1929, qui plonge le monde dans la récession et la misère, n'arrête pas le mouvement. *Les Jeunes* parlent beaucoup de cinéma qui, le 6 octobre, confirme le et ses progrès : il parle, avec *le chanteur de jazz.* Il y a des pages entières de catalogues de films recommandés et de pubs pour matériel de projection (dont les merveilleux Pathé-Rural –à l'évidence Pathé de campagne- et Pathé Baby qui font des miracles) ainsi que sièges et fauteuils pour les salles paroissiales, de plus en plus nombreuses.

On ne dira jamais assez le rôle essentiel joué par les patronages dans le développement du cinéma, d'abord ignoré, puis anathèmisé avant d'être largement utilisé pour attirer *même les rouges les plus endurcis* et leur parler de Qui de droit : *on comptait environ 2 000 salles catholiques en France en* 1935.[55]

Les Jeunes parlent aussi de colonies de vacances, presque toutes les paroisses ayant les leurs, qui ne dépendent pas de la fédé car affiliées à la très catholique *Union nationale des colonies de vacances et des œuvres de grand air (UNCV)* née en 1907, avec laquelle la FGSPF refuse d'entrer en concurrence, recommandant au contraire ses stages aux directeurs de sociétés.

Mais la reine, bien sûr, reste la gymnastique, qui a déjà en tête le cinquantenaire de 1948, et qui, sur mission politique implicite, dit oui aux grandes villes qui se livrent à un concours de gigantisme :

- **1926,** Epinal : 220 sociétés (dont plusieurs Belges, catholiques, bien sûr), 10 000 gymnastes et musiciens
- **1927,** Rouen : 300 pour 12 000 participants.
- **1928**, Verdun : 10 000 gyms et musiciens

[55] Michel Lagrée, *Les patronages et le développement du cinéma*, actes du colloque de Brest (1998), Centre de recherche bretonne et celtique, Brest 1999.

- **1930,** Alger : fédéral politique (centenaire de l'invasion de l'Algérie par l'expansionniste France) pour encourager l'Union FGSPF et montrer la puissance de la fédération à la France de l'autre côté de la Méditerranée : trois bateaux spéciaux de Marseille pour 80 sociétés, 500 musiciens et 2 000 gymnastes de tout le territoire (Landes, Lyonnais, Ouest, Paris et *l'Alsace-Lorraine reconnaissante*). Douze ans après, la fédé fait réciter par ses troupes métropolitaines des prières patriotico-politico-catholiques *pour les 306 000 morts de la guerre, dont de si nombreux Algériens.* La logistique de l'Armée assure hébergement et repas.
- **1931,** Vannes : 156 pour 8 000. Le lyrique sous-secrétaire d'Etat à l'éducation physique, qui a fait le déplacement, déclare aux gymnastes impeccablement alignés sur le stade : *vous êtes la sève qui monte dans le vieux chêne français*
- **1932,** Nice (attention, ça décoiffe) : 422 sociétés de gym, 524 sections, plus de 500 juges, 15 000 acteurs, **plus** 180 musiques (4 000 exécutants), **plus** trois fédéraux qui se joignent à la gym **:** 145 nageurs (43 sociétés) 620 tireurs (105 sociétés) et 37 chorales pour le premier concours de chant qu'onques l'on organisa en fédération.[56]

Depuis le mois de mars, il y a dans chaque numéro de *Les Jeunes,* semaine après semaine, de deux à quatre pleines pages de sensibilisation sur les prix, les horaires, le tourisme, l'histoire de la ville. Il y a même un super poème en alexandrins d'Edward Montier, *Aux gymnastes chrétiens en partance pour Nice-la-Victoire*, qui se termine par un baudelairien (ou est-ce hugolien ?) *Passez, les ostensoirs, et toi, Nice, applaudis.*

Le concours est placé sous le haut patronage de M. Paul Doumer (président de la République), François Jourdan-Pietri (ministre de la Défense nationale), André Tardieu (président du Conseil), Son Excellence Mgr Maglione (nonce apostolique), Jules Rimet (président du Comité national des sports) et, Foch étant décédé en 1929, d'un trio de maréchaux : Franchet d'Esperey, Lyautey et Pétain. On se sent protégé, non ?

---

[56] Vainqueur : *la Joyeuse Union d'Oran,* mention très bien. La vérité si je mens !

Il y a également le président d'honneur de la FGSPF, fidèle parmi les fidèles, *le sauveur de Nancy,* le général de Castelnau, qui, malgré ses exploits de 1915-1916 et l'amitié de Foch qui en fit son adjoint, payera très cher ses engagements chrétiens (les nombreux francs-maçons et anticléricaux de la IIIe République ne lui permettront jamais d'obtenir le bâton de maréchal) et les deux incontournables personnalités locales, Mgr Remond et Jean Médecin.

Lors du festival, ils se mettent à 4 997[57] pour écrire FGSPF en lettres de 70 m de haut sur 27 m de large. Mais la monstruosité de l'organisation a un avantage : elle calme tout le monde, c'est la fin de la course à l'échalote…sauf pour les parisiens, dont la ville accueille de nouveau l'Exposition universelle en 1937. Tiens, tiens… et si on refaisait tout de suite le coup de 1923, au lieu d'attendre 1948 et le 40e anniversaire ? Il suffit de demander !

- **1937**, Paris : c'est reparti comme en 14, pardon, comme en 23. Il y a 900 sections et 25 000 gymnastes, dont 2 000 étrangers, plus 6 000 musiciens. Le Parc des Princes, qui fête ses 40 ans, suffit à peine pour abriter les 31 000 participants à la messe, à la fête de nuit, au festival et aux concours.

Mais il y a quand même un os pour la FGSPF à l'occasion de cette *exposition inaugurée dans les plâtras et les grèves. Dès le samedi* (10 juillet), *une mauvaise nouvelle se propageait parmi les officiels : le Ministère de l'Intérieur interdisait le défilé de nos sociétés de l'Arc de Triomphe aux concours, ce qui nous privait non seulement d'un excellent moyen de propagande en faveur des fêtes de l'après-midi, mais refusait à des milliers de jeunes Français le droit de s'incliner devant celui dont beaucoup auraient à renouveler le suprême sacrifice peu de temps après.*[58]

Et dire que, sept ans auparavant, lors du congrès, les élus se félicitaient des relations apaisées avec les autorités politiques et des 120 000 F de subvention (sur un budget de 570 000). La différence avec 1930 a un nom : *le Front populaire*, dont aucun représentant ne montrera bien sûr le bout de son nez lors de la manifestation.

---

[57] Il a dû y avoir 3 retardataires, ou 3 malades…(NDLR).

[58] *Les Jeunes*, 1er mai 1948.

Leur silence relatif le prouve, les responsables sont très déçus de ce qu'ils considèrent, à tort, comme un échec : avec 300 000 membres de plus qu'en 1923, ils pensaient faire mieux, nettement mieux. Mais il y a eu *le climat social, les difficultés économiques, la crise hôtelière, les grèves brusquement déclenchées...*[59] Allez, on oublie, et cap sur les 50 ans, en 1948.

Amis lecteurs, j'ai une idée : si on allait voir les filles ? Dans les établissements privés, elles sont de plus en plus nombreuses à agiter leurs gambettes sous l'œil éducatif des moniteurs FGSPF et celui, un peu plus sourcilleux, des directrices d'établissement et des filles de la Charité sous leur cornette : *courez, les filles, courez, vous penserez moins aux garçons !*

Elles sont indépendantes de la fédération masculine, n'ont toujours pas d'organisme légal de rattachement mais des noms qui varient au fil des années, et leur liberté n'est que relative : elles sont sous surveillance, donc d'une discrétion et d'une modestie de violettes dans leurs tenues sportives (robes longues, bas et grosses chaussures montantes) pour que l'œil des garçons ne pétille pas trop lors de leur rassemblement annuel du Raincy.

Les effectifs progressent pourtant : deux sociétés en **1921**, dix en **1924**, année où, le 17 mai, pour montrer aux filles les émotions que procure le sport et aux garçons ce que peuvent faire les filles, la folle aviatrice acrobate des Andes, Adrienne Bolland, exécute le 27 mai 212 loopings à la file en 1 h 13. *Arrête, Adrienne, je veux descendre, j'ai mal au cœur !* On la félicite, elle est furieuse. Elle voulait battre le record masculin (1111), mais les haubans de son appareil ont lâché : comme d'habitude, on ne lui confie que des avions pourris, les bons sont pour les garçons. L'égalité hommes-femmes n'est pas à l'ordre du jour ! La pauvre Adrienne ne se doutait pas qu'il faudrait attendre 1980 pour qu'une femme (Marguerite Yourcenar) soit admise à l'Académie française…

Le 1er juillet **1928**, le concours du RSF accueille 16 sociétés, regroupant le chiffre symbolique de 500 participantes. **1931** : il y a 80 clubs (90% Ile-de- France), des règlements, une méthode (quelque peu militaire, il faut le confesser) et un esprit, analogue à celui de la

---

[59]*La semaine religieuse de Paris*, citée par Fabien Groeninger, *La FGSPF, de l'apogée à la remise en question (1914-1950)* L'Harmattan 2004.

FGSPF. Le 5 juillet, devant 800 filles de 20 sociétés, c'est fait enfin : comme les garçons, elles ont désormais un drapeau fédéral, remis en jeu chaque année, et un nom, donné par le père Crapez, biographe de Catherine Labouré : *le Rayon sportif féminin,* RSF

Plusieurs rayons lumineux jaillissaient des mains de la Vierge lors de son apparition à Catherine, comme on le voit sur la médaille portée depuis par des millions de catholiques, et le père Crapez veut montrer que le sport féminin catholique est l'un de ces rayons...

Mgr Courbe, secrétaire général de l'Action catholique, demande que l'œuvre essaime en province et s'ouvre à d'autres patronages que ceux des filles de la Charité, qui regroupent, en Ile-de-France, 13 000 enfants et jeunes filles. Deux ans plus tard, **en 1929**, la Fédération des patronages catholiques de jeunes filles de France, inventée par la FGSPF, disparaît au profit du RSF, 100% féminin.

En **1934,** il y a 36 sociétés, dont Amiens, Dijon, Fécamp, Le Mans, Liancourt, Melun et Montluçon, plus Reims et Rouen en **1935**. Le 15 octobre **1937**, l'organisme se dote de son propre bulletin, un mensuel habilement dénommé *Le Rayon sportif féminin*. Deux ans plus tard, le 2 juillet **1939,** le RSF, qui a affilié en janvier sa 500e société, fête au Parc Saint Maur ses 20 ans avec... 5 000 jeunes filles.[60]

Qui pourrait arrêter le mouvement ? L'Eglise de France joue à fond le jeu de l'éducation de la jeunesse : patronages masculins et féminins et naissance de l'action catholique spécialisée, JOC et JOCF (1926 et 28), JEC, JECF et JAC (1929), JACF (1935), *qu'importe le flacon, pourvu qu'on ait l'ivresse* ... de l'éducation.

Revenons aux garçons : depuis l'origine, il y a plus de 30 ans, leurs patronages bénéficient *de centaines de permanents-animateurs mis à disposition* gratis pro Deo *par l'Eglise de France : aumôniers, certes, mais aussi trésoriers, secrétaires, présidents, à l'occasion bricoleurs, arbitres, joueurs, balayeurs, présents jouer et nuit, décidant de tout, vicaires et aumôniers tinrent les patros à bout de bras.*

La quête dominicale allait dans les trois poches de la soutane : la paroisse, la colo, le patro. Pas de projet de budget, pas de bilan, pas de comptes à rendre, sauf au curé de la paroisse. Quand une poche

[60] Dates et chiffres tirés de *Le Rayon Sportif Féminin*, de Martine Mathieu (mémoire de maîtrise, 1984).

était vide, on puisait dans celle d'à côté, et le (bon) tour était joué... Que le Père, le fisc et le Saint Esprit leur pardonnent ![61]

Ce qui s'avèrera hélas n'être qu'un entre-deux-guerres constitue indubitablement l'acmé de la juvénile fédération. A partir du fabuleux concours de 1923, qui lui a conféré une réputation et un prestige qui lui attirent affiliations et jalousies, la FGSPF progresse dans tous les domaines, mais pas n'importe comment : ses responsables gardent toujours en tête, parfois contre vents et marées, le sens de l'éducation, celui de l'équipe, celui des plus pauvres et du progresser ensemble.

Ils ressassent sans cesse dans *Les Jeunes* le message spécifique de la FGSPF. Dès qu'ils décèlent un besoin, ils y répondent, et ils mettent en œuvre rapidement et efficacement les décisions non techniques des congrès (qui sont du ressort des commissions de France) à la suite des très nombreux vœux émis par les Unions (plus de 30 certaines années) discutés et votés en assemblée générale.

Les Jeunes et le magasin font l'objet de soins constants. Malgré ses 20 pages hebdomadaires remplies d'une foule d'informations et d'articles sur tous les sujets, de contes et de comptes... rendus, de résultats, d'articles de fond, d'histoires édifiantes et d'Histoire, malgré ses maximes éducatives tirées du dictionnaire des citations si attendues encore dans les années 70 et reproduites dans les bulletins d'Unions, le magazine est critiqué tous les ans au congrès, qui le fera changer deux fois de formule. Redevenu journal (pour faire plus sérieux ?) le 7 février 1937, il bouleverse à nouveau son contenu le 1er janvier 1939 pour devenir un journal de masse.

Comme au tout début avec les deniers personnels de Michaux, la fédé met à la disposition de petites sociétés de province sans moyens ou sans grande ville proche une liste impressionnante de matériel et d'équipements disponibles en son magasin.

Il y en a régulièrement dans *Les Jeunes* des pages entières pour la gym, bien sûr (parallèles à hauteur et largeur variable, barre fixe frêne cœur en acier pour l'entraînement, en acier pour les championnats, cheval de bois nu, toile ou cuir) mais aussi pour le basket et le foot (peu ou prou les mêmes équipements, des bas aux maillots en passant par slips, chaussures et ballons, avec les accessoires indispensables,

---

[61] JM Jouaret, *petite histoire partielle et partiale de la FSCF* (2005), page 129. En vente au siège de la fédération.

vessies et pompes, graisse, passe-lacets) la musique (presque tous les instruments), plus des perches (en frêne ou en bambou), des javelots, des chronomètres, etc.

Ce service de vente d'articles par correspondance ne survivra pas à la floraison des boutiques de quartier et des grandes surfaces spécialisées dans le matériel sportif (pour acheter un short ou une paire de chaussures, c'est quand même plus pratique de les essayer...) mais résistera jusqu'à nos jours sous le même sigle FGSPF, devenu fournitures générales sportives des patronages de France. Malin !

Le comité central sait bien que, pour que la fédé prospère, il lui faut une armée de cadres techniques bénévoles. Alors il chouchoute les membres des sociétés et des commissions, il les surprend, les forme, les soutient et les récompense :

- Elle crée dès **1924**, lors du congrès, trois catégories de récompenses (médailles et insignes de bronze, argent et or, pour 15, 20 et 25 ans de présence) pour ses animateurs, *ses vieux gymnastes, ses vieux sportifs et ses vieux moniteurs.* Ces récompenses fédérales sont toujours en usage aujourd'hui.
- Pour exalter le moral des troupes, elle lance au congrès de **1928** un concours pour *l'écriture d'un poème de 3 strophes et d'un refrain en vers ne dépassant pas 8 pieds et représentant l'esprit de la fédération au triple point de vue sportif, patriotique et religieux.* Au congrès **1929**, François Hébrard lit le poème du lauréat, le père Bellouard, *Le salut de l'athlète,* et ouvre le concours pour sa mise en musique.

Le congrès de **1930** choisit l'un des airs martiaux anonymement proposés, et le vainqueur est... Gabriel Defrance, président de la commission de France de musique. *Les Jeunes* du 27 mars **1932** publient paroles et musique de cet hymne à la mémoire du docteur Michaux, et c'est parti pour des générations d'anciens et même de gamines hurlant le chant fédéral... un peu adouci au bout de quelques années, le *Dieu nous voit lutter dans l'arène, La France applaudit nos combats* du chant du départ ayant été remplacé par un moins catholique *Nous voici debout dans l'arène, O France applaudis nos combats, La voix des grands morts nous entraîne, Et la fédé guide nos pas...* C'est vrai que ça ravigote !

- Parce qu'ils savent bien que, au-delà du message spécifique et de l'absolue nécessité d'être originale, la fédé ne peut exister sans les activités, socle et cœur de son action et de sa vie, les responsables nationaux ne se contentent pas d'en créer de nouvelles. Lors des championnats fédéraux, ils font, via les commissions techniques, des expériences et des mélanges à but pédagogique ou utilitaire : gym et natation à l'île Saint-Germain en **1926**, gym et athlétisme à Jean Bouin en **1930,** gym, chant, tir et natation à Nice en **1932,** basket et football ensemble en **1931** et **1935...**

La pratique conjointe et successive dans la saison de l'athlétisme et de la gym, ou de l'athlétisme et d'un sport collectif, est très vivement conseillée. Ainsi Gabriel Maucurier, pape incontesté et très écouté de la gym, recommande fortement le chant choral *pour le développement des organes pulmonaires.* De toute façon, on l'a vu, les gymnastes connaissent par cœur *le Credo*, le *Tantum ergo* et le *Veni Creator,* ils les chantent ou les hurlent à chaque concours lors de la messe.

- Mais la grande nouveauté, c'est la formation des capitaines d'équipes et des moniteurs. Il y a belle lurette que la très vivante UD Seine-et-Oise le fait : depuis 1924, elle a déjà décerné 33 diplômes de moniteurs, mais tous de Paris et région. En 1925, la Touraine l'imite, et réunit 60 jeunes capitaines issus de sept des 18 sociétés du département.

  La commission de France décentralise la formation des moniteurs de gym en **1929** à Strasbourg, puis en **1930** à Royan, alternance ensuite toujours respectée. Il y a quinze reçus sur seize candidats, et le premier des 2 000 diplômés fédéraux doit partager le titre, car il y a deux ex-æquo avec 17,75 sur 20 et donc mention très bien : gloire aux pionniers Gabriel Braud *(La Durandal de Thouars)* et Georges Dugourd *(La Jeanne d'Arc de Dijon).*
- Au fil du temps, viendront les formations décentralisées des officiels (basket et foot) et nationales de moniteurs sportifs (1935 : 21 classés sur 31 candidats), de moniteurs de natation (1939) et en 1937 celle des moniteurs UGSEL, qui en profitera pour prendre assez vite son indépendance, comme toute fille s'estimant assez grande pour affronter seule la vie et quitter le les jupes de sa vieille maman.
- Sur le plan international aussi, la fédé brille, et pas seulement par ses résultats Le 26 avril **1931**, elle verrouille l'UIOCEP et ses huit pays membres, dont l'Allemagne (DJK) entrée en

1927 : Thibaudeau conserve le poste de secrétaire général-trésorier, et François Hébrard est élu président.

- Les sélections fédérales (il ne s'agit plus de clubs) s'offrent en effet les joies, un peu surprenantes parfois, des échanges internationaux lors des championnats UIOCEP : Prague en 1929 (pain et patates, tous les deux à l'anis, ont du mal à passer), Anvers en 1930, Vienne (choix éminemment politique du bureau UIOCEP) en 1936 et Liège en 1939. En gym, c'est la MAAF (Muscle, Acrobatie, Agrès, Force) entre quatre ou cinq nations *et à la fin c'est un Français qui gagne, mais je l'aurai, un jour, je l'aurai.* Croix de bois, croix de fer, si je mens je vais en enfer. Idem en basket et même en water-polo (*Championnet Sports).* En athlétisme, c'est beaucoup plus dur.

Encouragées par la fédé, des sociétés de gym, de basket et de foot ainsi que des sélections départementales et régionales participent elles aussi à des rencontres internationales amicales.

Le congrès de 1933 veut légiférer pour mettre fin à l'anarchie. *Reconnaissons que, pour certains de nos patros, le choix du costume n'a pas toujours été très heureux : tel avec bas rouges, pantalon blanc, ceinture bleue, maillot noir ou bariolé, tel autre avec un collant un peu trop collant ne dissimulant pas assez ou pas du tout les formes anatomiques des gymnastes, tel autre tout en noir, tel autre tout en blanc... L'unification du costume s'impose.*

Mais il y a dans la salle des opposants virulents, soit pour des raisons financières, soit par peur de passer pour une jeunesse embrigadée comme au Japon, en Allemagne ou en Italie. Décision reportée. **1934** : Armand Girodit, moniteur général, revient à la charge au nom de l'esprit de corps, de l'amélioration du spectacle sur le stade et donc de la publicité pour la FGSPF. Après discussions, on passe au vote de la tenue imposée : sokol blanc, maillot blanc sans manches, ceinture en tissu élastique et 2 écussons aux couleurs de la société, un sur le maillot côté gauche, l'autre sur le béret, noir. Adopté malgré 3 voix contre, le Midi (Toulouse), la Loire-Inférieure et l'Orléanais.

France, **1932** : les Français (et les Françaises, dont l'active participation est indispensable pour cet exercice) ne font pas assez de bébés, alors, le 11 mars, par la loi Landry, le gouvernement de Pierre Laval crée le principe d'un sursalaire familial pour tous les salariés de l'industrie et du commerce ayant au moins 2 enfants. Les Allocations familiales, payées par l'employeur, sont nées.

1936 va devenir dans l'Histoire une année référence, et très agitée, avec l'élection puis les décisions prises par le Front populaire, notamment la *loi du 21 juin instituant la semaine de 40 heures*[62] *dans les établissements industriels et commerciaux et fixant la durée du travail dans les mines souterraines.* En clair, 40 heures, cela signifie la libération du samedi. Le week-end oisif, plus les deux semaines de congés payés qui vont avec, cette énorme avancée sociale concerne forcément les patronages et la FGSPF. Que dit celle-ci de cette actualité ? Petit voyage au fil des pages de *Les Jeunes* :

- Dans chacun des trois premiers numéros, une page entière sur *la détermination de la qualité de Français d'après la loi du 10 août 1927*, question qui se pose pour les jeunes nés en France de parents étrangers. Rien de nouveau aujourd'hui, la question agite toujours la Société française
- **Jeunes de France,** *film d'actualités (1935) présentées par MM. Thibaudeau et Hébrard, sonore parlant (éditions spéciales muettes), format standard et Pathé Rural, plus programme de gymnastique pupilles et adultes commenté par M. Maucurier.* La première aura lieu le 29 janvier à la Mutualité, en même temps que deux inoubliables films grand public aujourd'hui encore ancrés dans toutes les mémoires, *Tempête* et *La plage aux guérisons merveilleuses*.
- Dans chaque numéro, des pubs pour une merveille de la technologie moderne (*la première machine à écrire portative, vraiment parfaite, triomphe de l'industrie Suisse : 3,5 kg avec coffret en acier)* et tout ce que propose la fédé : matériel sportif, imperméables, cirés, pèlerines, vestes, costumes gym et musiciens imposés par le congrès 1934, jeux de plein air (manège, escarpolette simple et multiple, Spiro ballon, jeux de boule), médailles et affiches (dix thèmes, dont théâtre, cinéma et *la fédé).*

[62] Et puis quoi encore ? Alors, un jour, la semaine de 35 heures, tout le monde au patro les soirs de semaine et à la plage l'été ? Et pourquoi pas cinq semaines de congés payés, pendant qu'on y est ? NDLR

- Toutes ces friandises sont en vente soit au service des achats du siège, soit en ses succursales de Lille (UD Flandre), Metz (UJLL) ou chez MM. Paul Idoux (AGR Strasbourg), Nocella (Montpellier) et Raimondi (Grenoble).
- Pour les patronnés qui visitent Paris pour affaires ou en touristes, les tarifs spéciaux consentis par l'hôtel Olympic à Saint-Lazare et la Maison de la famille catholique (les Halles) qui propose aussi des *repas complets pour hommes à 4,75 F* (programme gym et musique : 10 F, donc l'équivalent de deux repas, service compris)
- Des nouvelles de la loterie fédérale, réautorisée tous les ans au profit des colonies de vacances FGSPF (tiens, tiens, elle en organise ? Et le pacte de non-agression avec l'UFCV ?) depuis le 7 février 1934 : dès 1936, les 500 000 billets mis en vente seront insuffisants, il faudra en retirer 200 000.
- La loterie est dotée de 100 lots, dont les quatre premiers sont superbes : une Renault Celta quatre *(la plus confortable pour transporter 5 personnes)* gagnée par *la Jeanne d'Arc de Montreuil-sur-Mer*, une chambre à coucher en ronce de noyer verni (qui partira en Alsace), une salle à manger en noyer massif *(Chatou)* et une motocyclette *(Draveil)*.[63]

En mai, enfin, l'édito, signé Senior II, inquiet à cause du conflit entre Hitler *(par personne interposée)* et le chancelier autrichien Dollfuss alors que le concours UIOCEP de Vienne approche, puis *elle est finie, la bataille des élections. On peut espérer que les esprits vont se calmer, et que le bon travail de fond va pouvoir commencer.*

Allez savoir s'il parle vie fédérale ou, pour une fois (à la notable exception du problème de la nationalité) ou vie sociale… Et voici la loi du 21 juin. Les Jeunes vont-ils commenter, et en quels termes, ces mesures imposées par les socialistes ?

Oui, ils en parlent, et presque immédiatement, en juillet, dans un énorme placard (1/2 page) qui avertit : *en raison des nouvelles lois sociales, nos fournisseurs sont complètement fermés du 2 au 16 août*

[63] Pour la petite histoire, dont vous êtes friands, petits gourmands : la campagne suivante (1937) va démarrer non pas en janvier, mais en octobre. La présidence de la République a égaré le dossier de demande d'autorisation ! Mais pour 1 million de francs de recette, ça vaut le coup de fournir le double en catastrophe, non ?

pour accorder des vacances à leur personnel. Le service des achats sera donc dans l'impossibilité délivrer les commandes qui lui parviendront pendant cette période. Voilà un avis qui a une belle tête de litote, vous ne trouvez pas ? Personnellement, j'ai du mal à discerner l'enthousiasme délirant du rédacteur…

Trois mois plus tard, le 25 octobre, c'est F.K. (pseudo du docteur Mayet) qui se colle enfin à l'explication du lourd silence du journal et de la fédé. Il le fait dans sa présentation du congrès, avec bien sûr les sempiternels arguments qui furent ceux du milieu sportif jusqu'aux boycotts des Jeux de 1980 et 1984, qui ouvrirent les yeux angéliques de beaucoup de dirigeants : *Nous demeurons toujours en dehors de la politique, et des partis. Tels nous avons été pendant 35 ans, tels nous resterons. C'est notre sagesse, et notre puissance. Mais la fédération se meut au milieu de circonstances extérieures.*

On comprendra dès lors l'importance des trois questions de l'ordre du jour : les loisirs *(*devenus si importants qu'ils *ont leur Ministère !),* la culture physique et les sports ; l'éducation physique et les lois nouvelles ou en préparation ; la PM, bientôt obligatoire à 18 ans. *Les heures historiques que nous traversons nous font un devoir,* ***dans le périmètre de notre action,*** *d'être plus que jamais à la tâche.*

Cette année 1936 est très agitée, et pas seulement à cause des jeux Olympiques aussi grandioses qu'inquiétants que le nain dont la petite moustache et la mèche font déjà *führer* met en scène à Berlin avec la complicité du Comité international olympique. La France connait mouvements sociaux et grèves, mais cela a commencé en 1934, et c'est ce qui a porté le Front populaire au pouvoir.

En cette première année de congés payés, seulement 5% des Français partent en vacances, par manque d'habitude et de moyens financiers. En juin, la fédé se réjouit de la bonne nouvelle de l'année : le tiers de l'équipe de France de gym sélectionnée pour les Jeux est FGSPF : bravo à Robert Hérold, *Constantia Strasbourg* et Antoine Schlindwein, *Nicolaïte de Chaillot.*

Le siège fédéral reçoit aussi quatre lettres officielles, deux bonnes, et deux coups de règle sur les doigts :

- Répondant à un courrier de la fédé inquiète, le ministère de la Santé rassure : *les membres des sociétés FGSPF détenteurs de véhicules industriels qui ne consentent plus à les prêter pour le transport des équipes sportives ont tort : les lois d'avril 1934 et de février 1935 ne s'appliquent pas à eux s'ils le font à titre gratuit,* ce que confirme quelques jours plus tard le *Conseiller d'Etat, Directeur Général des Chemins de Fer et des Routes*

- Le même ministère de la Santé publique et de l'Education physique tonne en revanche parce que (vous n'allez pas le croire) *une société de Metz a reçu une société de Stuttgart sans en informer ni le service central d'Alsace et de Lorraine à Paris, ni le préfet de la Moselle. Vous voudrez bien m'adresser désormais en début de saison la liste des sociétés concernées.* Quelques jours plus tard, la chose est confirmée par une lettre, *signée illisible, Pour le Ministre des Affaires Etrangères, le Ministre Plénipotentiaire Directeur des Affaires Politiques et Commerciales.* Bigre !
  Je ne veux surtout pas cafter, mais *le Club sportif messin* exagère, vous ne trouvez pas ? Ne souriez pas : quarante ans après, en 1975, les clubs devaient encore demander au comité central, qui statuait au coup par coup, la permission de se rendre à l'étranger pour y rencontrer un club local…

Le 21 décembre **1937**, neuf ans après Mickey, les studios Walt Disney projettent à Los Angeles le premier long métrage d'animation en couleur doté d'une bande-son. Le titre ? Blanche-Neige : *un jour, mon prince viendra…* Le cinéma, extraordinaire invention française, va désormais briser l'isolement de beaucoup et leur apporter détente et culture partout dans le monde.

Fin 1938, la fédé a 40 ans. Ses quatre piliers de départ, l'éducation physique, *les bonnes œuvres*, la religion et la patrie, sont encore très présents dans sa gouvernance et ses activités :

- Elle a trouvé dans le Brevet sportif populaire non seulement une occasion supplémentaire de faire pratiquer une activité physique à ceux que la gym rebute ou n'intéresse pas, mais aussi de prouver aux pouvoirs publics qu'elle est aussi utile à la nation qu'une chrysope verte ou aux yeux d'or dans un jardin… et que les autres fédérations !
- Bonnes œuvres, santé, patriotisme et religion font toujours bon ménage en son sein : en **1925,** sur 22 membres au comité central, il y a cinq **de**, deux colonels, un général et un médecin, le très influent docteur Mayet. Treize des 55 Unions régionales sont présidées par un militaire de haut rang (dont quatre

généraux), 17 par un **de** (dont deux barons, un vicomte et un comte), trois par un médecin et une, la Loire-Inférieure, par un clerc, le chanoine Ménard.

Un seul abbé, cela paraît peu, mais ses collègues sont présents partout, même dans les commissions techniques, et très écoutés. L'appui des autorités ecclésiastiques est constamment recherché, même s'il faut y mettre des formes très protocolaires : pas un Mgr dont le nom ne soit précédé de *Sa Grandeur*…

A l'étage au dessus, c'est pire encore : *assimilables qu'ils sont aux Princes de sang, les éminentissimes cardinaux doivent avoir en toute circonstance la préséance sur tous, à l'exception des Souverains et des Princes Héréditaires* (Sacrée Congrégation, dite *la Cérémoniale*, 17 novembre 1930). A l'évidence, la modestie n'était pas alors pour les cardinaux une vertu cardinale, et il faudra attendre Vatican II, en 1965, pour voir abolies ces règles de pompe et de majesté qui avaient de plus en plus de mal à passer.

François Hébrard et Armand Thibaudeau rendent visite, en octobre **1925**, à Pie XI, ce qui vaudra le mois suivant au président le grade de commandeur de l'ordre de Saint-Sylvestre, et aux congressistes la lecture par le tout frais *milicien doré* de *la spéciale bénédiction apostolique que Sa Sainteté a daigné nous faire adresser avec sa toute paternelle bienveillance.*

Dans tous les concours de gym et de musique, partout, il y a, en plus du représentant des pouvoirs publics, un évêque et un général. Et si ces marques d'affection et d'intérêt émanent plus souvent du grand ministère de la Guerre que du minuscule sous-secrétariat aux Sports, ce n'est pas, on l'a dit, un hasard.

Persécutée au temps de la séparation de l'Eglise et de l'Etat, la fédération est devenue une force que ce dernier est obligé, *nolens volens*, d'encourager comme elle le fait depuis toujours pour l'USGF. En fait, ce ne sont pas les gymnastes des deux fédérations que les pouvoirs publics honorent de leur présence, ce sont ces soldats ou futurs soldats dont ils ont besoin et dont ils viennent encourager et remercier les responsables : près de 4 000 brevetés de préparation militaire tous les ans sur 18 500 (5 306 sur 25 700 en 1937) ce n'est pas rien, quand même…

Aucun organisme ne fait mieux, en tout cas. Consciemment ou pas, les autorités fédérales jouent ce jeu. Vous connaissez beaucoup d'autres fédérations qui, pour illustrer le compte-rendu de ses concours dans son magazine, publie dans quasiment chaque numéro la photo non pas des gymnastes ou des musiciens, mais d'une tribune officielle constellée d'uniformes militaires et religieux, d'évêques et de généraux ?

Sans parler du 8 mai, où la FGSPF est très présente et très en vue depuis 1904 ou 1905 (donc bien avant la décision étatique de célébration officielle du 24 juin 1920) par volonté politique de ses élus. En plus de son culte à la patriote catholique, elle possède sur toutes les autres fédérations un double avantage dont elle ne se sert hélas pratiquement que ce jour-là et le 11 novembre : des gyms pour défiler, et des musiques pour leur donner le rythme puis jouer les sonneries protocolaires officielles. Et en plus, si besoin, il y a un aumônier pour dire une petite prière. La totale !

Ses clubs se couvrent de gloire en athlétisme, en basket *(Alfortville, Championnet, Graffenstaden)* et en football. Après *l'Arago d'Orléans* en 1910, c'est *l'Escouade Versaillaise* qui remporte le challenge de *l'Auto* du meilleur club de l'année 1937.

Fin août 1939, la FGSPF est clairement devenue une grande puissance du sport français. Les chiffres sont aveuglants :

- **En 1925,** elle recensait 2 093 sociétés, 61 600 licenciés (moins 6 000) et 55 Unions régionales qui avaient proposé 37 concours officiels de gym et musique, 37 championnats de foot, 28 d'athlétisme, 20 de cross et dix de basket. *Les Jeunes* tiraient à 7 000 exemplaires (contre 10 700 aux *Jeunes* édition Alsace... Désespérant pour le siège !). Estimation du nombre d'adhérents des sociétés : 300 000.
- **En 1932**, elle recense 59 Unions (dont 49 présentes au congrès), 2 755 sociétés[64] et 76 254 licences (+ 4 225), dont un tiers (23 643) avec assurance. Il y a eu 180 concours et festivals départementaux et régionaux de gym et de musique, 42 épreuves de foot, 41 de basket et autant d'athlétisme, 25 de cross, 22 de tir, 9 de tennis et cinq de natation. Nombre estimé

[64] Dont *Les Blue Birds de Morne-à-l'Eau* (Guadeloupe), dont l'arrivée est ainsi annoncée : *après avoir pris possession de la terre Africaine, notre fédé prend pied de l'autre côté du globe terrestre, dans les Antilles.*

de membres des sociétés : 400 000, donc 150 de moyenne. Un peu élevé, mais plausible…

- **Fin 1938** (pas de statistiques pour 1939, tout le monde a autre chose en tête), elle recense 75 Unions, 3 653 sociétés, 95 277 licenciés dont 42 400 munis de la licence assurance, et six commissions de France (éducation physique, musique, gym, préparation militaire et tir, multisports, Amis et anciens) sont à l'œuvre. Ont été organisés : 287 concours et festivals de gym et de musique (total : 120 000 participants), 45 compétitions régionales de basket, 44 de foot, 36 d'athlétisme, 26 de cross, 19 de tir, 10 de natation, 8 de *ping-ball* (dit aussi ping-pong, parfois tennis de table), 6 de tennis, 3 de ski, 2 de pelote basque et 1 de boules.

Elle a recensé 41 275 reçus sur les 53 593 qu'elle a présentés au BSP, et, comme d'habitude, les statistiques sont incomplètes pour non réponse de certaines Unions, toujours les mêmes. Les listes détaillées –nom et souvent l'adresse- des *jurés habilités à ce jour*, les dates et les lieux des sessions occupent plus de 50 pages dans *Les Jeunes*, revenus pourtant au format journal.

Le nombre de membres est estimé à 650 000… ce qui, confessons-le, laisse un peu rêveur et dubitatif ! Un seul bémol, le toujours de plus en plus désolant nombre d'abonnés au journal : 6 100 à peine, même pas 1 %, une vraie misère.

Chaque sport ayant désormais sa fédération spécifique, le nombre de licenciés est émietté. Etant toujours multi-activités, les trois affinitaires annoncent forcément des effectifs supérieurs à ceux des autres, hors celles de foot et de gym : 120 000 pour la Fédération sportive et gymnique du travail (FSGT). On ne connait pas les chiffres de l'Union française des œuvres laïques d'Education physique (UFOLEP), la branche sportive de la Ligue de l'enseignement, dont le siège, tout proche de l'hôtel Lutetia, fut spolié, occupé en 1942 par *les jeunes du Maréchal* et dont les Allemands, en juillet 1944, emportèrent toutes les archives.[65]

L'heure de la guéguerre, parfois même de la guerre, avec les fédérations unisport n'a pas encore sonné. Elles n'organisent pas

---

[65] Du moins le croyait-on, mais ces archives furent retrouvées en 1996… au Kremlin, suite à l'ouverture de l'ex-URSS au reste du monde.

une pléthore de compétitions et ne se conduisent pas encore en dirigeantes, considérant que les affinitaires, donc la FGSPF, sont un complément et non une concurrence. La fédé a donc signé avec chacune une convention relativement satisfaisante. La véritable compétition pour la puissance et la gloire de la France éternelle et laïque, c'est sur le plan local qu'elle continue, en foot-basket-gym-musique, dans des centaines de villes et de villages.

C'est instituteur contre curé, patro catholique contre patro laïque, *Liberté/Egalité/Fraternité* contre *Ad majorem Dei gloriam,* Marianne contre Jeanne d'Arc, à grands coups de claironnants défilés dans les rues, d'articles tout en finesse dans la presse locale et souvent même de derbys dominicaux de foot ou de basket *chauds les marrons, chauds* !

Fédéralement parlant, en plus de la participation aux énormes Jeux UIOCEP de Liège, les trois évènements de **1939** sont :

- L'arbitrage à deux en basket. Il y a désormais quatre yeux, deux cerveaux, deux sifflets et deux écoles : soit chacun surveille une partie du terrain, soit l'un observe le porteur du ballon et le second les autres joueurs.
  Les arbitres ont leur... libre arbitre, et deux consignes : changer de rôle à la mi-temps et aider leur partenaire au lieu de le torpiller. L'expérience dira quelle est la meilleure façon de procéder.
  Ce sont les finalistes des coupes fédérales, au stade Pierre de Coubertin, qui servent de cobayes, ce qui réussit à *la Saint-Charles d'Alfortville,* vainqueur 38-34 de *Championnet sports* et à *la Saint-Joseph de Strasbourg* qui, en Honneur, bat *les Enfants du Forez de Feurs* 35-30.
- Le championnat fédéral de gym garçons à Grenoble les 8 et 9 juillet, *qui n'est qu'une étape de plus sur la voie triomphale* : 215 sociétés, 10 000 gyms (2 000 en pupilles et en adultes pour les mouvements d'ensemble), 2 000 musiciens qui jouent tous ensemble *En avant les jeunes* et 40 000 spectateurs à la fête de nuit au Jardin de ville
- La Légion d'honneur accordée en août à *Henri Valentin Armand Thibaudeau* pour *31 ans de service à la Fédération Gymnastique et Sportive des Patronages de France.* Cinq ans auparavant, en mai 1934, au concours de Poitiers, le colonel de

Bazelaire avait, sur le stade, élevé François Hébrard au grade d'officier

Au **31 août 1939**, la FGSPF a son insigne, sa cravate, son drapeau, son affiche et même son film (1936). Depuis le 26 avril **1928**, elle est membre du Comité national des sports. Par décret du 31 mars **1932**, elle a été reconnue d'utilité publique. Elle l'avait déjà été le 12 avril 1903 mais deux reconnaissances valent mieux qu'une ! Ses responsables techniques et leurs méthodes d'éducation physique (docteur Récamier) et de gymnastique (Gabriel Maucurier) font désormais autorité.

Elle est implantée en Algérie, au Maroc, en Afrique noire, en Guadeloupe, et envoie François Magne *(Club Athlétique de la Jeunesse Ouvrière, CAJO*), arbitre international de basket, en tournée de prospection, de formation et d'éducation à Madagascar. C'est du moins ce qu'indiquent *Les Jeunes*, en 1re page, mais, deux mois plus tard, la relation de voyage ne parle que de la Guadeloupe et de la Martinique. Le père François n'étant pas un pitre à pointes, il ne peut s'agir que d'une erreur du journal… même si l'île rouge est effectivement dans les projets de la fédé.

Bref, tout baigne. Ferdinand Foch l'avait déjà dit en 1925 aux successeurs et fils spirituels du fondateur : *comme votre cher docteur Michaux doit être heureux dans sa tombe !*

1939-1947
REGIME VICHY
POUR TOUT LE MONDE

Où l'on voit comment le commissariat général aux Sports de Vichy oblige les filles du RSF à se jeter dans les bras des garçons (mais quasiment *uti posseditis*) et où il appert que ces derniers, dans une France et une fédé coupée en deux, font de la résistance active et passive, en refusant de changer de nom et de disparaître dans bourgades et petites villes avant de devenir FSF en 1947.

Le 1er septembre 1939, premier jour de la saison sportive 1939-1940, restera historique, mais la FGSPF n'y est pour rien : c'est l'espiègle chancelier allemand, Adolf Hitler, qui célèbre la 6e année de son accession au pouvoir en envahissant la Pologne. Nom de code de l'opération : *boîte de conserve*, mais c'est plutôt la boîte de Pandore.

Trois jours plus tard, en effet, l'Angleterre, puis, 6 heures après, la France, déclarent la guerre à l'Allemagne et c'est reparti pour des millions de victimes en six ans de boucheries, de massacres et de génocides lors d'un conflit bizarre pour au moins deux raisons :

- Pour la première fois dans l'histoire de l'humanité, ce n'est pas un pays qui en attaque un ou plusieurs autres sous l'œil neutre des voisins et amis qui attendent de voir comment ça se passe, ce sont deux coalitions qui s'affrontent : l'Axe (Allemagne, Italie et Japon) et les Alliés (Angleterre, France, Belgique et Pays-Bas, puis, un peu plus tard, le Canada et les deux puissances qui domineront le monde pendant cinquante ans à l'issue du conflit, les Etats-Unis et l'URSS, pourtant alliée d'Hitler jusqu'en 1943).
- La guerre est déclarée le 3 septembre 1939, mais, en France, il ne se passe rien pendant cette *drôle de guerre* jusqu'au 10 mai 1940 : les luttes sont sur les fronts de l'Est et dans les pays scandinaves. La France attend. Les fédérations attendent. La FGSPF attend. Faut-il vivre comme si de rien n'était ? Peut-on vivre comme si de rien n'était ?

Les Jeunes du 20 août comportait huit pages, ceux de septembre ne paraissent pas. Les cinq colonnes à la une du numéro d'octobre portent **VIVENT LA FRANCE ET LA FEDE** avec quatre sous-titres : *A ceux qui sont partis ; A ceux qui sont restés ; Ce que vous devez faire* et *Pour la bonne marche de la fédé.*

Patriotiquement parlant, il n'y a rien de *bouleversifiant*, même en y ajoutant l'article vedette du verso, *Le revoilà,* parce que *Le*, c'est *Les Jeunes*, pas l'ennemi. Et les articles sont bien plus pratiques et fédéraux que républicains. Il y a certes appel à la mobilisation, mais interne seulement : *ce que vous devez faire,* par exemple, ne concerne pas la conduite à tenir dans le conflit, mais la poursuite ou la relance de la vie dans les Unions, puisqu'elle n'est pas arrêtée au siège, dont l'activité continue.

La fédé y rend hommage à son premier *mort pour la France*, Maurice Martinet (*Sentinelle des Alpes de Grenoble),* organisateur principal du super concours de juillet, mais son décès n'est qu'un peu glorieux accident de moto avec son régiment du Génie…

Comme en 14-18, *Les Jeunes* devient mensuel et sur deux pages, pendant les huit mois qui suivent. Ils continuent à faire comme si de rien n'était, tout comme l'Etat français, d'ailleurs, puisqu'il y est toujours question du Brevet sportif populaire, de la Préparation militaire, de *la bonne marche de la fédé*, qui continue ses appels à cotisation et sa publicité pour le magasin, les cours de moniteurs par correspondance, le programme de gym et *Les Jeunes* : pour que les soldats ne perdent pas le contact, elle crée un *abonnement de guerre* à 50%, donc 12,50 F.

Dans chaque numéro, il y a des extraits de lettres adressées au siège par des soldats qui pensent aux copains et à la fédé et des nouvelles, fournies par les clubs, de leurs incorporés.

Le cross fédéral **1940** *(la compétition de l'espoir*) a lieu le 31 mars. Moins sensible à la pénurie d'essence que le championnat fédéral, l'activité départementale et régionale (essentiellement basket, foot et gym) ne cesse pas en Orléanais, à Bordeaux, dans l'Oise, en Flandre, dans le Loir-et-Cher, à Lyon, dans les Vosges, à l'Union Drouot et dans la Marne (athlétisme, basket, gym, ping-pong), ni en Tunisie.

Les Unions qui organisent toujours leur concours annuel de gym sont exceptionnellement autorisées à abaisser de seize à douze, voire huit, le nombre minimum de composants des sections et à alléger le programme, comme c'est déjà permis en musique.

Politiquement, il ne se passe rien à l'Ouest pendant 8 mois, d'où le nom de *drôle de guerre* attribué à ce début de conflit : Hitler s'occupe d'abord, avec ses copains soviétiques, de la Pologne, de la Finlande et de la Norvège. Et puis, soudain, tout s'accélère : le 10 mai 1940, l'Allemagne attaque vers l'Ouest et à Sedan, comme 70 ans plus tôt. L'Armée française étant toujours aussi mal commandée et aussi divisée qu'en 1870, c'est dans les Ardennes un second désastre, qui sera bien pire que le premier, mais nul ne le sait encore.

Dans ce qui sera le dernier numéro de *Les Jeunes* pendant cinq ans, dans **Face au devoir**, à côté du long appel *in extenso* du docteur Michaux en 1914, François Hébrard sait déjà : *à l'heure où j'écris ces lignes, s'amorce et se déclenche la formidable bataille où va se jouer le destin de la France et du monde.* (....) *La prière est notre premier devoir, mais il n'est pas le seul : nous avons à MAINTENIR. Maintenir nos œuvres aussi fortes que par le passé, maintenir nos énergies, maintenir nos traditions, nos cadres, nos habitudes. C'est là notre champ de bataille, car demain, on repartira.*

Toujours en première page, le lettré lyrique mais masqué *canonnier X* termine son article par *: l'avenir demeure clair et limpide si nous savons vouloir. Vouloir, un verbe à conjuguer de l'indicatif au supin, un verbe qui résume, me semble-t-il, toutes les leçons.*

Les Pays-Bas, la Belgique, le Luxembourg puis le nord de la France sont avalés par l'ogre en trois bouchées : malgré ses chars, ses canons et ses avions, l'Armée française, trop flatteusement réputée la meilleure du monde et de plus très mal commandée, donc menant des attaques sans coordination, est éventrée dans les Ardennes par les PzKtw, les *panzers*. Le 14 juin 1940, comme le chantera Serge Reggiani, *les loups sont entrés dans Paris.*

Le 22 juin, quatre jours après l'appel de Londres, dans la clairière de Rethondes et le wagon-restaurant aménagé du maréchal Foch, très symboliques lieux choisis par Hitler lui-même, Philippe Pétain signe, après celui de 1918, un second armistice, mais le vainqueur, cette fois-ci, c'est l'Allemagne.

La France, et la FGSPF, sont abasourdies de la rapidité de cette humiliante défaite. Ferdinand Foch, le grand ami de la fédé, doit se retourner dans sa tombe. Les soldats rentrent chez eux, collaborent, résistent sur le territoire dans la clandestinité ou rejoignent de Gaulle à Londres. Nommé président du Conseil le 16 juin, investi des pleins pouvoirs par l'Assemblée nationale le 10 juillet, Pétain fonde le lendemain l'Etat français, dont il prend la tête, à 84 ans. C'est la fin des haricots pour la IIIe République.

Héros de 14-18, le vainqueur de Verdun, qui avait patronné le monstrueux concours de Nice (1932) croyait vraiment aux vertus du sport, notamment de la gymnastique, pour transformer ce que Pierre Eugène Drieu La Rochelle -qui deviendra un fervent collaborateur- appelait avec mépris *la France des apéros et des congrès* en une population saine, forte et musclée, amoureuse de l'effort… mais hélas et bien sûr soumise à l'occupant et non pas prête à jouer *Aux armes, citoyens, le jour de gloire est arrivé.*

Alors, trouvant que la France ne produit pas assez de beaux bébés blonds aux yeux bleus, il inscrit officiellement la fête des mères au calendrier, et crée le commissariat général à l'Education générale et aux Sports, qu'il confie au tennisman-mousquetaire-polytechnicien Jean Borotra, auquel il donne de vrais moyens. Jamais le sport français, scolaire et civil, n'aura été autant aidé par les pouvoirs publics que de 1940 à 1944 : le budget éducation physique et sport passe de 50 millions de francs en 1939 à presque deux milliards en 40, augmentation essentiellement destinée au primaire et à la construction d'équipements dont le pays manque cruellement.

Mais le slogan *Une école, un stade* se heurte à la réalité : beaucoup de salles sont réquisitionnées par l'occupant pour son logement et ses loisirs, la sous-alimentation est déjà la règle, les médecins ne savent rien de la pratique sportive pour délivrer les certificats, sans parler du fait que, des équipes entières de jeunes gens étant parties au STO, il manque la main d'œuvre pour construire les nouveaux équipements et le public pour les fréquenter.

En 4 ans, la belle France va battre un autre record du monde, passé lui aussi inaperçu : 16 786 lois et décrets ! Installé en juillet 1940, le commissariat pond ses premiers le 3 octobre : la purification commence, la réorganisation aussi. La FGSPF n'est pas concernée par la première, mais la seconde est bien pour elle…

Dans ce sport instrumentalisé aux fins de propagande, contrôlé, encadré, dans cette mise en scène et en avant du corps et du sport viril et pur, Borotra est très présent au Comité national des sports, mais les fédérations jouissent d'une relative autonomie, sauf quelques-unes : ce 3 octobre 1940, interdiction de l'impur professionnalisme, avec effet immédiat pour la lutte et le tennis, dans un délai de trois ans pour le foot, le cyclisme, la boxe et la pelote basque.

Une seule est interdite et spoliée par saisie de ses biens au profit de l'Etat via le CNS : le jeu à XIII. L'UFOLEP-USEP est dissoute, le jeu de paume, le tennis de table et le badminton sont priés de se regrouper avec le tennis : une seule fédération pour ces trois sports de raquette.

Bizarrement, il faudra attendre deux ans pour que la seule activité sportive vraiment dangereuse pour l'occupant, le vol à voile, qui offre de si belles possibilités d'espionnage et de parachutage (on sait le rôle actif joué par les planeurs dans le transport silencieux de troupes lors du débarquement), soit interdit le 2 décembre 1942. Mais il faisait tellement partie des mœurs et du paysage de l'Allemagne où les avions à moteurs étaient interdits depuis l'armistice de 1918…

Le commissariat essaye aussi, mais sans succès hors des écoles, d'implanter et d'imposer, beaucoup à 11 en plein air, un peu en salle à 7, un sport dano-suédois structuré et codifié par les Allemands, appelé hand-ball (à prononcer comme bal, pas comme bol).

Le général Weygand, autre héros de 14-18 comme Foch rallié à Vichy, a une noble ambition : *les malheurs de la République viennent du fait qu'elle avait chassé Dieu de l'école. Notre premier devoir est de l'y faire rentrer.* Paul Claudel se réjouit : *le nouveau gouvernement invoque Dieu et rend la Grande Chartreuse aux religieux.* Dans *La Croix,* le très influent cardinal Alfred Baudrillard, depuis 1907 recteur (étant donné son âge, doyen serait plus exact) de l'Institut catholique, qui avait pourtant déclaré en 1939 que *le nazisme est une barbarie renouvelée du paganisme*, a tellement peur du communisme que, en 1940, il invite les fidèles à *collaborer avec la grande et puissante Allemagne.* Diable (dans le bénitier) !

L'hommage national qui lui est rendu à Notre-Dame lors son décès en mai 1942 rend furibard Paul Claudel, ex laudateur du général Franco et collabo mais qui avait jugé honteux l'article en question et s'est fraîchement reconverti (une habitude !), à la raison cette fois, qui adresse au cardinal Gerlier une lettre aussi indignée qu'incendiaire.

Vichy étant anti tout (antisémite, antisocialiste, anticommuniste, anti franc-maçon, antigrève, anti syndicat), deux des trois affinitaires sont dans le collimateur. Une revue unique, *Tous les sports* (titre du bulletin USFSA de 1897 à 1926) a remplacé de 1941 à 1944 celles des fédérations. Elle a 4 ou 5 éditions. La FGSPF et l'USGF sont dans la numéro 1, où elles ont droit toutes les semaines à une page chacune.

La FSGT, que certains prétendent dissoute en 1940, figure pourtant dans chaque numéro sur la liste des fédérations concernées par l'édition 3 ou 4, selon les périodes, sous son sigle habituel, jusqu'au 4 avril 1942, où elle devient USGT. La FGSPF résiste six mois de plus, et ne devient UGSPF que le 17 octobre, dans le numéro 67.

Filiale *d'un système éducatif qui n'a pas su préparer suffisamment de chefs et d'hommes d'action,* étiquetée Front populaire, l'UFOLEP essaie de se faire oublier. Réputée dissoute depuis 1940 (il n'est effectivement jamais question d'elle dans la liste de destinataires de *Tous les sports* jusqu'au 25 avril 1942 où, comme la vierge à Lourdes, elle fait une apparition inattendue dans la liste de l'édition 4 avant de disparaître à nouveau partir du 1er août), elle a en fait survécu trois ans jusqu'à cette belle bévue administrative : Pascot avait officiellement dissous les Unions (UFOLEP et USEP) le 17 avril, réquisitionné le siège social et donné les meubles au CNS. Abandonnées, les archives, on l'a vu, referont surface à… Moscou, 5 ans après l'effondrement de l'URSS en 1991, les Soviétiques les ayant piquées à leurs chers amis allemands en quittant Berlin en 1945 !

L'histoire étant un perpétuel recommencement, la FGSPF, seule cette parfois violemment, dans le passé, redevient brusquement, elle, un enfant du bon Dieu. Alors c'est Noël ? Oui… et non.

La décision d'octobre 1940 qui avait conduit à l'affrontement Thibaudeau-Borotra relaté dans le liminaire, c'est : un club, un seul, dans les villes de moins de 50 000 habitants. Il faut se regrouper, fusionner. La mesure vise plus la jeunesse que le sport (les Vichystes rêvent d'un seul et unique mouvement de jeunesse, genre Jeunesses hitlériennes) mais le fonds de commerce, le *corpus* de la fédé, ce sont ces centaines de petites sociétés rurales qui deviendraient municipales, neutres, laïques. Pas de ça, Jeannot !

Thibaudeau, têtu comme une chèvre de sa Vendée d'origine, refuse d'obéir, ce qui provoque l'ire de Borotra, dont le *Thibaudeau, je vous briserai* n'impressionne guère Armand, qui ne bougera pas le petit doigt, et sera là bien après le Mousquetaire, limogé et même arrêté par les Allemands en 1942. Vichy espère que son successeur, le rugbyman colonel Jep Pascot, sera le caudataire et le zélote zélé qu'il attend…

Statu quo pour les clubs, mais pas pour la fédération. L'ordonnance du 4 octobre 1940 n'est pas pour elle entre le zist et le zest, c'est un cadeau du ciel, du pain bénit : elle oblige les fédérations féminines à fusionner avec les fédérations masculines. La FGSPF accueille avec joie dans ses robustes bras grands ouverts le Rayon sportif féminin, devenu en mars 1937 Fédération catholique d'éducation physique, mais que tout le monde appelle encore *le Rayon*.

Bizarrement, l'instigatrice de la fusion est une féministe militante, bien connue en FGSPF puisqu'issue du *Patronage Saint-Placide* de Paris, secrétaire générale et administrative du RSF depuis 1931, Marie-Thérèse Eyquem. Reçue en 1939 au concours de recrutement dans la fonction publique, elle a intégré l'administration en qualité de rédactrice principale au commissariat général à l'Information avant de devenir, le 17 août 1940, une sorte d'adjointe de Borotra, directrice des sports féminins du gouvernement de Vichy.

Pourquoi une militante aussi passionnée et aussi intelligente du sport féminin demande-t-elle une réorganisation aussi… masculine ? Elle en avait parlé plusieurs fois dans le bulletin du RSF, né sous son impulsion le 15 octobre 1937, et elle confirme en première page de *Tous les Sports* du 12 juillet 1941 : *Nous avons désiré que les fédérations féminines, dont l'existence demeure autonome, entrent dans le giron des fédérations masculines pour que les rênes administratives du sport Français soient tenues par des mains masculines, plus fermes que ne le sont en général les mains féminines. Mais nous avons demandé aux présidents et secrétaires de s'adjoindre une femme, de manière à bénéficier de son expérience et de ses suggestions. Même collaboration dans les Ligues.*

Quelques mois plus tard, elle fournira à la presse une explication supplémentaire : *Plus les filles de France seront fraîches et solides, plus les familles qu'elles fonderont et les enfants qu'elles auront seront beaux et sains. […….]. Il est vivement recommandé aux fédérations de faire pratiquer les sports séparément par les associations féminines et les associations masculines : je suis opposée absolument à ce que le sport féminin soit donné en spectacle.*[66]

Comme quoi même les femmes fortes ont leurs faiblesses… Car le misonéiste milieu du sport, c'est *macho land* : pendant les 50 ans qui

[66] Ouest-Eclair, 1er mai 1941.

viennent, les vendeuses du Rayon dames vont se rendre compte que, dès qu'il est question des rapports homme-femme, les hommes sont tous très ego, surtout les sportifs et les clercs !

Dix-neuf-jours à peine après l'ordonnance, le mélange des corps et des sexes commence : Melles Batany, Broussard, Duisit et Guyot sont nommées membres de la commission de France d'éducation physique, Mmes Corpet (présidente) Rabut, Sapin et sœur Marie-Alix Bouvier (trésorière et pionnière) sont cooptées au comité central.

Pour la fédé, c'est vraiment une aubaine : le RSF, qui termine juste son ontogénèse, compte alors plus de 500 sociétés, a rassemblé 5 000 filles au Parc Saint-Maur le 2 juillet 1939, dispose d'animatrices et d'un bulletin de qualité, qui vont lui apporter encore plus de poids. Même si la situation reste *uti possidetis juris*, chacun conservant son altérité, sa vie, ses activités, ses cadres et ses formations, il n'en reste pas moins que la FGSPF, cette fleur soigneusement et jalousement gardée décline par les clercs, accueille des filles…

Mais un mariage forcé provoque rarement des oaristys. Mixité, c'est aux côtés de (au cinéma, les filles devant, trois rangs de chaises vides puis les garçons, et on change le jeudi d'après : pour conter fleurette aux jouvencelles, bernique !). Consulté sur l'orthodoxie de la fusion, Mgr Courbe a donné sa bénédiction pour que le loup entre dans la bergerie. Il a dit *ne pas y voir d'inconvénient à condition qu'une grande prudence fût observée dans la nouvelle organisation.*

La FGSPF prend un volume inattendu (plus de 5 000 sociétés en 1942) mais, le 1er septembre, six mois après la FSGT, pour marquer qu'elle non plus n'est pas une vraie fédération, le Comité national des sports l'oblige à changer de nom : ce sera l'Union gymnastique et sportive des patronages de France. Le 17 octobre, dans *Tous les Sports*, elle devient donc très officiellement *UGSPF, ex FGSPF.*

En sens inverse, devenue sa quasi homonyme, l'USGF (Union des sociétés de gymnastique de France), qui partage avec elle l'édition 1 de *Tous les sports*, devient Fédération française de gymnastique, fédération dirigeante, recueillant avec joie clubs et membres de sa consœur, la Fédération féminine française de gymnastique et d'éducation physique.

Le changement de nom est le prix à payer par *l'ex FGSPF* pour garder la splendide vitrine de publicité de sa page entière dans *l'hebdomadaire officiel du Comité National des Sports et des*

Fédérations sportives Françaises, mais elle conserve en douce, sauf dans les courriers officiels, son papier à lettres et son sigle FGSPF. Pour le petit doigt sur la couture du pantalon, Vichy repassera... Armand se soucie de ses ordres comme d'une guigne ou comme de colin-tampon.

Marie-Thérèse Eyquem parcourt la France pour implanter le sport féminin... enfin, certains sports : l'athlétisme, la gymnastique, surtout harmonique[67] mais certainement pas le football[68], ni la barrette, ni le cyclisme et les sports de combat, décrétés sport d'hommes et dont l'organisation est interdite aux fédérations concernées. De la grâce, de la grâce, encore de la grâce, rien que de la grâce et de la féminité, même si ces messieurs n'ont pas le droit d'assister aux rencontres féminines... en FGSPF, en tout cas.

Borotra lui fiche une paix royale, mais, sur ordre, elle participe à son corps défendant au bras de fer entre ses chefs et celui de la fédération : *les représentantes du RSF participent aux débats qui opposent pendant 4 ans FGSPF et pouvoirs publics. Tous les moyens sont employés pour supprimer la grande force libre que représente un groupement de plusieurs centaines de milliers de jeunes.*

M. Thibaudeau utilise toutes les ressources de son intelligence, ses dons de finesse et son énergie. Il repousse les avances flatteuses faites à sa personne, porte franchement la lutte sur un terrain découvert pour se défendre contre les manœuvres sournoises, donne aux sociétés des ordres qui contredisent ceux qu'elles reçoivent du gouvernement, et, selon les circonstances, temporisant, menaçant, exigeant, il maintient, par des efforts quotidiens qui n'ont jamais raison de sa patience et de sa résistance, l'intégrité de la fédération qui, nonobstant les obstacles, poursuit sa marche en avant.

Bel hommage, indirectement corroboré par Borotra lui-même, bien placé pour apprécier les qualités de son opposant et qui lui propose en 1941 *d'abandonner la FGSPF pour un organisme plus lucratif.* Réponse d'Armand : *mon pauvre Borotra, vous n'avez donc rien compris ?*

---

[67] Dont la propagandiste en France fut Irène Popard, et qui s'appela indifféremment harmonique ou moderne jusqu'à son nom actuel, gymnastique rythmique et sportive (GRS) en 1976.

[68]Par arrêté du 27 mars 1941, Vichy interdit **vigoureusement** le football féminin...

Et dire qu'un dirigeant aussi performant et courageux n'a pas laissé de nom dans l'histoire du sport... *Aquila non capit muscas, disaient déjà nos ancêtres les Romains. Sur ce coup là, par son cousin* français, l'aigle allemand a pourtant vraiment essayé, mais cette mouche était trop fine, et trop maligne pour lui.

En 1945, dans une série de 4 longs articles non signés, *Journal de bord sous l'occupation*, le journal fédéral explique de A à Z la saga de la survie et apporte d'intéressantes précisions :

- Quelques heures avant l'arrivée des Allemands à ¨Paris, quelques courageux se sont engagés à planquer chez eux une partie des archives et de la collection de *Les Jeunes*, action dangereuse car susceptible de représailles eu égard à tous les titres et articles comportant le mot boche
- L'interlocuteur d'Armand Thibaudeau lors des *discussions qui, dans une lutte pied à pied de 3 mois,* opposent la fédération au Commissariat est *le directeur des Sports, M. Robert Foulon, qui durant de longues années a rempli les fonctions de secrétaire général de la fédération de lawn-tennis.*
- *Mais ces palabres interminables aboutissent tout de même, en plusieurs étapes, à un résultat* : *autorisation d'organiser des matchs amicaux entre sociétés de notre Fédération*, puis *on tolère les épreuves officielles départementales,* puis *les mêmes épreuves dans le cadre interdépartemental* et, ô bonheur, *finalement, au bout de 6 mois, les championnats fédéraux ne sont plus interdits. C'est un premier succès, qui permet de respirer enfin... et d'espérer mieux encore.*
- *Tous les sports ayant une censure trop rigide pour donner à nos sociétés, nos unions et nos cadres les directives morales de la commission d'Education générale, c'est tout naturellement que naquirent nos Notes documentaires paraissant avec une périodicité irrégulière, l'occupant interdisant tout organe régulier.*

Depuis juin 1940, la France est coupée en deux, zone occupée et zone libre. La fédé fait de même : le siège reste à Paris, mais le 27 octobre, un mois après le comité central du 1er, Armand Thibaudeau se rend à Lyon, (autrefois domaine des Brac de la Perrière, Pierre président de l'Union, ses fils Jean et Jacques au comité central), et confie officiellement la zone non occupée à la toujours très vivante et très organisée Union régionale présidée par le docteur Exaltier. *La Croix du Rhône-Voix des jeunes* devient organe fédéral pour la ZNO, dont Eugénie Duisit prend, le 13 décembre, la responsabilité côté RSF… et FGSPF, mais chut ! Le congrès suivant (26 octobre 1941) donne le chiffre ahurissant de 176 moniteurs formés en un an.

Puis les choses s'accélèrent. L'Eglise de France, par Mgr Courbe et ses collègues, demande à la fédération de faire bénéficier le milieu catholique de ses compétences techniques et politiques :

- Le 14 janvier 1942, elle est très officiellement chargée d'assurer désormais la liaison entre Vichy et les établissements d'enseignement primaire (l'UGSEL s'occupe du secondaire)
- Le 5 mars, toujours chez Mgr Courbe, elle est priée de créer une commission sportive rurale au profit de la Jeunesse agricole catholique (JAC)
- Le 9 juin, c'est le comité central lui-même qui étudie les modalités de collaboration sportive avec la Jeunesse ouvrière catholique (JOC)
- Le 12 décembre 1944, Paul Rodary est mandaté pour représenter la fédération à l'Office central des auberges de jeunesse, fondées par l'ami Marc Sangnier en 1930
- Le 13 janvier 1945, le même Paul Rodary et Armand Thibaudeau sont nommés délégués officiels à la commission confédérale des loisirs de la Confédération française des travailleurs chrétiens (CFTC).

Tous ces engagements, impulsés par l'Eglise ou pris à la propre initiative de la fédération, préfigurent le visage et l'action de la FSF et de la FSCF dans les années 60… mais n'anticipons pas.

Dans la zone occupée, les fédérations sont sous surveillance constante, donc les consignes sont claires pour la FGSPF (pardon, c'est l'habitude, je veux dire l'USGF) : toujours le plus possible d'organisations et d'activités pour maintenir la casserole sur le feu ; le plus possible, mais aussi le plus discrètement possible : pas de musique, de défilé, d'insignes, de drapeaux, d'affiches et d'articles annonçant les concours, sauf pour les sports neutres, foot, basket, cross et athlétisme. Se faire oublier, c'est la devise.

Dans *Tous les sports*, donc, chaque mois, la Fédération a droit à une pleine page sur les réunions et les activités internes, mais rien d'autre. Jamais un mot sur l'actualité non sportive comme le STO, les chantiers de jeunesse, les merveilleuses initiatives de Vichy, etc. D'autres ne se privent pas de faire des salamalecs, mais la fédé, jamais, et, on l'a vu, les consignes passent par les bien plus discrètes notes documentaires.

Pendant que les nazis, la Milice et l'Etat français déportent et exterminent par wagons entiers, les patronages vivent ou survivent, ayant perdu beaucoup de dirigeants adultes partis dans le maquis, à Londres, au Service du travail obligatoire ou qui se planquent pour ne pas y aller, sans parler bien sûr de ceux bien trop occupés à collaborer ou à faire du marché noir pour s'occuper d'un club, et des adeptes de *pour vivre heureux, vivons caché...*

Il y a aussi, bien sûr, pas mal de morts, soit naturelles (Senior II, le père Dassonville, de Lille, Jehan de Cargouët, président de la commission sportive de France, René Chevalier (vice-président, fondateur de *la Française des Lilas*), ou bien provoquées par les bombardements, les actes de résistance, les déportations et les exécutions de la Gestapo : Paul de Valroger et Alfred Wolfersperger (comité central), Agnès de Nanteuil (monitrice RSF), Eugène Maës *(Patronage Olier,* footballeur, buteur d'exception, qui meurt en camp de concentration), Madeleine Bouteloup *(AS Saint-Hippolyte*, agent du réseau d'évasion *la Comète*), Pierre Bayon, Robert Blanchet, Paul Moufferon, Jacques Froment, Marcel Carrier, de Joybert, Jean Raquin, Marcel Sallaz, Louis Bachelier, Jacques Radiguet, tous responsables nationaux dont la disparition est signalée...

Sans oublier ces milliers d'anonymes dont, faute de magazine spécifique, la fédé ne tient pas la liste comme en 14-18. Membre du comité central, Fernand Rodriguez (Franco-Anglais malgré son nom) de *la Nicolaïte de Chaillot*, en réchappe par miracle et contera ses interrogatoires musclés et sa captivité.[69]

En 1943, *l'association Championnet (Paris 18e)* crée, avec la JOC et l'ACJF, son réseau d'évasion et de résistance, les Jeunes chrétiens combattants, abrite les réunions du Conseil national de la Résistance (Jean Moulin puis Georges Bidault) et du Comité anti déportation de Léo Hamon, réalise des actions de propagande avec son imprimerie clandestine parachutée de Londres, distribue des tracts, et, profitant de son énorme stock d'armes et d'explosifs, mène de multiples actions de

[69] *L'escalier de fer,* éditions France-Empire 1958.

sabotage conduites par son aumônier, l'abbé Raymond Borme, dont l'exploit majeur reste la destruction à main armée des 100 000 fiches destinées à appeler au STO[70] les Parisiens de la classe 1944.

Malgré le nombre de groupes qui s'y réunissaient clandestinement, et donc de *personnes au courant,* c'est vraisemblablement le seul réseau qui n'a jamais été dénoncé en deux ans de prises de risque pourtant quasi quotidiennes : ses douze fusillés de la cascade du bois de Boulogne, le 16 août 1944, veille de la Libération de Paris, sont tombés dans un traquenard extérieur.

Le maréchal Pétain adore les rassemblements de gymnastes et de jeunes. En bon militaire, il croit vraiment aux vertus du sport (*en perfectionnant votre corps, vous perfectionnez aussi votre âme)* et ne manqua jamais d'assister au *Serment de l'athlète* institué en 1941 : *Je promets sur l'honneur de pratiquer le sport avec désintéressement, discipline et loyauté, pour devenir meilleur et mieux servir ma patrie.* Il a lui-même remplacé le *je jure* du projet initial par ce *je promets sur l'honneur* qui rend le texte très coubertinien, donc très FGSPF... mais celle-ci ne saute pourtant pas de joie : le contexte est très jeunesse hitlérienne. Avec le salut fasciste qui va avec, et qui rappelle les Jeux de 36, ça sert vraiment aryen...

La guerre feutrée s'exerce donc là aussi entre Vichy et l'UGSPF. Le 25 mai 1944, après la IVe édition du *Serment,* Pascot écrit : *très bon effectif, tenue impeccable. Belle allure au cours du défilé. Je note cependant que le comité directeur n'a pas répondu à mon invitation en ne se faisant pas représenter dans la tribune officielle.*

Le 13 juin, la stigmatisée fait observer au colonel hébertiste que *répondant à l'invitation personnelle du commissaire général, le président de la fédération était présent dans la tribune officielle.* Ce rappel un chouïa insolent offre peu de risques. Depuis exactement une semaine, tout le monde, sportif ou pas, collabo ou résistant, a tout autre chose en tête : les Alliés ont débarqué en Normandie au son des *sanglots longs des violons de l'automne,* qui promettent aux deux camps une autre musique.

Le 29 juillet, *Tous les sports* annonce en 1re page *un arrêt d'un mois* pour cause *d'impossibilité d'alimenter les imprimeries de la capitale en courant électrique* qui fait ricaner les fédérations : ça n'a

---

[70] Pierre Montaz, *Onze Américains tombés du ciel,* Artès éditeur, 1994.

bien entendu aucun rapport, mais, depuis le 25, après un mois et demi de surplace sanglant dans les bocages, les Alliés ont enfin réussi à percer les défenses allemandes et foncent sur Paris.

En octobre **1944**, la vie reprend peu à peu : fin de *Travail, Famille, Patrie,* retour de *Liberté, Egalité, Fraternité.* Le régime Vichy étant un vrai régime minceur, fin des rutabagas et des topinambours, retour des délicieuses pommes de terre pour les frites…si on peut trouver de l'huile, bien entendu. Finis les ersatz (saccharine et chicorée), retour progressif, dans les cinq ans qui suivent, d'abord avec tickets puis en vente libre, du sucre, du café, du pain, du vin et de la viande. Fin des semelles en bois, retour du cuir. Fin de la terreur, retour de la joie.

Dans ce contexte, la ventolière FGSPF, sorte d'amiante religieuse qui a résisté au vent, au feu, aux orages, au froid et aux agressions, reprend vie elle aussi : grâce à Thibaudeau, elle n'est pas passée sous les fourches caudines du grand croquemitaine. Grâce à Armand… et aux évêques de France, comme le prouvent cinq trésors soigneusement conservés dans les archives de l'Archevêché de Paris mais inconnus de la fédération jusqu'en ce début du XXIe siècle et prouvant qu'elle a vraiment eu chaud aux fesses :

- Le compte-rendu de l'entrevue du 7 juillet 1941 entre Jean Borotra, l'abbé Le Cordier, Mgr Courbe et un certain M. Foulon, apparemment chargé de mettre en place *la suppression des sociétés FGSPF pour former des associations sportives communales uniques,* Mgr Courbe y avertit ses interlocuteurs que *cela serait considéré par les fidèles et le clergé comme une brimade et une injustice et soulèverait un tollé général*
- Le *projet de protocole réglant les relations entre les Unions d'associations et les Fédérations dirigeantes* prévoyant que *les Unions d'associations devront fournir aux fédérations dirigeantes les dossiers de leurs sociétés pour affiliation,* et *interdisant à celles-ci d'organiser des compétitions nationales*
- Un *extrait du procès-verbal de l'assemblée des cardinaux et archevêques de la zone occupée en date du 24 juillet 1941 : lecture est donnée de la note venant du Commissariat général de l'Education générale et aux sports. L'assemblée estime que les associations catholiques doivent être maintenues. Elle ne peut admettre qu'elles soient supprimées par des moyens directs ou indirects. Il appartient à NN. SS. les Evêques*

d'apprécier les circonstances locales qui appelleraient régionalement la fusion de plusieurs associations en une association unique

- Une lettre du 23 mars 1943 *signée du colonel Pascot, commissaire général aux sports,* à *Son Eminence le cardinal Suhard, archevêque de Paris*, pour *confirmer les termes de la visite du 16 février passé,* rappeler l'organisation du sport en France et le projet de fusion. *Je vous demande Votre accord sur le principe de cette réforme. Il me faciliterait la tâche parce qu'il me permettrait de supprimer* ipso facto *des organismes équivalents en droit mais que je juge en fait comme particulièrement néfastes. A ne considérer que l'intérêt majeur du pays, cette réforme, je l'aurais déjà accomplie, n'en doutez pas, pour les Unions d'associations que je juge indésirables,*[71] *mais cela eût automatiquement entraîné la suppression de l'USGPF.*

Je fais trop la distinction entre vos groupements, auxquels j'ai moi-même eu l'honneur d'appartenir dans mon enfance -et les autres- pour ne pas insister sur le prix que j'attache à recevoir votre acquiescement.

- Une note de fin avril 1943 de Mgr H. Chappoulie, délégué des cardinaux et archevêques auprès du gouvernement, rappelant que la disparition de la fédération entraînerait celle de l'UGSEL dans le milieu scolaire et se terminant par : *réunis à Paris les 7, 8 et 9 avril derniers, les Cardinaux et Archevêques s'élèvent très vivement contre le projet du colonel Pascot et demandent à M. le Maréchal de France, chef de l'Etat, de bien vouloir assurer, comme par le passé, le maintien de l'UGSPF.*

Fin de l'alerte. Les autres fédérations affinitaires savent-elles ce qu'elles doivent à *la fédération des curetons* et donc à ses défenseurs en soutane ? Mais revenons à la Libération.

Le 10 octobre 1944, l'UGSPF redevient FGSPF et décide la suppression de son secrétariat de Lyon à partir du 1er janvier 1945. Les 29 et 30 mai, donc 3 semaines à peine après le cessez-le-feu du 8, elle

[71] Union française des œuvres laïques d'Education physique (UFOLEP, branche sportive de la Ligue de l'Enseignement) effectivement dissoute, on l'a vu, et la Fédération sportive et gymnique du Travail.

retrouve la salle Olivaint pour son premier congrès de l'après-guerre. Les orientations, qui vont devenir quasi obsessionnelles, sont l'éducation générale et la formation des cadres techniques.

Elle a déjà, ou encore, 9 commissions nationales, 5 dites de France (éducation physique, musique, gymnastique, PM et tir, sportive) et 4 fédérales : éducation générale, sportive rurale et les deux issues du RSF, l'une technique, l'autre sportive.

Le 1er octobre 1945, après un silence de quasi cinq ans, *Les Jeunes* reparaissent, en deux versions : bimensuels pour les garçons, mensuels pour les filles. Ah oui, tiens, le RSF… Il va bien, merci : le 1er juillet 1945, à Géo André, il a réuni plus de 1 500 jeunes filles pour son festival régional, qui remplace la défunte *fête de la sportive* inventée en 1942 par Marie-Thérèse Eyquem. En octobre, il nomme Olga Batany monitrice générale.

En janvier 1946, Eugénie Duisit réintègre son poste de secrétaire à la FGSPF. Cette femme d'exception revient boiteuse et décorée (croix de guerre avec palme) pour son héroïsme d'ambulancière pendant les campagnes de Tunisie, d'Italie, de France et d'Allemagne. Nommée, on s'en souvient, responsable FGSPF/RSF à Lyon pour la zone sud, elle était par hasard à Alger le 8 novembre 1942 lors du débarquement américain en Afrique du nord et s'engagea aussitôt comme volontaire pour 18 mois d'horreur et de sacrifice.

Au siège, elle retrouve Marie-Thérèse Eyquem, passée en 1945 devant la commission ministérielle d'épuration d'éducation physique. Sans certitude aucune, il est possible que, le président de Gaulle ayant décidé de ne pas faire examiner le cas des communistes aux attitudes tièdes de 1939 à 1941 (avant la rupture du pacte germano-soviétique), Marie-Thérèse Eyquem ait bénéficié, par ricochet, de cette amnistie silencieuse. Toujours est-il que la commission l'a classée dans la liste des *collègues n'ayant pas à comparaître.*[72]

Marie-Thérèse Eyquem et Eugénie Maucurier vont être pendant 20 ans l'âme et la voix du RSF, défunt mais qui présente pourtant au congrès FGSPF son rapport d'activité, occasion annuelle pour une minorité masculine respectée et crainte de réflexions machistes et de

---

[72] Dont acte. Décerné annuellement depuis 1985 par l'Association des écrivains sportifs et doté par le ministère des Sports, le Prix Marie-Thérèse Eyquem couronne un ouvrage *apportant au sport une contribution pédagogique et technique.*

rappels à l'ordre doucereux ou musclés à ces insolentes péronnelles, ces pimbêches, ces mijaurées, ces viragos, ces pétroleuses *(ad libitum)* qui, au lieu de jouer le beau rôle pour lequel Dieu les a manifestement créées, femme chrétienne au foyer, brûlent d'envie de faire du sport, n'importe quel sport, même individuel, et en public, s'il vous plaît !

Le 4 octobre, le gouvernement provisoire d'après-guerre signe une ordonnance portant création du système de Sécurité sociale obligatoire pour tous les salariés, texte qui refond le principe des assurances sociales et reconnait très officiellement le rôle complémentaire des Mutuelles.

Tant bien que mal, le monde en ruines après cette double guerre (le conflit sino-japonais a lui aussi été une véritable hécatombe) essaye lui aussi de se reconstruire après six ans de folie aussi furieuse qu'inhumaine : 60 millions de victimes, huit fois plus qu'en 1914-1918, qu'on croyait pourtant le sommet de l'horreur : 21 à 25 millions en URSS, 15 à 18 en Chine, 7 en Allemagne, 4,3 en Pologne et un peu plus de 3 au Japon. La France, qui a capitulé au début des combats, ne déplore « que » 600 000 morts, dont 230 000 victimes des représailles et des persécutions allemandes.

Les bombardements et la bombe atomique contribuent largement à ce bilan insensé : pour la première fois dans l'histoire du monde, le nombre de civils tués dans une guerre est supérieur à celui des militaires, 52%. Il était de 5% en 14-18.

Tous les belligérants sont exsangues ou ruinés, sauf un, les Etats-Unis, dont la richesse a augmenté par le biais de la production industrielle. Argent et nourriture manquent partout, immeubles, usines et infrastructures sont détruites. Il y a 28 millions de sans-abri en URSS, les Japonais sont traumatisés par la destruction de Hiroshima et de Nagasaki, les Polonais haïssent les Allemands et les Soviétiques, auteurs eux aussi de massacres de masse…

Le monde ne sera plus jamais le même : la belle entente de façade de *la grande alliance* n'est en fait qu'une grande méfiance teintée de haine, surtout entre les 2 superpuissances qui vont désormais régner sur le monde mais entrer en guerre froide, les Etats-Unis et l'Union soviétique.

Créée le 25 juin 1945 lors de la Conférence de San Francisco pour remplacer l'inefficace Société des Nations (SDN), l'Organisation des nations unies tient à Londres sa première assemblée générale 10 janvier 1946. Les représentants des 51 pays membres adoptent le principe de l'unanimité et d'un conseil de Sécurité de 11 membres, dont 5 permanents : Chine, Etats-Unis, France, Royaume-Uni et URSS. Cinq ans plus tard, le siège social émigrera à New-York, où il se trouve aujourd'hui.

Mais la vie doit reprendre, et dans tous les domaines : le 27 septembre 1947, l'avion de l'Anglais Geoffrey de Havilland qui essaye de dépasser le mur du son (1224 km/h) se désintègre en vol. Trois semaines à peine après cet accident, aux commandes de l'avion expérimental AX-1, l'Américain Chuck Yeager se lance au-dessus du désert californien : il ne fait pas bang, puisqu'il ne sera chronométré qu'à 1126 km/h, mais reste quand même dans l'histoire le premier homme réputé avoir franchi le mur du son.

Fin novembre 1945, quelques jours après l'ouverture, le 20, à Nuremberg, au nom de la notion de crime contre l'humanité, du tribunal international de l'Histoire, la fédération, pour faire table rase du passé et montrer qu'elle *est un service sportif à la disposition de tous les jeunes, pas uniquement ceux des patronages,* la salle pousse à un changement de nom.

Faute d'un projet ficelé, la décision est repoussée, non pas aux calendes grecques, mais à un congrès extraordinaire, le 21 mai 1946.

L'un des plus ardents partisans du changement, l'abbé Decoopman (UD Flandre) présente ce jour-là une proposition adoptée par 400 voix contre 93 : ce sera donc la Fédération sportive de France, FSF. Le 12 mars 1947, le Journal officiel entérine le nouveau nom. En route pour une nouvelle page de la saga.

1947-1968
AD AUGUSTA PER ANGUSTA

Où l'on voit comment, après être devenue apparemment 100% sportive, la FSF, par les chemins internationaux et ceux de l'éducation populaire, prend résolument et sans ecmnésie la direction de la culture malgré (ou à cause de) la prise de pouvoir des fédérations dirigeantes et la fin de l'abbé-attitude à son égard, obtenant ainsi une excellente note pour son plongeon *nolens volens* dans le grand bain à remous des années 60.

Le conflit a été tellement dévastateur qu'il rejoint 14-18 dans la liste des périodes si importantes qu'elles deviennent un chromonyme et une exception orthographique : comme pour la Première, l'adjectif de la Grande Guerre prend pour toujours une majuscule.

En 1945, la FGSPF affiche pratiquement le même glorieux mais désastreux bilan qu'en 1918 : 26 000 morts et 60 000 blessés, goutte d'eau dans l'océan des 60 millions de victimes. Malgré ces pertes, elle tente de faire illusion et déclare 78 Unions régionales, 5 000 sociétés et environ 750 000 membres chez les garçons, augmentés par les 2 000 clubs et 250 000 filles de l'ex RSF, des chiffres invérifiables et manifestement surestimés… Souriez, c'est de la pub !

En 1947, la fédération n'est plus essentiellement gymnique, mais bien sportive au sens large : athlétisme, basket, boules, cross, escrime, foot, natation et ping-pong, en seniors et en juniors, plus l'éducation physique et la préparation militaire, sans oublier la culturelle musique.

La preuve ? Ce n'est pas la gym qui permet à la FSF de briller aux Jeux de Londres en 1948, ce sont les pistes d'escrime et d'athlétisme et le terrain de basket.

Quand on va tous les jours à la mine pour s'occuper des sportifs ordinaires, on tombe parfois sur des pépites. La FGSPF avait donc eu avant ces Jeux un recordman de France non reconnu[73] un recordman du monde (Sera Martin, *Jeanne d'Arc de Levallois*, 1'50''3/5 au 800m en 1928) et cinq médaillés olympiques : Alphonse Higelin *(Saint-Joseph de Mulhouse),* bronze par équipe (Anvers 1920), argent par équipes et bronze en individuel à la barre fixe (Paris, 1924), *l'homme à la foulée majestueuse et romantique*, Jules Ladoumègue *(Enfants du Cypressat Bordeaux),* argent sur 1500 m en 1928 et recordman du monde, et un très discret mais authentique champion olympique, René Duverger *(Championnet Sports*) en haltérophilie en 1932.

A Londres, la FSF s'en met plein l'escarcelle : elle en rajoute dix d'un coup, dont un second champion olympique ! Fidèle du *Rayon sportif (Denain, Rouen, Caen et Toulouse),* Jacqueline Mazéas obtient la médaille la plus inaperçue de l'histoire : au disque, elle a la guigne de terminer 3e derrière une Italienne et Micheline Ostermeyer, épaules de déménageuse mais âme et doigts de fée, talentueuse future pianiste internationale, vainqueur du poids et du disque, dont l'exploit éclipse la performance de sa copine. Marcel Hansenne *(Intrépides du Sacré-Cœur de Tourcoing)* est lui aussi bronzé sur 800m.

Les argentés sont les relayeurs du 4x400 m (champions d'Europe en 1946) dont une des vedettes FGSPF, Robert Chef d'Hôtel *(Etoile sportive Gargan*), et Ignace Heinrich *(Cercle catholique Aloysia d'Ebisheim* puis *RC Strasbourg,* tous deux affiliés FSF*)* au décathlon, et les basketteurs. Dirigée par Robert Busnel *(Etoile Sainte-Marie de la Guillotière*), l'équipe de France compte en effet cinq autres patronnés : Jacques Perrier *(Hirondelles des Coutures, Bagnolet),*[74] André Buffière (*la Fraternelle d'Oullins* puis *Sainte-Marie de la Guillotière-ASVEL*) et trois de *Championnet Sports,* André Barrais et les deux Maurice, Girardot et Desaymonet.

---

[73] P. Dufauret *(La Flèche de Bordeaux)* champion fédéral de gym individuel et en sections en 1923, avait en 1925 franchi 3,77 m à la perche, mais la méchante FFA avait refusé d'homologuer le saut parce que l'athlète ne possédait qu'une licence FGSPF. Les 3,74 m *du séminariste Gonder* restèrent donc record de France.

[74] Auteur du panier le plus fameux du basket français, à une seconde de la fin du quart de finale contre le Chili, tir désespéré tenté depuis la zone arrière du terrain et qui envoya la France en prolongations, puis en demi-finale, puis en finale. Educateur et *patro* dans l'âme, Jacques deviendra cadre officiel et professionnel des stages de basket FSF pendant les 20 ans qui suivent.

Mais la palme revient au champion fédéral de fleuret en 1934, 1935 et 1936 (il n'y aura pas d'autre édition) qui restera toute sa vie fidèle au patro qui l'a formé, *Championnet Sports*, même quand il signera au *Racing club de France* : Adrien Rommel, médaille d'or par équipes, et qui recommencera en 1952…[75] Quatre médailles olympiques (cinq avec Duverger seize ans auparavant) pour le club qui sort à peine de la Résistance active, chapeau !

La FSF pouvait-elle rêver mieux pour inaugurer son nouveau nom et reprendre sa croissance ? Et pourtant, elle ne triomphe pas : ces exploits ne font l'objet que d'un seul article, de 50 lignes, noyées dans le 50e anniversaire, et qui ne parlent même pas de Rommel.

Armand Thibaudeau a un adjoint, Pierre Jacquard *(Championnet Sports* encore), *délégué permanent auprès des Unions,* qui est lui-même assisté de Georges Durand, moniteur fédéral comme son patron. Depuis le congrès 1947, la fédé a les boules (lyonnaises, bienvenue dans la grande famille fédérale), et, belle nouveauté gracieusement offerte par l'Episcopat, un *conseiller ecclésiastique*, l'abbé Wolff, athlète et basketteur (capitaine de ses équipes à *Championnet sports* puis à *l'Association Saint-Maurice du Perreux*) et major de la fameuse Ecole de Joinville, rien que ça…

La vie de la FSF et de la FSCF ayant déjà été contée avec verve et talent par notre excellent confrère Jean-Marie Jouaret[76] nous ne ferons que survoler cette période moderne, ne brossant qu'à grands traits les principales étapes d'une vie toujours aussi riche… mais il n'est sans doute pas inutile de rappeler ici les conditions de vie et de pratique sportive de l'après-guerre et même des années 50 et 60.

La natation, en l'absence de piscines (la première dédiée au sport date de 1924, et attendra les années 60 pour voir vraiment grandir sa famille), c'est dans une rivière, départ plongé d'un ponton ou d'un bateau, mais *toutes mesures de sécurité seront prises : 2 excellents maîtres-nageurs et de nombreuses barques accompagneront nos*

---

[75] La doublure de Fernand Gravey pour les scènes de duel du film *Le capitaine Fracasse*, du grand Abel Gance, en 1943, c'est lui. Et le challenge Rommel est l'une des compétitions mondiales les plus prestigieuses et les plus prisées.

[76] *Petite histoire partielle et partiale de la FSCF, 1948-1998.* En vente au siège national. Prévoir cependant quelque délai : l'ouvrage, épuisé, *ne sera retiré que si la demande est suffisante…*

nageurs. Les sociétés peuvent donc sans crainte nous envoyer leurs représentants. Ouf ! Ça baigne… Le plongeon aussi, c'est en rivière, donc il est très peu pratiqué.

Le foot, c'est sur des terrains vagues et vaguement plats avec un peu d'herbe où les vaches ont marqué leur territoire en produisant des gaz à effet de serre. Le mâchefer est le matériau des terrains de basket, des frontons et des pistes d'athlétisme (dans laquelle chaque coureur creuse des trous pour installer ses starting-blocks) avec élastique pour la hauteur et la perche (en bois, puis en bambou puis en métal), sans mesure électronique pour les lancers (*un double déca pour les juges, un* !), sans matelas de réception (c'est le marchand de sable qui le fournissait), sans filets, sans vestiaires, sans douches.

Les tenues étaient un peu… disons disparates, le plus souvent confectionnées maison par des mamans aimantes ou récupérées dans le placard du frère aîné qui avait grandi. Les numéros dans le dos ? A la craie, juste avant le match : à l'arbitre (les rares fois où il y en a un) de les mémoriser avant que la pluie ne les efface…

Le ballon du club, c'est pour les vedettes de l'équipe première. Au dessous, ce sont les rescapés des années précédentes, victimes de milliers de coups de pied, gonflés avant la rencontre à la pompe à vélo, souvent victimes de hernies roses quand la vessie de porc de l'intérieur se prend pour une bulle de chewing-gum et qui pèsent une tonne quand il pleut. Au basket, ils ne rebondissent plus ; alors, dans l'impossibilité de dribbler, les équipes jouent à la passe à dix…

Les transports aussi sont formidables : c'est soit camions à ridelles, aux bancs de bois ou de métal, soit gazogènes à bois ou à vapeur hérités de l'occupant, soit le merveilleux train, ses wagons diligence, ses escarbilles et ses confortables bancs de bois de 3e classe. Arrivé sur place, le groupe se déplace bien sûr à pied : la marche est un excellent échauffement !

Quelqu'un a une petite faiblesse ? Pas de souci, on lui donne l'un des produits recommandés dans chaque numéro de *Les Jeunes* : une barre de chocolat Menier et de l'antésite pour les enfants, un Viandox, un verre de Saint-Raphaël ou de Dubonnet *(au quinquina, le vin tonique des athlètes*) de cherry Rocher *(la liqueur qui éternise le temps des cerises)* ou d'anisette Marie-Brizard pour les autres.

Cette fédération qui, avant 39, refusait, au nom de l'éducation, le surentraînement et le chronométrage des minimes, qui parlait tous les ans dans ses écrits et au congrès de la sécurité et de l'hygiène sociale dans les patronages, qui faisait un leitmotiv de la fiche médicale, de l'assurance des sociétés et de leurs licenciés, ne peut être accusée de promouvoir l'alcool. Mais sa publicité était alors légale, et il faut bien que *Les Jeunes* vivent…

Et la gym, ses programmes touffus et ses concours monstres ? Elle a disparu du nom de la fédé, mais elle reste le socle, et le plus gros des effectifs. Les édiles fédéraux ont un projet ambitieux pour rallumer avec et par elle la flamme qui va remotiver les troupes et réchauffer la machine éteinte par la guerre : le 50e anniversaire. Il s'agit de faire mieux qu'en 1937, vécu par certains comme un demi-échec.

Les conditions de pratique, ici aussi, vont laisser pantois les jeunes d'aujourd'hui. Au tout début, quand il y avait peu de clubs inscrits, les concours commençaient à des heures chrétiennes, 8 ou 9 heures. Puis il y eût de plus en plus de sections. Les jours n'étant pas extensibles, dès 1905, les concours débutèrent dès potron-minet, à l'heure où tous les chats sont encore gris. A 5h (4h30 pour les juges), tout le monde était en place sans bougonner, sans ronchonner.

Comme au foot et au cross, pas de vestiaires, bien sûr, et pas de douches. Le programme du dimanche (samedi, c'est encore usine ou classe) comporte obligatoirement : le concours lui-même, un défilé au moins (plus s'il y a du temps entre fin du festival et départ du train, sans compter celui du soir au retour dans la ville d'origine) la messe à 10h30 ou 11h et le *Salut du Très Saint Sacrement*, parfois à 13h30, plus souvent à 16h, festival et palmarès.

Les sociétés arrivent le plus souvent dimanche au petit jour, parfois le samedi soir, en trains spéciaux (450 places) affrétés par la fédé à l'une des quatre entreprises de chemin de fer, notamment la fameuse PLM, Paris-Lyon-Méditerranée. On ne peut pas dire que le train soit très confortable, mais une bonne nuit de sommeil répare les forces : *dortoir avec paillasses pour les gyms, chambres d'hôtels avec lits pour juges et membres honoraires des sociétés.*

En 1923, à Paris, 300 petits malins des 11 000 gyms du Grand Palais avaient piqué une paillasse pour doubler la leur, mais il y avait le nombre exact et les moniteurs avaient dû intervenir : *le système D n'est bon que s'il ne lèse pas le voisin*, tance *Les Jeunes*…

Le haut de la tenue (large ceinture, maillot sans manches et béret, souvent blanc) au dessus de la longue culotte bouffante, est encore visible sur un vitrail de l'église de Belleville-sur-Meuse (55) *offert par G. Loup, moniteur de la Légion Saint Sébastien,* le patro local.

A Nice, en 1932, les excursions (dix sont suggérées) sont *en voiture confortable* sur terre, sur *le Marie-Thérèse* ou *l'Emile Paris* pour les îles de Lérins. Les sociétés qui restent ensuite sur place pour leur colo ont pu choisir dans la très longue liste de locaux publiée par les organisateurs : *eau, paille, possibilité de faire cuisine, provisions, restaurant,* rarement *mobilier* et *lits* (2 ou 3 pour 50 places) …

Tel est le décor pour le concours de **1948**, qui doit enfoncer le clou au cœur du sport français, et marquer de façon évidente que la fédération est encore et toujours la plus forte de toutes celles existantes. Les conditions de la France meurtrie par la guerre sont très difficiles : deux dévaluations du franc en six mois pour obliger les entasseurs de billets du marché noir à les sortir ou à les perdre, pénurie d'essence et de charbon, et encore des tickets de pain, de sucre et de café. Il n'est donc pas pensable de faire aussi bien qu'en 1937 (25 000 gymnastes et 6 000 musiciens). Mais, onze ans après, la FSF possède un atout que la FGSPF n'avait pas : les filles du RSF.

Le samedi 7 août commence mal, très mal : *après l'orage de la nuit, les vestiaires de toile prévus pour 2 000 personnes gisaient lamentablement, leurs toiles et leurs grands bras de bois, numérotés mais enchevêtrés, les faisant ressembler à un puzzle.* Pas de quoi arrêter des gymnastes motivés venus pour participer à un grand moment de ribouldingue, alors, comme si de rien n'était, ils et elles concourent sur les stades des portes d'Auteuil et de Saint Cloud et font la fête (de nuit) au Parc des Princes.

Le dimanche 8, à 9 h 30, ils et elles déposent une gerbe sur la tombe du soldat inconnu puis, en impeccables rangs de 12, descendent les Champs-Elysées derrière Olga Batany et Gabriel Maucurier. En rangs par quatre, les 5 000 drapeaux occupent 300 mètres. L'après-midi, sous les yeux ravis de Son éminentissime Eminence le cardinal Suhard, festival au Parc des Princes, et *bis repetita* pour un gros moment d'émotion déjà vécu le matin sous l'Arc de triomphe.

La première délégation à entrer sur le stade est en effet celle de l'Avant-garde du Rhin, l'Alsace meurtrie mais redevenue ce qu'elle n'avait jamais cessé d'être dans le cœur de ses habitants, française, défilant derrière le drapeau tricolore et des jeunes filles en costume traditionnel. Lorsque le président Biecheler, montrant le drapeau à la foule, cria dans le microphone *nous l'avons gardé !* ce fut une ovation entendue jusqu'à Strasbourg, peut-être même Berlin…

Puis vint la première péripétie de la cohabitation sokols-jupettes : une grosse averse vit *les garçons détaler comme des lapins alors que les rangs des filles demeuraient solides comme des rocs. Et j'entends encore Gabriel Maucurier s'écrier bien virilement :* ***garçons, regardez les filles ! Regardez les filles, elles restent à leurs places !***

Les pusillanimes garçons sont donc mal placés pour juger que *les mouvements d'ensemble féminins ont paru moins au point,* mais ils ne s'en privent pourtant pas, les bougres ! Ah, au fait : combien ? 8 000 gyms garçons, 2 000 filles, et 2 000 musiciens. 12 000 donc.

Impressionnant, dit la presse unanime. Un tantinet décevant, pensent les responsables fédéraux. Il y a du pain sur la planche, et dix ans pour faire lever la pâte.… Mais peut-être, après tout, que la fédé est effectivement en train de basculer vers les sports ?

Il y en a un, justement, où les patronages brillent de mille feux : le basket. Inventé et importé en France par les protestants du YMCA, le nouveau sport avait tout pour séduire les clercs et la fédération : paniers faciles à accrocher sur un mur, nécessitant un espace bien plus réduit que le football-association, interdiction des contacts, obligation pour le fautif de faire pénitence, d'assumer sa brutalité (qui pénalisait l'équipe entière) en se signalant à tous en levant très haut la main…

Nombreux, *les Sammies* blacks avaient apporté leur ballon en 1918, et le baskett prit ainsi son second envol dans l'entre-deux guerres en 1925, il y avait en région parisienne 110 équipes en championnat FGSPF pour 57 en fédération d'athlétisme, qui chaperonnait alors le basket. Si la moitié de l'équipe des Jeux de 1948 appartient à un patro, c'est tout sauf un hasard. Dès la Libération, les clubs de patronage avaient reposé leur grosse mimine sur la balle au panier, qu'ils ne lâcheront pratiquement plus tant que ce sport sera amateur, jusqu'aux années 70, et ceux d'entre eux qui choisiront alors la voie du professionnalisme brilleront ensuite jusqu'à la fin du siècle.

Dans l'après-guerre, quasiment tous les patros ont leur équipe, des Ardennes aux Landes en passant par les Mauges, la Loire, le Rhône, l'Isère, la Vendée, l'Auvergne, l'Ile-de-France, le Nord, l'Alsace et j'en passe. Qu'il fasse beau, qu'il pleuve, qu'il vente, qu'il neige, c'est la même passion partout, été comme hiver, sur les terrains de plein air : tout le village (enfin… toute la paroisse !) est là pour supporter l'équipe. Dans les rares salles, souvent construites, hors gros œuvre, par joueurs et dirigeants eux-mêmes dans les années 60, c'est chaud comme la braise le samedi soir ou le dimanche après-midi.

Au haut niveau, c'est pareil. De 1945 à 1998, donc en 53 ans, le titre a été remporté 34 fois par des patros, chez lesquels, six fois, un club chasse l'autre : en 1945, *Championnet sports* et ses trois futurs médaillés d'argent olympique. En 1946, c'est *l'Eveil sportif Sainte-Marie de la Guillotière* (Lyon). En 1949, 1950, 1952, 1955, 1956, 1957, 1964, 1966, 1968, 1969, 1971, 1972, 1975 et 1977 (quatorze fois, donc) c'est un autre club de Lyon. En fait non, pas vraiment un autre : *l'Association sportive Villeurbanne éveil lyonnais (ASVEL)* est née de la fusion de *l'Eveil sportif Sainte-Marie* et de *l'AS Villeurbanne,* club municipal affilié à… la socialo-travailliste FSGT.

L'ASVEL gagne neuf fois la coupe FSF entre 1949 et 1959, date à laquelle la municipalité socialiste de Villeurbanne attire son attention sur le fait que son affiliation à une fédération fièrement catholique n'est peut-être pas de très bon goût dans le cadre d'une République laïque, certes, mais qui, par le biais de la ville, finance largement le club... Fin de l'histoire d'amour ASVEL-FSF.

Les Gones, on l'a vu, a eu quelques trous d'air en route. Et qui s'est glissé dans les interstices ? Presque toujours d'autres patros : *l'Etoile Sportive de Charleville-Mézières* du grand Jean Paul Beugnot et Jean Perniceni en 1958 et 1960, *l'Alsace de Bagnolet* et ses fratries (2 Dorigo, 2 Toffolon, 3 Mayeur, sept sur dix plus l'orphelin Jouaret) en 1961, 1962 et 1967, *l'AS Berck* (les 2 frères Galle, Vérove, Caulier, Dobbels, Racz) en 1973 et 1974. Le club est alors affilié à l'UFOLEP, mais il a bien été fondé par l'abbé Vandewalle en 1929.

De 1960 à 1970, *l'Alsace de Bagnolet,* que beaucoup pensent située près de Mulhouse ou de Strasbourg, remporte la coupe fédérale sans interruption, onze ans de règne (donc mieux que l'ASVEL) avant sa mise hors concours par l'espiègle commission fédérale discrètement harcelée par la concurrence au bord de l'abandon ou du suicide.

Lorsqu'ils jouent à l'extérieur, dans quelque région de France que ce soit, l'ASVEL puis l'Alsace n'ont pas besoin de leurs fans, il y en a toujours sur place, en nombre et parfois même avec une fanfare : les basketteurs et basketteuses des clubs locaux se font un plaisir de venir supporter *l'équipe porte-fanion des patronages*, et le font savoir.

Puis viennent deux patronages qui ont résolument pris le virage du professionnalisme pour leur équipe fanion, formatée aux nouvelles exigences du haut niveau : *le Cercle Saint-Pierre de Limoges* en 1983, 1984, 1985, 1988, 1989 et 1990. Dans l'intervalle, et ensuite, c'est le club préféré des supporteurs limougeauds qui prend le pouvoir : *l'Elan Béarnais d'Orthez* gagne en 1986, 1987, 1992, 1996 et 1998.

A la surprise horrifiée des grands clubs étrangers, le club joue ses matchs, y compris ceux de Coupe d'Europe, *dans les cacas d'oie de la Moutète*, le marché couvert local. Il n'y a pas de salle de sport au patro, dont le nom revenait très souvent déjà dans *Les Jeunes* de l'entre-deux-guerres : il eût un sélectionné FGSPF, participait souvent aux phases finales et avait même échoué une fois, en 1932 en finale du championnat fédéral ; de football…

Aujourd'hui, encore, en 1998, de l'ASVEL à Chalon-sur-Saône en passant par Dijon, Cholet, Nanterre, Pau-Orthez et Strasbourg, la moitié des équipes de Pro A, et beaucoup de Pro B, ont conservé *l'esprit patro* ou n'oublient pas qu'ils en furent un. Mais le sport-spectacle professionnel n'a rien de commun avec la FSCF, d'où la disparition des patronages du très haut niveau en basket.

Le football est un cas différent. Certes, la France s'est dotée d'un championnat professionnel depuis 1930, mais la fédération n'a jamais vu d'un bon œil ni ce sport parfois brutal ni le mélange du sport et de l'argent. Aucun club affilié n'y a donc connu le très haut niveau… à l'exception, remarquable et remarquée, du Stade brestois (issu de la fusion des cinq patros locaux pilotée par le chanoine Belbous et qui connut la 1ére division de 1981 à 1991) et de *l'AJ Auxerre* de l'abbé Deschamps et de Guy Roux, champion de France en 1995 et 4 fois vainqueur de la Coupe de France (1994, 1996, 2003 et 2005), mais qui, comme les patros du basket, a disparu de la super élite faute de moyens financiers.

C'est donc à l'étage du dessous, au plus haut niveau amateur, qu'ont brillé entre 1948 et 1970 les Enfants de France de Bergerac, l'Union Clissons-Korrigans (UCK) Vannes, l'Arago-sports d'Orléans, le Stade Brestois et les Pierrots de Strasbourg.

L'après-guerre, c'est l'époque où les jeunes vicaires en soutane s'adonnent aux joies du sport dans la cour du patro, mais parfois aussi en compétition. Certains décrochent même des titres de champions fédéraux, dans deux disciplines, le tir prémilitaire et la pelote basque, cette dernière permettant des photos qui font la joie des gazettes…

Le monde est en ébullition. Bien que géographiquement située tout près du siège, l'agitation germanopratine des existentialistes n'atteint pas la fédé, mais le pays revit. Le 7 octobre 1948, au Salon de l'Auto, Citroën dévoile un engin imaginé avant 1939 mais mis au placard pendant la guerre, une voiture aux lignes courbes et non pas aiguës comme les bagnoles américaines et qui va faire la renommée de la marque : commercialisée l'année suivante pour 228 000 francs (350 euros d'aujourd'hui), l'engin bizarre de 7 chevaux tire son nom de sa puissance fiscale (2 cv) et sera vendue à 5 millions d'exemplaires.

Depuis 1948, on a énormément inventé ou installé : le cinémascope, la montre de plongée, l'avion à réaction (à turbopropulseurs, puis turboréacteurs), le code-barres, le stylo du baron Bic, les couchettes dans les trains, la pilule (aucun rapport avec le précédent !), le câble transatlantique (on peut téléphoner en Amérique. Fou, non ?), le stimulateur cardiaque (*pacemaker*), le Tefal, le Livre de poche (1953), la mobylette et le scooter

Sans oublier le SMIC (1950), les HLM, la cité radieuse de Le Corbusier (14 octobre 1952, classée depuis monument historique), la TVA (1954), la DS (Citroën, comme *la deudeuche,* 1955), la 3e semaine de congés payés (1956), et tous ces appareils et instruments domestiques très pratiques mais hors de prix : télévision, réfrigérateur, (tout le monde dit frigo ou frigidaire, du nom de la marque reine sur le marché), machines à laver le linge et même la vaisselle, minitel et ordinateur, qui semble promis à un bel avenir…

Le 4 octobre 1957, depuis le cosmodrome de Baïkonour, l'URSS lance une petite sphère d'aluminium de 58 cm de diamètre, baptisée Spoutnik I, qu'elle met en orbite autour de la terre. La conquête spatiale est lancée entre les deux grandes puissances mondiales.

Contre son gré, la France a « perdu » l'Indochine (Dien-Bien-Phu, 7 mai 1954) et les cinq fameux comptoirs de l'Inde (1956). Elle est, en cette année 1958, au bord de la guerre civile : le 16 mai, c'est l'état d'urgence. Le 2 juin, de Gaulle est de retour, se donne les pleins pouvoirs et attaque le problème qui a mis le feu aux poudres : l'empire colonial français. Le 20 août, à Brazzaville, il proclame *le droit à l'indépendance des peuples d'outre-mer.* En Afrique noire, ça se passe plutôt bien. En Algérie, ce sera une très sale guerre.

La FSF se reconstruit, mais sans doute pas dans le sens qu'elle souhaite : ce sont les évènements qui vont bientôt l'obliger à changer de visage. A partir de 1954, il y en a cinq : trois lui sont extérieurs (les Jeux olympiques de Rome, le virage sur l'aile de l'Eglise de France et l'essor de la télévision) deux sont internes, le départ d'Armand Thibaudeau et la poussée des foyers-clubs de jeunes.

En septembre 1954, Armand Thibaudeau, malade, usé par 35 ans d'action et de lutte, se retire, à 68 ans. La fédé n'a jamais eu besoin de batée pour trouver des pépites dans son fabuleux gisement de bénévoles : quand il s'est agi en 1915 et en 1919 de remplacer Charles Simon puis Henri Delaunay, les politiques ont simplement pêché dans le vivier quelqu'un dont ils avaient repéré le dynamisme, la rigueur administrative et les qualités d'organisateur d'évènements. Dans la série *puisque ça a marché, recommençons*, ils choisissent de nouveau un jeune responsable de commission.

Le remplacement est d'ailleurs en route depuis l'année précédente, puisque Thibaudeau a un adjoint, bénévole, Robert Pringarbe. Le Rouennais n'a que 33 ans, mais déjà un long passé d'engagement, puisqu'il a commencé à quinze ans à la section foot de son patro parisien, *le Cercle Saint-Eustache*, puis à *Saint-Roch Sports*.

Trois ans plus tard, à 18 ans, beaucoup d'adultes ayant disparu pour cause de guerre, il aide l'abbé Dumail à regrouper les patros du 1er arrondissement dans un seul, tout nouveau, *l'Association Sportive du Centre*. Il excelle en athlétisme (400 m et longueur : 6,42 m) même s'il s'éclate aussi, comme c'est l'usage à l'époque, avec les autres sections du club, cross, foot et hand. Repéré par les chasseurs de tête de l'UD Seine il est devenu membre de la commission régionale d'athlétisme, qu'il préside depuis 1949.

En 1952, il refuse la proposition de devenir salarié de la fédé comme adjoint de Thibaudeau, mais, sous l'amicale et insistante pression des pontes fédéraux, il finit par abandonner ses études et ses rêves de comptable : il accepte le poste en 1953. Un an plus tard, le 26 octobre 1954, bien plus tôt que prévu, sans consignes et sans aucune préparation (on ne peut pas dire qu'il ait eu vraiment accès aux dossiers, encore moins une vraie formation avant le départ d'Armand), Robert Pringarbe est seul aux commandes du navire.

Faire oublier son prédécesseur est une lourde tâche, comme le prouve le vibrant hommage rendu à Thibaudeau par un congrès galvanisé par la motion de Marcel Minier *(Eveil de Contres)* qui célèbre le formidable travail de l'ancien secrétaire général.[77] Mais le petit nouveau n'est pas mal non plus : avec son expérience, on ne peut vraiment pas l'accuser d'impéritie, et il possède une vraie fibre de responsable, une rigueur et une puissance de travail extraordinaires, beaucoup d'énergie et une idée par jour… les moins bons jours. Comme Thibaudeau (décédé en 1955, et qui aura des obsèques à son image, très discrètes) il n'a qu'un but, la fédé.

C'est donc lui qui, avant de mettre en chantier son grand projet de réorganisation de la FSF, organise les festivités du 60e anniversaire. La situation politique est trouble, tendue. Malgré cela, grâce au président du Conseil, Pierre Pflimlin président de l'Avant-garde du Rhin depuis 1953 et membre du comité central, une délégation est reçue le jeudi 3 juillet 1958 par le président de la République, René Coty. Malgré plusieurs autres tentatives ultérieures (la dernière pour les 100 ans, en 1998) ce sera la seule et unique fois où la fédération obtiendra le droit d'asile temporaire à l'Elysée.

C'est le nouveau président, Me Gilbert Olivier (repéré par Charles Mansion, président de l'UFCV, et nommé par le comité central du 11 février 1956, les élections par l'AG n'étant pas encore obligatoires) qui conduit la délégation : le président d'honneur, François Hébrard, le chanoine Wolff (toujours très présent et très écouté malgré son remplacement par le RP Maucorps, sj) et la vice-présidente, Mme Sapin, en présence de Gaston Roux, directeur général de la Jeunesse et des Sports, et de Pierre Pflimlin.

Organisateur talentueux, Robert Pringarbe donne aussitôt sa pleine mesure : comme à Nice en 1932, c'est toute la famille qu'il convoque à Paris. Il y aura les gym et les musiciens, mais aussi les athlètes, les basketteurs, les boulistes, les cyclistes, les danseurs et danseuses, les footballeurs, les handballeurs, les nageurs, les pelotaris, les pongistes et les tireurs FSF et FICEP : il a décidé celle-ci (passée d'Union à Fédération le 5 janvier 1947 à Zurich et dont il est *ipso facto* secrétaire à la place de Thibaudeau) à organiser ses championnats à Paris dans le cadre des 60 ans de la fédération en ce mois d'août 1958.

[77] Cet autre fou de fédé animera pendant 30 ans dans le Loir-et-Cher une amicale des anciens trois fois plus nombreuse que l'Amicale nationale, qu'il présidera sur le tard, brièvement et avec moins de succès.

Ce fut grandiose, malgré une ultime chaleur de dernière minute : le samedi 5, à midi, un motard dépose place Saint-Thomas-d'Aquin une lettre du ministre de l'Intérieur, ministre des Cultes, qui, *par crainte de troubles à l'ordre public* (en Algérie, *un quarteron de généraux félons* s'agite, et la tension gagne la France), interdit la messe du lendemain sur l'esplanade des Invalides. En 3 heures, le problème est réglé : clubs, cardinal et sept évêques concélébrants avertis, mise en place d'une navette de cars entre les Invalides (point d'arrivée du défilé) et le nouveau lieu de l'office vespéral, fermé, donc non provocateur, la piste municipale de Vincennes, dite *Cipale* (aphérèse, rare exemple de métaplasme de la belle langue française).

C'est la cinquième fois, après 1921, 1923, 1937 et 1948, que les Champs-Elysées sont fermés à la circulation et au public pour cause de défilé de gymnastes et de musiciens catholiques. Et cette fois-ci, il y a des drapeaux étrangers : ceux des fédérations présentes, pas des pays en question, mais les inscriptions ne trompent pas !

Il y a donc là les fédérations catholiques d'Autriche (qui a déposé sa propre gerbe sous l'Arc de triomphe), de Belgique, d'Espagne (tout le sport espagnol est catholique sous *le caudillo*), de Hollande, de Suisse et la *Deutsche jugendkraft* (DJK) dissoute en 1935 par Hitler, ressuscitée en 1947 et revenue en 1950 à la FICEP. Treize ans après, il y a de nouveau des drapeaux allemands sur les Champs-Elysées. Même s'ils sont sans croix gammée, il fallait quand même oser…

Robert Pringarbe ne supporte pas les retards dans une organisation. Parti grâce à lui avec 8 minutes de retard seulement (8 h 08) le défilé, entraîné par la musique des gardiens de la paix (tout un symbole…) et animé par 121 batteries fanfares de la fédération (!) ne s'éternisa pas, au grand regret des 100 000 Parisiens massés sur le parcours.

L'opération *18 000 jeunes à Paris* fut un immense succès, et le programme d'une richesse nouvelle et impressionnante :

- Jeudi 3, relations publiques : après la réception à l'Elysée, repas de gala au très chic pavillon Dauphine : deux ministres (Pflimlin, Buron) un cardinal (Feltin), trois évêques et des personnalités à tire-larigot
- Vendredi 4, culture : au TNC Chaillot, gala animé par la vedette d'Europe 1, Robert Marcy, avec les meilleures productions des meilleurs patros et présentation des gloires

sportives fédérales : Robert Busnel, Marthe Djian-Lambert, Marcel Hansenne, Henri Guérin et Marcel Paterni,

- Plus classiques, la fête de nuit du samedi au Vel d'Hiv, le festival du dimanche à la Cipale (2 000 gyms écrivent sur la pelouse le sigle FGSPF qui, en 30 secondes, devient FSF sous les yeux ébaubis d'un public en délire) et la messe, donc, célébrée par le cardinal Lienhart (Lille) assisté de 7 évêques dont Mgr Picard de la Vacquerie (qui suit « son » club, *l'Arago d'Orléans* de très près). *Les sportifs n'ont pas de patron dans le calendrier catholique* (Jean Giraudoux) mais l'Eglise les chouchoute quand même ; plus pour longtemps !
- Les nombreuses excursions offertes aux provinciaux et aux étrangers (Arc de triomphe, Invalides et Panthéon leur ont été ouverts par autorisation exceptionnelle des autorités), les tarifs réduits pour tour Eiffel, bateaux-mouches et baptêmes de l'air en hélicoptère, plus l'illumination spéciale, le samedi de 21h30 à 22h30 et malgré la crise d'énergie qui sévit, de l'Arc de triomphe, Notre-Dame, le Louvre, des deux églises Saint-Germain (des Prés et l'Auxerrois), des Invalides et de la Madeleine. C'est-y pas déjà culturel, ça ?
- Les 50 000 repas servis en 3 jours *parfois sur le pouce, mais toujours dans la bonne humeur* au palais des sports qui abritait aussi 2 gigantesques dortoirs de 2 500 et 4 000 lits Picot, le premier servant aussi de réfectoire pendant la journée[78]. Essayez donc de faire ça aujourd'hui !

L'avenir s'annonce intéressant, mais, pour en parler, un petit retour en arrière s'impose, sur le second phénomène qui, avec l'arrivée de Robert Pringarbe comme secrétaire général appointé (un poste alors bien plus stratégique et important que le secrétaire général élu) va changer de l'intérieur le visage de la fédé.

Dans *Les Jeunes* du 8 décembre 1957, un article, bien que situé en 1re page, était passé inaperçu. Un inconnu, Maurice Hérault, *secrétaire général du CLI des clubs de jeunes*, y donnait ses impressions sur le congrès FSF, auquel il assistait pour la première fois, et présentait le Centre de liaison inter foyers-clubs (CLI) né à Paris en 1954. En 1958,

---

[78] Ces grands moments sont visibles sur le film *100 minutes aux Champs Elysées,* dont une copie (16 mm) sommeille toujours dans les archives fédérales.

il signe cinq nouveaux éditos, et l'abbé Jacques Fournier, de la commission fédérale d'expansion, deux.

Le 8 février 1959, c'est parti : les *foyers-clubs de jeunes* occupent toute la dernière page du journal, et la commission d'expansion donne les premiers résultats de son enquête sur les locaux et les activités au sein des clubs affiliés. En moins d'un mois, 360 (265 de garçons et 95 de filles) ont répondu, score incroyable de nos jours. Tous possèdent un foyer ou une salle de loisirs, avec activités organisées ou en projet. Tous. Ce n'est pas rien, c'est la preuve que les loisirs ont été pris en compte par les clubs, dans la foulée des socialistes, revenus au pouvoir en 1956 pour octroyer, 20 ans après le Front populaire, une 3e semaine de congés payés.

Cette enquête est le départ d'une vague de fond qui va s'imposer dans la structure fédérale : les foyers d'éducation populaire. Comme les pionniers de 1898, ceux des années 60 ont droit à ce que leur nom soit donné aux générations futures. Au départ, ils ne sont que huit, dont cinq des *Bleus Blancs* de Paris 12e : Maurice Hérault (directeur de colonie, un article par semaine pendant douze ans, sans trop de verbigération), l'abbé Fournier, Georges Dubois (vite élu au comité central), Pierre Leclerc (ingénieur RATP, bricoleur-technicien-inventeur de génie), son épouse Odette (indispensable présence et sensibilité féminine) et les inénarrables jumeaux homozygotes et fusionnels Jacques et Raymond Ancellin.

Cette équipe de gens tous très talentueux et formidablement complémentaires est complétée par Pierre Lacroix, un « extérieur » issu des Cœurs vaillants, pédagogue et « théologien » des foyers-clubs bien qu'il soit laïc. Meneur charismatique, âme et tête pensante du groupe, le remarquable et fin politique Jacques Fournier[79] sait que l'étiquette de progressiste qu'il porte sur les épaules est un handicap et un frein pour le groupe et l'entreprise.

[79] Qui ne sera effectivement jamais nommé aumônier fédéral, mais exercera tour à tour à Notre-Dame de Paris (où il créera de toutes pièces le minitel de l'Eglise de France, 36-15 Gabriel, et obtiendra l'aumusse et la mozette du canonicat), puis comme chapelain au Palais des congrès, à Orly puis Roissy, et finira à Saint-Roch aumônier des acteurs et des artistes, après avoir tenu pendant des années, tous les dimanches matin sur RTL, une chronique très appréciée et très écoutée.

Il délègue donc la plume de la « pensée » à l'auteur de *la dynamique éducative,* puis de *la pédagogie existentielle*, une doctrine exactement à l'opposé du discours de l'aumônier fédéral de l'époque ! Pour éviter un clash qui n'apporterait rien de positif à personne, Pierre Lacroix se retire, sans ferrailler, en octobre 1968.

L'équipe des grillons du foyer construit d'abord les fondations de la maison, puis met en place l'essentiel, la formation du personnel d'animation, non sans quelques difficultés : il y a certes eu quatre week-ends régionaux, à Rennes, Beauvais, Grenoble et Marseille, pour 80 stagiaires au total, mais les stages nationaux d'animateurs (trices) de foyers programmés en 1960 et 1961 sont annulés faute d'inscriptions. C'est celui de Versailles, en 1962, qui marque le vrai départ et forme les 25 responsables que l'on trouvera pendant les 25 ans qui suivent à la tête des actions locales, départementales, régionales et souvent nationales de la FSF et de la FSCF.

Pour soutenir leur travail, et celui des clubs, le SELF enrichit son menu et propose des fiches documentaires. Pour ne pas marcher sur les pieds des politiques, qui publient pour les dirigeants sportifs des fiches de réflexion sur des sujets de fond[80] Jacques Fournier, rédacteur talentueux et quasi exclusif des 94 fiches (représentant environ 1 500 stencils à encrer et à ronéotyper, car, en plus de les concevoir, il les frappe souvent lui-même), se cantonne au plan administratif et technique, dans lequel il excelle aussi !

Il ne sera donc question que de bibliothèque, de son, de photo, de montage audio-visuel, de ciné-club, de cinéma, de veillée lecture et de livre vivant, de modélisme, de poterie, d'isolation thermique et phonique des locaux, d'inclusion sous plastique, de psychologie et de pédagogie, certes, mais généralistes, et d'un nouveau produit FSF, le Centre sportif et culturel de vacances, puis, sur demande des cadres locaux, de l'éducation populaire hors fédération.

Car le ministère Jeunesse et Sports a décidé que, les diplômes des associations étant de la roupie de sansonnet, il se doit d'intervenir. En 1964, il crée le diplôme d'état de Conseiller d'éducation populaire

---

[80] De 1964 à 1977, à titre d'exemple, *Les Institutions Temporelles chrétiennes,* Regard sur le jeune, *Travailler en équipe*, L'éducation de la foi, *Sommes-nous au service des plus pauvres ?* Tout dirigeant doit-il être chrétien ? *FSCF et publicité,* FSCF et argent, *Le prêtre et les responsables*, etc.

(DECEP), remplacé en 1970 par le Brevet d'aptitude à l'animation socio-éducative (BASE) complété l'année suivante par le Certificat d'aptitude à la promotion des activités socio-éducatives (CAPASE).

Jacques Fournier transforme aussitôt les cours de formation par correspondance (et le programme des stages fédéraux) en préparation des diplômes d'Etat. Enorme succès : 216 inscrits aux cours DECEP la première année (sur 950 candidats pour toute la France), 513 au total des trois ans qui suivent, ainsi que 41 candidats au stage d'expression écrite et orale (unité de valeur du diplôme).

Les nombreux élèves reçus se firent toujours un plaisir de signaler au siège que, partout en France, trois ou quatre membres du jury sur cinq se référaient, pour les bonnes réponses, aux cours polycopiés de la fédération... Pourtant, en 1971, la commission culturelle arrête les frais, et met fin aux cours et aux stages, décision prise ni à la venvole ni de gaieté de cœur : sur les 513 élèves par correspondance, il y en avait seulement 8 de la fédération, et sur les 41 stagiaires *expression écrite et orale*, un seul était licencié FSCF. Le cycle avait été squatté par des animateurs extérieurs ravis d'une formation bien meilleure que celle des organismes spécialisés, et beaucoup moins chère !

Fin de l'opération foyers-clubs, d'ailleurs remplacés par l'Etat lui-même, qui crée les centres de vacances et de loisirs en 1973 : finis foyers et centres aérés, bonjour les centres de loisirs sans hébergement (CLSH), finis les colos et camps d'adolescents, bonjour les CVL, finis les diplômes de moniteurs, bonjour les brevets d'aptitude aux fonctions d'Animateur (BAFA) et de Directeur (BAFD)...

Mais le bilan est loin d'être négatif : en douze ans, les foyers-clubs ont formé, notamment dans l'Orléanais (Jean Malherbe, *Saint Vincent sports et culture),* l'Alsace (Martin Hett, *ASC Ste-Afre de Riedishcim*), PACA (André Alessandri, *foyer-club du Lacydon et de la Major* Marseille), Paris (Michel Charrais, *les Bleus blancs* et Michel Sterlin, *Foyer-club la Cordée*) et Loire-Atlantique (Odile Dupau et Françoise Huet, *Vie et Joie Nantes)* 3 000 animateurs et animatrices généralistes qui ont agi dans plus de 500 associations et commissions. De plus, la très sportive FSF a gagné auprès des professionnels de l'animation et du ministère Jeunesse et Sports une image d'association d'éducation populaire à part entière.

Après cette projection dans le futur, revenons, après les excuses du rédacteur, aux trois événements extérieurs qui ont eux aussi changé le visage de la fédération. Il y a d'abord le changement d'attitude et de priorités des deux grands corps dont, qu'elle le veuille ou non, la fédération est tributaire et dont elle ne peut se passer, l'Eglise et l'Etat, dont le double virage sur l'aile quasiment simultané en ces années 60 va avoir sur la FSF des répercussions si profondes que c'est son existence même qui va se trouver menacée.

Rome, 1960 : la France est presque aussi traumatisée que l'année précédente lorsque, le 2 décembre, près de Fréjus (Var), à la suite de pluies diluviennes, la voûte du barrage de Malpasset, qui n'avait pourtant que 5 ans, s'était effondrée à 21 h 13. Une vague tsunami de 12m de haut avait tout détruit sur son passage, faisant 523 morts dont 135 enfants. C'est l'une des plus grandes catastrophes civiles du XXe siècle en France.

Rien de tel, heureusement en août 60 en Italie, mais les sportifs du dimanche, les stratèges de bistrot et les cocardiers nationalistes estiment que le pays a pris une claque honteuse et insupportable : cinq médailles seulement, dont l'argent de celui qui, comme les autres champions « maison », n'oubliera jamais qu'il a débuté le sport dans un patro, celui de Robert Pringarbe, *l'AS Centre,* où il jouait au foot et a été repéré par René Frassinelli, entraîneur d'athlétisme à l'œil expert, le jour où, suite à un pari avec ses copains il escaladait en courant la butte Montmartre. Comme Jules Ladoumègue, Michel Jazy répondra volontiers toujours présent chaque fois que FSF et FSCF feront appel à lui.

A la une du *Figaro*, le facétieux Jacques Faizant caricature le général de Gaulle[81] en survêtement, javelot en main et ballon sous le bras et lui fait dire : *dans ce pays, si je ne fais pas tout moi-même...* Poussés par l'opinion publique, les pouvoirs du même adjectif se livrent à un sport qu'ils pratiquent déjà partout sauf dans le domaine du sport, la prise du taureau par les cornes, dite aussi *action directe, sans, voire contre les associations qui coûtent cher et n'y connaissent rien,* tous les fonctionnaires savent ça !

Le haut-commissaire aux Sports qui reçoit l'exaltante mission de tout construire, c'est Maurice Herzog, ex-alpiniste de très haut niveau

---

[81] Elu 1er président de la Ve République le 21 décembre 1958 par 78,51 % des voix des grands électeurs, il instaurera en 1962 l'élection au suffrage universel.

(8 080 m), qui sait donc ce que veut dire remonter la pente, et s'est depuis reconverti dans la politique.

Le 11 avril 1961, huit mois après Rome, il tient une conférence de presse qui (volontairement, c'est une évidence, pour que les mesures annoncées passent inaperçues) se déroule dans une discrétion quasi totale, trois heures à peine après celle du général, un spectacle qui, on le sait, fait accourir les journalistes du monde entier et occupe leurs collègues français pendant les trois jours qui suivent !

Robert Hervet, en charge de *Les Jeunes*, y assiste, et en rend compte cinq jours après : il a immédiatement compris que l'Etat venait d'enclencher un vaste mouvement de fond. Les mesures principales sont :

- Le colonel Marceau Crespin est confirmé dans son rôle de responsable de la préparation olympique pour que, comme après 14-18, la France ne connaisse *plus jamais ça*
- Le roupillant Comité national des sports (CNS) sera ranimé, et travaillera avec le Comité olympique français
- La saison des sports collectifs sera limitée par l'Etat
- Un représentant du haut-commissariat, désigné par lui sans concertation, assistera désormais aux comités directeurs de toutes les fédérations pour aider ces dernières.

Robert Hervet écrit : *une chose est certaine, une page se tourne, nous devons en prendre conscience. Certaines de ces mesures répondent à nos préoccupations.*[82] *D'autres nous conduisent à nous interroger, car tout se centre autour d'un organisme nouveau au sein duquel la FSF ne possède pas de titulaire.*

Il avait bien subodoré qu'il ne s'agissait que d'un début d'une remise en question fondamentale, en fait le premier étage de la fusée qui allait placer le sport français moderne sur son orbite d'aujourd'hui.

Dix-huit mois plus tard, le 28 novembre 1962, Maurice Herzog quitte son poste. Rien de surprenant, un important remaniement ministériel était annoncé. Ce qui n'était prévu par personne, en revanche, et surprend donc tout le monde, c'est l'arrêté qu'il a signé avant d'arrêter, juste la veille de son départ.

---

[82] Cette limitation est une demande constante, depuis les années 30, des congrès au comité central et donc du comité central au haut-commissariat ou secrétariat d'Etat.

Le texte contient trois bombes qui mettent le feu aux poudres des fédérations dirigeantes (les autres ne sont pas concernées) et aux plumes de leurs responsables, au bord de l'arrêt cardiaque.

Sportivement parlant, le jeune président de la FSF, Gilbert Olivier, a de qui tenir : son père, Eugène, a été double médaillé olympique d'escrime à l'épée (bronze individuel et or par équipes) à Londres en 1908 puis, à 21 ans, premier président d'un club de joyeux lurons délurés, le *Paris Université Club.* Mais Gilbert n'a gardé de papa que la fibre du dirigeant : la compétition l'intéresse peu. Il ne s'est donc pas éternisé dans le patronage où l'ont placé ses parents (le PUC n'accueille que des adultes, qui plus est aussi licencieux que licenciés) *la Saint-François d'Assise du Plateau de Vanves.*

N'ayant pas été élevé dans le sérail, l'innocent ne sait pas que, dans le milieu sportif, et plus encore à la très respectueuse et muette FSF, on ne s'attaque pas, en public tout au moins, au représentant de l'Etat. Alors, comme son escrimeur de papa, il ferraille à la loyale, sans escobarderie, flamberge au vent, non pas sur la piste mais dans *Les Jeunes*, contre ce haut-commissaire que l'on ne peut pourtant pas soupçonner d'être anti FSF : il a déjà rendu visite à un stage fédéral de foot à Dinard en 1960, et il a assisté en 1961 et 1962 à la quasi-totalité des matinées sportives et récréatives, cette formidable invention du tandem Pringarbe-Lollier, dont il sera bientôt question plus en détail.

Bien que la fédération ne soit pas astreinte à appliquer les décisions du liberticide arrêté (et les visites du haut-commissaire ne sont peut-être pas étrangères à cette exemption des fédérations affinitaires, dont Maurice Herzog ne soupçonnait bien entendu même pas l'existence avant sa nomination), Gilbert Olivier attaque sur deux pages, dans l'édito de *Les Jeunes* du 13 janvier 1963, *l'enterrement sans fleurs ni couronnes* du bénévolat et du passé.

Il reproche véhémentement deux choses au premier vainqueur de l'Annapurna (3 juin 1950, avec Louis Lachenal) : la non consultation préalable des fédérations et l'intervention directe de l'Etat dans le fonctionnement d'icelles. Il en fait une question de principe et de solidarité avec le milieu sportif.[83] Dans celui-ci, les fédérations

[83] Dont on aimerait qu'il renvoie de temps en temps l'ascenseur… mais ceci est une autre histoire !

dirigeantes, donc, les articles qui ne passent pas (sortes d'étouffe non chrétiens…) sont les trois qui précisent que :

- Les mandats des présidents élus à tous les échelons de la fédération (national, ligue, départements et sociétés) ne peuvent plus excéder six ans, en deux fois trois ans
- Cette élection doit désormais venir de l'assemblée générale et non plus du seul conseil d'administration, avec nombre de votes par correspondance et par procuration limité
- Deux sportifs de haut niveau doivent obligatoirement être cooptés, pour un an renouvelable, au sein de ces mêmes conseils d'administration où ils feront entendre une voix tout à fait absente, celle des champions et de leurs besoins spécifiques.

Rien que de très normal aujourd'hui, mais à l'époque, ce fut une belle levée de boucliers. Le 17 janvier, quatre jours après le pamphlet olivietain (et notre petit doigt nous dit qu'il ne s'agit pas d'une coïncidence), le service de presse du haut-commissariat précise que *la limitation de durée de mandat des membres des Conseils d'Administration des clubs sportifs est une erreur matérielle. Elle concerne exclusivement les Fédérations et les Ligues, éventuellement les comités départementaux.*

Bref, il s'agissait d'une simple erreur de frappe, qu'ils disent… Longue vie à l'Administration !

Le 5 avril 1963, renommé la veille par Georges Pompidou avec grade de secrétaire d'Etat (une promotion pour lui et pour le sport) Maurice Herzog, qui veut apaiser la fronde, prend le soin et la peine de confirmer par lettre aux affinitaires deux choses : l'arrêté du 27 novembre 1962 ne leur est pas applicable, mais en revanche, la délégation de pouvoirs leur est retirée. Il ne peut y en avoir, et il n'y en aura désormais qu'une seule par sport.

Télégrammes, lettres directes et articles incendiaires dans *Les Jeunes* (qui reproduisent également ceux du *Figaro* et de *l'Equipe*, hostiles à la réforme) ne suffisant pas, l'avocat Me Olivier, dont les érythrocytes ne font qu'un tour, appuie la motion que le Comité national des sports expédie le 15 mai à tous les groupes parlementaires, au Premier ministre, à celui de l'Education nationale et au secrétaire d'Etat lui-même.

Il fait plus : le 4 juin, il introduit auprès du ministre de l'Education, le vrai patron de Maurice Herzog, un recours gracieux pour le dépôt duquel il a obtenu l'accord du comité central du 21 mai.

Les choses en resteront là… pour la fédé : 19 jours plus tard, le 23 juin, Maurice Herzog, que l'on ne peut vraiment accuser ni de rancune ni de pusillanimité, assiste aux championnats fédéraux féminins de gymnastique organisés par *les Mouettes de Royan.* Il ne se contente pas d'un passage éclair entre deux rendez-vous, mais reste plusieurs heures, et y fait un super travail de… ministre, félicitant longuement et chaleureusement, en public et en privé, le club organisateur, les bénévoles, les sociétés, les juges et les éducateurs de la FSF, qu'il érige en exemple et à laquelle il assure que, même si elle n'a plus de délégation de pouvoir, elle continuera à être aidée par ses services.

Le 18 juillet, à l'Assemblée, il persiste et signe, en réponse à cinq questions orales sur la FSF (beau carton !), dont celle de l'abbé Hervé Laudrin, fondateur du *Cercle d'Education Physique de Lorient* (CEP) en 1934 et député gaulliste du Morbihan, qui suit la fédé de très près, et la défend de son mieux lorsqu'il le faut.

Il fut le dernier député à porter la soutane à l'Assemblée avec son fameux confrère, le truculentissime maire de Dijon Félix Kir, dont l'apéritif vin blanc-cassis et les réparties drôles et cinglantes (à l'occasion quelque peu lestes) sont encore célèbres, exemplaire unique d'*anticommuniste pro bolchevik,* pourfendant à l'Assemblée ses collègues, les députés communistes, mais rendant visite à Moscou, en 1960, à Nikita Kroutchev qu'on lui avait interdit de recevoir l'année précédente à Dijon. L'abbé Laudrin était plus calme…

Donc rien de changé pour la gouvernance de la FSF, qui peut conserver son président 50 ans si elle le veut et n'a pas obligation de résultats, mais dans beaucoup d'autres fédérations, ce salutaire et indispensable coup de pied dans la fourmilière agita longtemps les caciques, dont quelques uns en place depuis la Libération (et certains même avant), furieux de ne pouvoir garder le pouvoir que six ans au maximum, avec réélection au milieu du gué, qui plus est. Mais les bases du sport français moderne de haut niveau étaient jetées, une voie spécifique encore en usage aujourd'hui.

Me Olivier parcourt le monde pour asseoir le prestige international d'un vieil établissement fondé en 1907 mais qui végète, à l'étroit dans ses locaux parisiens, l'Ecole supérieure des sciences économiques et commerciales (ESSEC) qui déménage à Cergy et devient grâce à lui l'une des meilleures écoles européennes de management.

Il a déjà peu de temps pour la FSF, et encore moins pour les réunions extérieures. C'est donc Robert Pringarbe qui représente la fédération au comité national des Sports. Etant donnée sa formation de comptable, il s'est porté volontaire (sans rival !) pour le poste de commissaire aux comptes, et ne peut donc hélas pas faire partie du conseil d'administration.

En 1965, le troisième président fédéral, le seul à avoir critiqué en public l'autorité de tutelle, cède le poste à un autre homme en robe noire, un confrère du Palais déjà vice-président national depuis 1960, Me Guy Fournet, convivial enfant des patros *(Saint-Charles de Juvisy* puis *La Domrémy Paris*) qui, comme Armand Thibaudeau, exercera en même temps de hautes responsabilités (membre du Conseil et avocat officiel) à la fédération française de basket.

Le 10 novembre 1960, la FSF avait une fois de plus fait œuvre novatrice, en inaugurant la longue série de manifestations pour les jeunes qui allait enchanter les jeudis après-midi de milliers de petits patronnés Franciliens et asseoir son sérieux et son image auprès de ses clubs, des autres fédérations et du secrétariat d'Etat. Il y eût 48 matinées sportives et récréatives jusqu'au 29 février (si, si !) 1968, et voici la recette :

- Quinze, vingt ou trente minutes d'un sport peu connu ou spectaculaire, si possible les deux : GRS, badminton, escrime, rythmique Irène Popard, boxe, tennis, tennis de table, gymnastique, lutte, hauteur, haies, trampoline, karaté, etc.
- Deux fois quinze minutes d'un match de sport collectif (basket, foot en salle, hand ou volley) avec défenses élastiques et donc beaucoup de smashes, de paniers ou de buts, par le Bataillon de Joinville, parfois même l'équipe de France
- Un ou deux champions, des vrais, des grands, qui font rêver les jeunes, et sont d'accord pour venir *gratis pro Deo,* à une époque où ils n'ont ni trois Ferrari, ni douze chaînes en or autour du cou, ni montre en diamant, ni *bimbo* siliconée, ni agent, ni attaché de presse, ni avocat, pour répondre à trois questions puis signer des autographes pendant trois heures, sourire et gentillesse en plus

- Quelques noms : Borotra (Jean), Calmat (Alain), Caron (Christine, dite Kiki), Christophe (Eugène),[84] Cochet (Henri), Delecour (Jocelyn), Ferignac (Jean), Gotvallès (Alain), Jazy (Michel, qui revint souvent), Jourden (Jean), Kopa (Raymond), Ladoumègue (Jules), Morelon (Daniel), Piquemal (Claude), Rivière (Roger), Robin (Daniel), Trentin (Pierre), tous avec un palmarès long comme une soirée sans télévision, champions d'Europe, du monde ou olympiques
- La musique de la Garde républicaine pour l'ambiance, sa section spéciale de gym pour les acrobaties en cascade et les incroyables pyramides sur cinq hauteurs de barres parallèles
- Une grande vedette de la télé pour animer le tout, interviewer les champions et signer elle aussi des autographes pendant trois heures. Ils et elles sont tous venus au moins une fois : Robert Chapatte, Roger Couderc, Raymond Marcillac (qui « recrutait » ses collègues), Loÿs Van Lee, et même l'une des quatre speakerines de la télé dont on voyait enfin les jambes pour de vrai, Jacqueline Caurat, tous là pour rien ou presque, six bouteilles de champagne à Noël, parfois même pas : certains les refusaient
- La gratuité (la ville de Paris prête les installations, la Garde, le Bataillon et les fédérations envoient à l'œil les musiciens, les gymnastes, les champions et les équipes dont ils payent le transport), mais attention : billets à retirer au siège la semaine précédente, les 5 000 places de Coubertin ne suffisent pas, même avec deux séances parfois (13h30 et 16h15) et ils étaient 30 000 au Parc des Princes le 4 mai 1964
- Lorsqu'il y a un prix d'entrée (à partir de 1962) il est très minime et reversé au Secours catholique (fondé en 1946 par les Evêques de France pour soulager l'immense misère de beaucoup dans un pays en ruine) dans le cadre de son

[84] Véritable légende du Tour de France, qui fit 15 km à pied dans les Pyrénées pour réparer la fourche de son vélo (assistance interdite à l'époque) en 1913 et y perdit l'épreuve, qui porta le premier maillot jaune en 1919 et termina une étape alpine en 1922 sur un vélo prêté par un prêtre. Agé de 75 ans en 1960, il arriva au stade Pierre de Coubertin et en repartit à vélo, son seul moyen de locomotion depuis toujours.

opération annuelle, *les kilomètres de soleil*, destinée à envoyer en vacances des enfants sans ressources.

Les conspirateurs de cette solidarité éducative, mise en musique par l'adjoint de Robert Pringarbe pour les activités sportives, le talentueux et persuasif organisateur Gérard Lollier (*Association Saint-Maurice du Perreux* puis *Alsace de Bagnolet*) étaient les autorités sportives, les militaires du bataillon de Joinville, les fédérations et le service sportif de la télévision.

En 48 séances, ce sont environ 250 000 jeunes qui ont bénéficié d'une initiation sportive et d'un beau spectacle, tutoyé leur rêve, vu de près, et souvent même touché, une idole et pu décorer d'autographes ou de photos dédicacées les murs de leur chambre. Les wagons de métro en ont vu, des acrobaties, sur le chemin du retour !

Pourtant, sur le terrain, les rapports avec les fédérations dirigeantes (sports collectifs notamment), malgré des rapports nationaux toujours très courtois, tenaient plus de la cohabitation que de la collaboration. Dès 1946, les clubs à double affiliation furent parfois, certains dimanches, obligés de choisir le forfait, donc une peu sportive et peu glorieuse élimination dans une épreuve nationale affinitaire ou une régionale délégataire pour cause de double compétition.

Il y avait certes, en effet, chaque saison, des dates nationales réservées aux rencontres affinitaires, où les fédérations dirigeantes neutralisaient toutes leurs épreuves nationales, mais, une fois enlevés le 11 novembre, Noël, Pâques, le 1er et le 8 mai, il ne restait que deux ou trois « vraies » dates, auxquelles les comités départementaux et régionaux FFBB ou FFF s'empressaient de placer leurs propres matchs. Pour quatre ou cinq clubs FSF, ils se refusaient à retarder la Coupe de l'Ouest, d'Alsace ou du Lyonnais, qui concernait dix fois plus d'associations. Imparable…

Les calendriers occupant désormais tous les week-ends, les rapports se gâtèrent, malgré la présence à presque tous les niveaux des fédérations dirigeantes d'un grand nombre de responsables issus de la FSF ou encore en place. Georges Audebourg *(Championnet Sports)* membre de la commission sportive depuis 1924 et président de 1948 à 1968 (46 ans, record) qui passe chaque jour deux ou trois heures au siège avant son travail à *l'Equipe,* tempête dans *Les Jeunes,* mais en vain : les fédérations dirigeantes n'ont désormais plus que deux buts en tête (expansion et résultats) et considèrent les affinitaires non plus comme des partenaires mais comme des feudataires.

La vieille invention de l'Ecossais John Logie Baird qui, en 1926, a emprisonné les images dans une petite boîte où elles bougent comme au cinéma, et qu'il a appelée télévision, a fait d'énormes progrès[85] et commence à bouleverser la vie sociale. En France, en 1949, il y a déjà 297 postes. C'est *Le jeu de l'amour et du hasard* de Pierre Carlet de Chamblain, dit Marivaux, qui a l'honneur de servir de support en 1950 au premier direct, depuis la Comédie française.

Les riches l'installent dans le salon à côté de la radio (à galène ou à lampes). En juillet, les mordus du vélo apportent leur pliant et s'installent sur le trottoir devant les vitrines des marchands de poste, qui en laissent un allumé : c'est grâce au Tour qu'ils réalisent chaque année 50% de leur chiffre de ventes ! L'autre moitié est offerte par le père Noël. Le 21 juillet 1969, 40 millions de Français se lèvent bien avant l'aube pour voir en direct, à 3h56, l'incroyable spectacle de deux Américains, Neil Armstrong et Buzz Aldrin, qui marchent (bondissent est plus exact) sur la lune.

Au début, la RTF n'a pas de concurrente : il n'y a qu'elle jusqu'à la naissance de la 2e chaîne, le 18 avril 1964, mais elle prouve que, contrairement à l'adage, *là où il y a une chaîne, il y a du plaisir*... Et c'est en voyant les Jeux de Rome (en noir et blanc : la couleur, c'est le 1er octobre 1967 seulement) que deux responsables nationaux de la gymnastique féminine FSF vont avoir l'idée qui va révolutionner toute la formation fédérale, comme la télé va rebattre les cartes du sport français à partir des années 80.

Mais cela n'était quasiment rien à côté du tsunami qui se dirigeait sans véritable prodrome, en catimini autant qu'en tapinois, sur la FSF, et qui allait donc la submerger par surprise à partir de 1962. Depuis le départ, évêques et curés de paroisse lui avaient apporté un soutien quasi inconditionnel, par leurs encouragements leur présence, leur aide financière et la mise à disposition *gratis pro Deo* de plus de 3 000 vicaires jeunes, enthousiastes, dynamiques et très actifs, trop actifs, 7 jours sur 7 : présidents, trésoriers, aumôniers, secrétaires, animateurs,

---

[85] Notamment grâce à la couleur en 1938 (toujours l'Ecossais) et au Français René Barthélémy, le premier à envoyer, en 1931, des images d'un point à un autre, de Montrouge à Malakoff.

recruteurs de bénévoles, plombiers, peintres, arbitres, ils faisaient tout à la colo et au patro (y compris à la section sportive) et les dirigeants ne faisaient rien sans leur accord.

Il y avait bien eu, de temps en temps, quelques couacs de clercs dans cet hymne national (rappelant en général que le dimanche est le jour du Seigneur, donc de la messe, pas celui de déplacements sportifs qui empêchent précisément d'y assister) mais le chœur couvrait la voix de ces solistes grincheux et égarés, et ce n'est pas d'eux que vint le changement, dont l'origine est multiple et diffuse.

Il y eût, en vrac, les prémices de la crise qui allait culminer en mai 68, le recul de la pratique religieuse, la déculturation catholique, la pénurie de prêtres, la raréfaction des vocations,[86] le chant des sirènes des promoteurs immobiliers à destination des paroisses et de leurs locaux en plein centre ville, l'apparition depuis 1919 de nombreux mouvements de jeunes ou d'action catholiques. Sans oublier, au sein de l'Eglise, une redistribution des rôles et un recentrage sur l'essentiel que beaucoup attribuent au concile Vatican II et à ses onze décrets de 1965 (notamment celui du 18 novembre sur l'Apostolat des laïcs), mais qui lui sont, en fait, antérieurs.

C'est pourtant dès le congrès 1960 que le conseiller ecclésiastique de la FSF (on ne disait pas encore aumônier national), le RP Maucorps (sj), avait clairement rappelé aux acteurs principaux de la vie fédérale que *la présidence d'une assemblée, l'assistance aux compétitions, l'organisation d'un club, les relations avec les pouvoirs publics et les autres fédérations, les constructions ou les tâches administratives ne sont pas du ressort du prêtre. Le moment est venu où celui-ci doit confier à d'autres le rôle de directeur pour assumer celui de directeur de conscience qui légitime son sacerdoce.*

La parole des prêtres est encore alors la vulgate. Le discours figure *in extenso* dans *Les Jeunes*, car il inquiète les autorités fédérales, mais leur réponse n'est pas à la hauteur du danger. Leur seule consigne, répétée dans *Les Jeunes* sous la plume du vice-président Pierre Liger (*Saint Vincent sports et culture Orléans),* confirmée trop tard (juin 68)

---

86 En 1948 déjà, *Les Jeunes* incitent leurs lecteurs à participer au *grand concours de l'apostolat du recrutement sacerdotal* pour la diffusion des *carnets de timbres du Sacerdoce*, concours richement doté : un vélomoteur, un poste de TSF et *50 autres prix de valeur dont 20 missels quotidiens vespéral, gros caractères.*

par un courrier direct du comité central à chaque club (exemple rare dans l'histoire fédérale), fut de signer avec les paroisses des baux pour la jouissance des locaux, ce qui n'émut guère la base, quelque peu insouciante et bercée par *tout va très bien, Madame la marquise...*

Tout va bien ? Ah bon... Dans les diocèses, c'était pourtant le début d'un immense *quiproquo.* L'Eglise de France juge maintenant que le terrain du loisir est moins intéressant, pastoralement parlant, que celui des lieux de vie : il faut aller rencontrer les gens, surtout les jeunes, là où ils vivent, lycées, usines, campagne et HLM. Par la voix des directeurs des œuvres, la hiérarchie recommande donc aux clercs de privilégier l'action catholique.

Brusquement atteinte de surdité, la majorité des prêtres et vicaires comprend exclusivité et non priorité, et abandonne en même temps (ceci n'est pas une coïncidence) *les patros, ces ghettos,* et l'habit de travail, la soutane. Certains vendent même, sans consultation et sans préavis, les locaux paroissiaux aux promoteurs qui venaient de lancer la grande et juteuse opération de l'immobilier...

Dans la réalité, ce n'est pas comme dans le théâtre de patronage : il n'y a ni miracle, ni poudre de perlimpinpin, ni *deus ex machina* pour régler le problème d'un coup de baguette magique. Sociétés soudain sans adresse, sans siège social, sans aumônier, sans permanent, sans subvention, sans tête pensante, laïcs pas formés, habitués à ne pas prendre de décisions mais à obéir au représentant de l'Eglise, dont l'autorité ne pouvait être remise en cause, le choc fut rude et la FSF y laissa bien des plumes.

Cent soixante mille âmes, dont plus des ¾ ont moins de 16 ans, pas intéressant ? Ah bon... Certains clubs disparurent, des dirigeants orphelins ayant conclu que, si le prêtre partait, c'est que le travail éducatif du patro n'était pas orthodoxe. Ils abandonnèrent donc leur bénévolat, mais jamais bien sûr au profit de l'action catholique, trop spécialisée et pas sportive pour un sou. Bref, tout le monde y perdit !

Pour de nombreux clercs, cette fin de l'abbé-attitude envers le sport fut le début d'un grand n'importe quoi en matière de désengagement, patronage et catéchisme notamment. L'abandon de la soutane mit certes fin aux croassements de quelques malitornes (jeunes, espiègles, athées et anti *curetons*) au passage d'un *corbeau,* mais la fonction y perdit son signe distinctif et respecté de la majorité.

L'effet boule de neige gagna les évêques, toujours à la remorque de leurs soldats : eux qui méritaient leur nom de pasteurs vis-à-vis de la FSF en y exécutant souvent la 6e symphonie de Beethoven en fa majeur (*la pastorale)* lui jouèrent dès lors la sonate n° 8 en do mineur, *la pathétique*, qui commence par les mêmes lettres mais n'est pas exactement la même musique…

Dans certains diocèses, la fédération ne peut même plus obtenir un aumônier pour ses 54 sociétés et 4 200 adhérents alors que sa voisine de bureau à l'Union des œuvres, la JEC, en a maintenant *deux pour une vingtaine de chevelus révolutionnaires…*

Les mouvements d'action catholique ne sont bien sûr pour rien dans ce virement de bord. Au plan national, certains connaissent bien la fédération, qui les connait bien aussi : en mai 1946, la FGSPF a signé avec les Scouts de France un protocole d'accord pour les aider *à développer la pratique de l'éducation physique et des sports*. La sous-commission sportive de la FSF fait, depuis la demande de Mgr Courbe, le 5 mars 1942, la même chose avec la Jeunesse agricole chrétienne (JAC) pour et avec laquelle elle a même créé des épreuves spécifiques et des rencontres qui, de 1950 à 1959, vont regrouper des centaines de participants et des milliers de spectateurs.

Le RSF organise depuis 1948 des sessions de formation pour les cadres sportifs *d'Avenir et joie*, la branche sportive de la Jeunesse ouvrière catholique féminine (JOCF) et, sans protocole officiel mais très concrètement et sérieusement, la FSF a aidé les Guides de France à préparer les épreuves du Brevet sportif populaire pendant les dix ans qui ont suivi la Libération.

Depuis 1947, le petit monde chrétien (essentiellement catholique) se retrouve au sein du Conseil français des mouvements de jeunesse (CFMJ) aux travaux duquel la FSF participe à partir de 1965 par le nouvel adjoint de Robert Pringarbe chargé des activités socio-éducatives et culturelles, le basketteur Jean-Marie Jouaret.

Les membres sont la JAC, la JEC, la JOC, les Guides de France, les Scouts de France, l'Union française des colonies de vacances (UFCV), qui a pourtant pris officiellement ses distances avec l'Eglise catholique à partir de 1947, et les Unions chrétiennes de jeunes gens (UCJG, version française des YMCA Américains, donc protestants).

C'est l'époque d'une lutte à fleurets mouchetés, dont on ne trouve nulle trace écrite mais qui bat son plein dans les coulisses, entre *laïques* et *confessionnels.* Chacun des deux camps veille, par des réunions préparatoires puis des votes groupés, au respect de la règle non écrite de l'alternance (un président confessionnel doit succéder à un président laïque et vice-versa) dans les grands organismes de regroupement jeunesse-éducation populaire et les instances de l'Etat, qui respecte ce *gentleman agreement* qui ne lui échappe pas…

L'Eglise se rend vite compte qu'un mouvement de jeunesse, c'est plus difficile à maîtriser que des sportifs ! En 1965, l'Episcopat retire son mandat à la turbulente JEC. Le MRJC (nouveau nom de la JAC depuis 1963) et la JOC posent moins de problème, mais leurs jeunes dirigeants poussent eux aussi jusqu'au bout la logique de l'Eglise d'aller travailler sur les lieux de vie : ils quittent le *ghetto catho* du CFMJ pour se rapprocher de ceux qu'ils considèrent maintenant comme leurs partenaires naturels et camarades de lutte, les syndicats agricoles, étudiants et ouvriers, surtout ceux de gauche, bien entendu (CGT, PSU, UNEF, etc.).

Les survivants du CFMJ (dont les Scouts de France, qui, depuis 1957, ont de douloureux problèmes internes, connus des seuls initiés) donnent dans l'ironie triste et n'appellent plus les égarés que la JA, la JE et la JO… En fait, les mouvements traversent une crise plus violente encore que celle de la fédé : *la JEC serait passée de 20 000 à 10 000 membres entre 1960 et 1977 ; les Scouts et Guides de France auraient perdu la moitié de leurs effectifs de 1963 à 1973. Le MRJC s'effondrera en 1976, avec 10 000 membres.*[87]

L'optimiste fédération se croyait pourtant à l'abri d'un abandon par sa maman chérie. Depuis toujours, elle a de bons rapports avec les évêques, ses dirigeants sont catholiques du comité central jusqu'aux associations, elle utilise les terrains et locaux paroissiaux, il y a des crucifix dans ses salles de basket et de gym, des prêtres en soutane et parfois même des chapelles dans ses clubs, des jeunes en masse aux messes de ses concours, toujours célébrées par un évêque et cinq ou six prêtres (et 4 500 communions à celle du 60e anniversaire en 1958). De 1959 à 1964, elle organise dans 50 villes la *messe internationale du sport* de la FICEP qui rassemble, fin janvier, pas mal de dirigeants sportifs et a même droit à la télé en direct en 1960.

---

[87] Gérard Cholvy, *Histoire des organisations et mouvements chrétiens de jeunesse en France,* éditions du Cerf, 1999.

Accusée à partir de 1904 de prendre ses ordres au Vatican, avec lequel la France a rompu toute relation diplomatique, la FSF n'a pas remis les pieds à Rome depuis ses provocations et concours de gym dans la cour Saint Damase, il y a plus de 40 ans, et n'en a jamais reçu la moindre lire, mais beaucoup, pourtant, la soupçonnent encore d'en être une officine déguisée en fédération sportive…

En 1958, le général de Gaulle renforce avec le Saint-Siège les liens rétablis par Clémenceau en 1921. Cela ne change bien entendu rien à l'attitude de la fédération, qui continue à ne se rendre à Rome que collectivement, avec les autres membres de la FICEP.

En 1962, un peu tard, donc (mais pas trop, Dieu merci) elle s'agite, et fabrique un remède extemporané, seul moyen de sortir de cette crise inéluctable : la formation des laïcs non pas sur le plan technique (les stages en place sont de qualité) mais dans les domaines généralistes de l'éducation et de la spécificité. Elle met donc en place *illico presto*, trois moyens de formation :

- Un cycle de stages d'animateurs et animatrices de foyers-clubs (en deux degrés), d'instructeurs et instructrices départementaux d'éducation populaire à partir de 1962 par le Service d'études et de liaison des foyers-clubs
- Pilotés, eux, par le secrétariat général et le comité central, des week-ends départementaux de regroupement de cadres adultes d'association. En 1965, il y en a 94, dans 18 Unions, pour plus de 3 000 responsables issus de 670 clubs
- Une autre nouveauté, un peu plus révolutionnaire celle-là, les stages d'initiation (ou d'éveil) aux responsabilités. Robert Pringarbe en a eu l'idée en lisant que la Fédération française de football met en place des week-ends de capitaines pour cadets-juniors, et il a confié le projet à un des vice-présidents nationaux, Pierre Sarre *(Alouette foyer-club de la rive gauche de Limoges*) issu du premier stage d'instructeurs départementaux de foyers clubs, celui de Versailles en 1962.

Pierre et son adjoint *alter ego* Léon Ligneau (animateur salarié de *la Jeune France de Cholet)* améliorent l'idée : ce sera une semaine complète au lieu de deux jours, ouverte à tous les 16-18 ans et non aux seuls capitaines des sports collectifs, donnant une formation générale (sportive ou culturelle, il y aura chaque année deux stages distincts) mais préparant le premier stage technique d'une spécialité FSF.

Le cycle démarre en 1966, à Dijon (20 stagiaires dont onze filles) pour l'éducation populaire et Limoges (38 garçons) pour le sport. Deux ans avant mai 68, les cadres prennent un risque effroyable, qui leur vaut oppositions et réflexions pincées ou acides : les stages sont mixtes ! Ils assument, et le succès leur donne raison : 80 stagiaires en 1967, création d'un 2me niveau (Perfectionnement de jeunes cadres, PJC) puis d'un 3me les années suivantes, et, à la surprise de certains, pas d'augmentation significative de la natalité fédérale…

Reste l'essentiel : la formation des laïcs à la spécificité chrétienne, envolée avec les clercs partis *actioncatholiquer* dans usines et HLM. Le nouvel aumônier fédéral, Jean Berthou *(Armoricaine de Brest)* s'y colle en 1962 et ouvre une sorte d'école laïcs. Il publie, en novembre, deux fiches de réflexion, *éducation, œuvre d'Eglise* et *la paroisse et le patro*, puis fait appel à un Rédemptoriste, le RP Bourdeau, qui prononce lors des congrès 1963 puis 1964 deux conférences situant la place et le rôle de la FSF dans l'Eglise et qui font l'objet en 1965 d'une publication sous le titre *Les institutions temporelles chrétiennes.*

Vatican II, qui a le même calendrier (1962-1965) confirme. La fédération a maintenant sa bible, les laïcs qui le veulent peuvent participer au maintien de *l'esprit fédéral,* les activités étant un moyen d'éducation. Fondamentalement en désaccord (pour lui, les activités sont une fin en elles-mêmes, pas un moyen), Pierre Lacroix publie *la pédagogie existentielle* et, on l'a dit, quitte discrètement la FSF, pour éviter l'affrontement et risquer de créer un schisme.

Deux techniciens secouent, eux, le cocotier de la gym féminine. Membre écouté de la commission nationale, Jean Kolb (*la Domrémy* puis *Les Chamois de Paris)* enseignant-formateur à la ville de Paris, se doute bien que le diplôme de moniteur et monitrice de gymnastique et d'éducation physique préparé et dispensé par la FSF, qui permet aux cadres fédéraux d'exercer contre rémunération dans les lycées et collèges privés avec le titre de maître, n'a plus une grande espérance de vie. D'où l'idée d'organiser aussi (et sans doute un jour à la place) de vrais stages techniques de gym sportive.

Il en parle à un jeune collègue, tout juste sorti de l'Ecole normale supérieure d'Education physique (ENSEP) et fraichement promu au sein de la commission, Claude Piard *(Saint-Georges d'Argenteuil)* qui partage et confirme son analyse.

La retransmission télévisée des Jeux de Rome (unique objet de leur pressentiment) les a persuadés que les programmes des concours FSF sont obsolètes. Il faut les modifier. La chance, c'est que la présidente de la commission, Jeanne Mamie *(la Sportive de Sucy-en-Brie)* qui aurait pu sauter en l'air devant cette proposition révolutionnaire, demande un projet concret, vite bouclé par le duo complice et au vu duquel elle dit banco...mais il faut du temps pour mettre en place quelque changement que ce soit dans une vieille institution.

Ce n'est donc qu'en 1966, et dans l'urgence, que se tient à Bordeaux le premier stage d'éducatrices de gym dans les associations, confié, faute de compétences spécifiques, aux internationales FSF titulaires du diplôme fédéral de monitrice. Les suivants sont assurés par les promoteurs, puis Jean Kolb poursuit la logique de la réforme.

Il institue les stages de perfectionnement individuel (nouveauté absolue dans cette fédération jusque-là 100% axée sur la formation d'éducateurs, et qui se méfie du culte de l'individu) pour cadettes puis pour minimes et les dirige. Claude Piard poursuit seul la structuration de la nouvelle formule tout en assurant, par des stages, le perfectionnement de l'équipe fédérale : l'élite de la fédération est maintenant reconnue au même titre que la masse.

Comme souvent, en fédération et au dehors, dans la vie civile, le pouvoir politique n'est pas le promoteur direct de toutes ces réponses qui, additionnées, vont éviter à la FSF la noyade dans ce torrent de changements de la Société, de l'Eglise et des mentalités dont le couronnement sera mai 68. Les responsables du salvateur sursaut sont les techniciens des commissions fédérales, les salariés du siège et l'aumônier national avec une petite équipe de bénévoles, dont la remarquable vice-présidente Andrée de Saint-Julien.

Ce n'est pas parce que, depuis 1954, le comité central s'est ouvert plus largement aux provinciaux et aux professions non libérales, et que ses réunions n'ont plus lieu le mardi soir mais le samedi, qu'il est plus démocratie participative ! Les séances se déroulent au second étage, dans le bureau du secrétaire général salarié, où l'on entasse le plus de chaises possible... mais cela ne suffit pas, il n'y a pas plus de 10 places : les petits nouveaux, les derniers arrivés ou ceux qui n'ont pas une place attitrée près du Bon Dieu ont bien droit à une chaise, mais sur le palier. Ils ont le son, mais pas la vue. Pratique pour intervenir, non ? Ils restent donc muets comme des carpes...

Robert Pringarbe est aussi un partisan convaincu des bienfaits des échanges internationaux et de l'aide aux antennes FSF de la France d'outre-mer. En 1955, la fédé a des Unions en Afrique occidentale (AOF), en Afrique équatoriale (en fait le seul Congo), en Algérie (28 sociétés), au Maroc (qui a 20 ans d'avance sur le national puisque le nom est *Ligue sportive et culturelle du Maroc*, 34 clubs dont treize à Casablanca), en Guadeloupe, et même, depuis 1948, à Madagascar, où l'Union est devenue la plus importante des colonies, puisqu'elle compte désormais 207 sociétés dans dix Unions.

Le 20 août 1958, à Brazzaville, on l'a dit, l'homme de Colombey proclame *le droit à l'indépendance des peuples d'outre-mer*. La fédé, comme la France, n'a conservé que la Guadeloupe et perdu l'Afrique. Quand, aux fédéraux garçons de Troyes, en 1962, un jeune gymnaste remet au président Olivier le drapeau de la défunte Union d'Algérie, un torrent d'émotion submerge le stade. C'est une page d'histoire qui se tourne sous les yeux de gyms, de moniteurs et de spectateurs dont beaucoup ont vécu de près cette sale guerre…

Mais Robert Pringarbe n'oublie pas Madagascar. Certes, l'Union fondée en 1947 par Jean Riocros *(Championnet Sports)* en poste là bas pour le compte de sa banque) est devenue Fédération[88] en 1960 lors de l'indépendance de l'île, mais où les besoins y sont immenses dans un contexte de pauvreté permanente.

Il accueille donc tous les ans des stagiaires malgaches (dont, en 1952, un brillant professeur de Français et de maths, sur le dossier duquel le directeur de session portera la mention prémonitoire *ira loin.* Philibert Tsiranana deviendra en effet en 1960 le premier président de la République malgache) et il envoie sur place :

- Paul Cheyrouze *(Enghien Sports)* en 1965 pour le grand spectacle de célébration du Ve anniversaire de la jeune fédération. Lorsqu'il arrive dans l'île rouge, début mars, Paul trouve onze gymnastes, tous garçons. C'est un peu maigrelet pour la manifestation de masse du 9 mai ! Mais, le jour dit, les deux mouvements d'ensemble regrouperont pourtant 2 000 garçons et 1 000 filles, et 1 000 autres garçons réaliseront des

[88] **FI**taizana ny **HE**rin ny **ZA**tovo **MA**lagasy, FIHEZAMA, Fédération chrétienne pour la formation physique et morale de la jeunesse malgache.

pyramides : on aime le sport, là bas, et on apprend vite… Les 15 000 spectateurs n'ont bien sûr jamais vu ça.

- Des formateurs de cadres : en 1967, Martin Hett *(ASC Saint-Afre de Riedisheim)* pour basket et foyers-clubs, et Georges Gay *(Eveil de Chalon-sur-Saône)* pour la gym garçons. En 1968, c'est encore Georges Gay pour les filles (gym-danse) et Fredo Garel *(la Tour d'Auvergne de Rennes)* pour le foot. En 1969, Georges Gay (ter) le polyvalent pour former initiateurs et éducateurs de volley-ball.

Martin Hett échappe par miracle au *crash* de l'avion d'une ligne intérieure qu'il aurait dû prendre (82 morts), et Garel le Rennais est tellement séduit par la gentillesse et les besoins des locaux qu'il reviendra cinq fois, formant en tout 361 entraîneurs de football.

En 1972, le pays connaît de graves problèmes politiques, qui se terminent mal pour beaucoup, dont le président de la République, Philibert Tsiranana, obligé de démissionner, et pour quelques leaders d'opinion dont le président de la Fihezama, Odon Rafanoarisoa, également, comme souvent dans ces pays, responsable des secrétariats sociaux et des Scouts malgaches (autrefois de France).

Le 12 mai 1972, à une heure du matin, la police envahit la fac de médecine, où les étudiants, en grève depuis mars, tiennent une réunion avec une poignée de responsables catholiques, eux aussi arrêtés puis exilés au bagne de Nosy Lava avec 371 étudiants. La rue prend feu, les forces de sécurité tirent et font 34 morts, mais le président cède : après trois jours de pain sec et d'eau, les 380 bagnards sont de retour dans la capitale avec une auréole de héros.

Rien de tel Dieu merci en France où, adepte convaincu des bienfaits des échanges internationaux de jeunes et de cadres, Robert Pringarbe reprend les voyages de groupe, occasions de fraternité, de partage et de culture, à l'occasion de grands évènements sportifs à l'étranger. Les déplacements les plus marquants sont 200 jeunes (qui retrouvent les 98 de l'Union lyonnaise) à Rome en 1960 pour assister aux jeux Olympiques et, en dix ans, trois participations à la Bundesportfest autrichienne (15 000 sportifs, de 20 à 25 sports, le gigantisme comme on l'aime dans les pays alémaniques), à Graz en 1956 (517 Français, dont les excellents musiciens du *CEP Poitiers*), Linz en 1961 (300 dont *la Diane d'Equeurdreville.* Aucune autre fédération de la FICEP n'ayant de musique, les batteries-fanfares fédérales font toujours un triomphe à l'étranger) et à Vienne en 1966 *(les Gars de Joux de Pontarlier,* non moins excellents).

Dans l'intervalle, en 1965, il y avait eu aussi la Bundesportfest de Düsseldorf. C'est encore plus gigantesque *(kolossale* manifestation !) donc la fédé a envoyé trois musiques, une batterie-fanfare classique, *l'Alliance de Dreux* et deux bagadous, *les Petits meuniers de la tour (Vannes)* et *le bagad féminin du CEP Lorient.* Les deux derniers ne font pas un succès, mais un triomphe…surtout le second !

L'Etat aussi force sur les échanges internationaux et la fédération saute sur chaque occasion d'assurer l'accueil de groupes étrangers ou d'envoyer individuellement des jeunes et des responsables dans les remarquables voyages COGEDEP (Association de COGEstion pour les DEPlacements à but éducatif des jeunes, 1959) pour lesquels elle fournit également des responsables et des animateurs d'encadrement, et elle assure des accueils de groupes étrangers, notamment Japonais.

Elle incite également ses clubs à profiter massivement des subsides et des programmes de l'Office franco-allemand pour la jeunesse mis sur pied en 1963 par de Gaulle et Adenauer dans le but de réconcilier les deux nations. Pas évident, dix-huit ans à peine après la fureur et la haine d'une troisième guerre en un siècle…

Par sa double nature sportive et culturelle, unique dans le paysage de la jeunesse (en France, et dans les douze pays de la FICEP, tout au moins : seuls les YMCA américains peuvent, dans un genre différent, lui être comparés), et bien entendu aussi par conviction éducative de ses responsables, la FSF va devenir le meilleur client de l'Office, sa tête de gondole dans la liste des fédérations sportives pour le nombre et la qualité des échanges de clubs, souvent initiés et pilotés par les municipalités, et la formation de dirigeants, qui relève exclusivement, elle, du siège national.

Le 14 octobre 1964, un an après son fameux *I have a dream*, le non violent Martin Luther King reçoit le prix Nobel de la Paix.

La FSF peut se réjouir elle aussi : aux six activités sportives organisées avant 1939 (basket, athlétisme et cross, foot, gymnastique et natation) sont venues s'ajouter les boules (1948), le cyclotourisme (1949), le hand-ball (1955), le judo (1961), le ski (1948), le tennis (de 1947 à 1949), le tennis de table (1947) et le volley (1954 pour les garçons, 1960 pour les filles).

Sans oublier le tir sportif (1950), qui a eu beaucoup de mal à devenir adulte et autonome à cause de ses étouffantes mamans, la préparation militaire et la sécurité : c'est dans les années 60 seulement que les stands seront fréquentés par d'autres tireurs que gendarmes, policiers, réservistes et futurs soldats.

Un mot sur le ski, anomalie montagnarde dans une fédération de plaine. Depuis l'origine, en 1919, donc, les filles n'étaient autorisées à pratiquer que des activités collectives (gym, basket, volley et triathlons, dont le niveau technique était d'ailleurs remarquable). Elles durent passer en force pour imposer un championnat d'athlétisme en 1951, porte enfin ouverte aux sports individuels.

Elles avaient pourtant, depuis 1948, une épreuve individuelle, la *descente slalomée*, lors de leurs championnats annuels de ski. Mais les résultats paraissant dans *Les Jeunes* en février et le congrès ayant lieu en novembre, les sourcilleux censeurs en soutane n'y prêtaient sans doute guère attention, ou avaient oublié.

Les activités des années 60 sont mixtes ou intégrées au calendrier général de la fédération puisque, depuis 1945, après quelques années de cohabitation (rapports séparés lors du congrès, par exemple), le boa FSF a, lentement et en douceur, au fil de l'évolution du sport, des mœurs et des mentalités (la mixité dans l'enseignement est prévue par circulaire du 23 octobre 1922, mais elle ne deviendra effective qu'à partir de 1963) avalé tous les poussins du RSF, en organisant des compétitions mixtes dans tous les sports individuels... sauf un.

Seuls les sports collectifs (basket et volley, très brièvement hand-ball) et la gymnastique (pour des raisons de matériel, de nombre de compétiteurs et, confessons-le, quelques restes de peurs anciennes ou de machisme, dont le souhait de ne pas mélanger les torchons et les serviettes) organisent encore en effet des rencontres indépendantes, séparées dans le temps et unisexe.

Mais, en ce début des années 1960, la grande famille fédérale vient d'accueillir les foyers-clubs, pas vraiment sportifs (encore que la marche, le foot, le ping-pong et le volley loisirs y soient déjà pas mal pratiqués). Et il reste bien entendu toutes les musiques, qui en ont de plus en plus ra (de 3) le tambour ou ras la clé d'ut de rendre service mais de ne pas exister dans un sigle 100% sportif, et qui souhaitent depuis des années une preuve politique concrète de l'intérêt que prétend leur porter « la fédération ».

Le chant choral, arrivé en 1956 grâce à Robert Pantinier *(Union Sportive des Francs Orléans)* ne possède pas encore de commission fédérale (elle ne viendra qu'en 1969) et n'organise donc encore que des rencontres régionales, notamment dans l'Orléanais, mais il existe bel et bien, et frappe à la porte.

Ces concours ont la singularité, unique, de rassembler surtout des groupes non existants au regard de la loi puisque non déclarés en associations (chorales scolaires et paroissiales) et donc non affiliés, puisque la fédération ne peut regrouper que des clubs. Ces chorales sont d'une qualité souvent approximative (les chefs bénévoles ayant rarement reçu une formation), mais les rencontres accueillent aussi des chorales authentiques, dont certaines sont d'un niveau technique remarquable. L'activité souffre elle aussi du complexe de la mal aimée, et voudrait bien avoir pignon sur rue…

De plus et enfin, depuis l'origine, la fédé insiste sur la dimension culturelle que doit revêtir pour ses clubs tout voyage sportif, même si l'association reste en France.

Alors le congrès de novembre 1964 dit très majoritairement oui à la proposition du comité central de passer de FSF à FSCF, et le C nouveau (ça vient de sortir) ne signifie pas chrétienne ou catholique comme l'avait suggéré au tout début de la réflexion, en 1962, le président Olivier (qui n'a pas insisté quand il a été, gentiment mais fermement, mis en minorité par ses collègues élus du comité central) mais bien culturelle.

Le 13 mars 1968, à peine trois ans et demi après la demande (le Conseil d'Etat est désormais débordé !), c'est officiel : le siège peut changer documents et papier à lettres, la Fédération sportive et culturelle de France est née.

Et s'il y a toujours, dans tous les numéros de *Les Jeunes*, le sigle de la FGSPF, pourtant disparue en 1947, c'est que le magasin de la fédé réalise toujours 80% de ses ventes et recettes par correspondance, et qu'il a fort astucieusement gardé, pour son noyau dur, son public de vieux provinciaux fidèles, l'ancien sigle, devenu Fournitures générales sportives des patronages de France…

1968-1998
NI TOUT À FAIT LA MÊME, NI TOUT À FAIT UNE AUTRE : LE MEILLEUR EST AVENIR

Où l'on apprend comment une fédération sportive ouvertement devenue culturelle, seule de ce type en France et dans le monde, ne forligne pas de son héritage avitin, publie des petits livres de toutes les couleurs, prouve que son nouveau nom n'est pas de la publicité mensongère. Elle crée en 30 ans autant d'activités qu'elle en organise en 1968 (14, dont trois culturelles et deux sportives et culturelles, et cinq féminines) et continue encore et toujours à faire entendre la petite musique de sa spécificité dans un monde où les idéologies se sont effondrées et où il appert que prestige sportif international, argent et résultat sont devenus rois.

Un nouveau titre, ça se fête ! 1968, c'est le 70e anniversaire. Arc de triomphe et Champs-Elysées, il ne faut plus y penser, les temps ont trop changé : cérémonie à l'Arc désormais très réglementée, trop de circulation pour la neutraliser, autorisations quasiment impossibles à obtenir, jeunes devenus difficiles quant aux conditions d'hébergement, etc. Alors on fait quoi ? Pas la révolution, quand même ?

Ben si… En ce joli mois de mai 1968, la fédé connaît un nouvel avatar, qui va changer sa vie, et qui ne lui fut pas dicté par les événements : elle l'a préparé depuis des mois par des articles dans *Les Jeunes* et des réunions de concertation. Elle pend la crémaillère.

Elle quitte son siège chargé d'histoire, le 5 place Saint-Thomas-d'Aquin, pour un autre hôtel particulier, 5 rue Cernuschi. Finie la protection, fortuite mais symbolique, du moraliste théologien docteur de l'Eglise, fin du bal d'Aquin, place à l'entreprenant entrepreneur, l'explorateur friand de rencontres, de culture et de voyages, amateur d'art, au pionnier qui, le premier en France, donna dans son lugubre palais (aujourd'hui musée) une fête éclairée à l'électricité. Adieu donc Saint-Germain-des-Prés, bonjour la plaine Monceau… Après tout, les philosophes ont peut-être raison : le hasard n'existe pas !

Ce vendredi 3 mai 1968, il y a donc des bruits d'explosion dans le 17e, mais ce sont des bouchons de champagne, et on n'apprendra que le lendemain pourquoi le ministre de la Jeunesse et des Sports (c'est le premier à avoir rang de ministre), François Missoffe, a annulé sa venue en dernière minute : au Quartier latin, c'est le premier jour d'un mouvement étudiant qui va devenir ouvrier puis politique et placer la France au bord de la guerre civile et de la catastrophe.

L'université de Nanterre ayant été fermée la veille pour cause de contestation, 400 de ses étudiants occupent la Sorbonne. Le ministre avait déjà été apostrophé, le 8 janvier, en inaugurant la piscine du campus, par un rouquin, Daniel Cohn-Bendit (qui deviendra bientôt *Dany le rouge,* puis *vert* en 1994) que le recteur de l'université avait voulu exclure mais que le ministre avait « gracié » et qui mène à Paris la révolte de ce mois de mai. La police commence sur leur dos ses travaux pratiques d'animation à bâtons rompus.

Le match quotidien qui oppose *CRS-SS* et *étudiants, diants, diants* est retransmis en direct à la radio. Les CRS sont en bleu, les étudiants en tenues bariolées et dépareillées, ce qui n'est pas règlementaire, mais l'arbitre (l'Etat) est dépassé et ne dit rien. Les jeunes proposent aux policiers d'autres activités ludiques de loisir *(faites l'amour et pas la guerre)* mais les représentants de l'ordre ne sont pas intéressés.

Pour vérifier si un de leurs slogans *(sous les pavés, la plage)* est vrai, les étudiants arrachent les blocs de pierre et en font cadeau à leurs nouveaux amis. Les pavés volent donc bas au quartier latin. La rue Gay-Lussac, où brûlent des voitures et où fleurissent jour après jour des barricades, devient célèbre. Les jeunes rient, font la fête, mais souvent en pleurant, dans l'odeur âcre des lacrymogènes…

Le 13, les ouvriers entament la journée de grève organisée un peu à contrecœur par les syndicats, notamment la CGT : ils sont 500 000 à défiler partout en France. Ce qui n'est pas prévu, c'est que la grève continue et devienne générale, paralysant pendant un mois un pays privé de transports, de nourriture et d'essence, provoquant le 29 avril les accords de Grenelle refusés par les ouvriers puis, le 30, la dissolution de la Chambre, des élections législatives (23 et 30 juin) et *in fine*, l'année suivante, le départ du général qui, comme tout le monde, a mésestimé la force de *la chienlit.*

Le 16 juin, la guerre civile et les grèves sont finies, mais il y a eu cinq morts, et rien ne sera plus comme avant. Ce que voulaient les étudiants, c'était plus de liberté et, un peu plus utopiquement, la fin du capitalisme. Ce qui restera, ce sont des notions et systèmes jusqu'alors théoriques (autogestion, cogestion, participation) et la remise en cause de l'autorité quand elle impose sans concertation.

Et la fédé ? Elle a réussi, par jonglage et un peu par miracle, à maintenir les championnats de gym FICEP à Mulhouse (23-26 mai). Mais, nonobstant le titre lénifiant de *Les Jeunes* du 23 juin *(Malgré les évènements, la saison sportive est terminée sans trop de mal),* elle a dû annuler plus de la moitié de ses rencontres nationales : gym filles et garçons (avec grands prix de Musique), chant choral, judo, tennis de table, et les deux épreuves qui n'appartiennent qu'à elle, les critériums des jeunes basketteurs/euses et du jeune footballeur-athlètes, épreuves techniques avec ballon et théoriques (règlement) plus une course et un saut sur le terrain d'athlétisme…

La fédération publie trois articles dans *Les Jeunes* : un de l'aumônier fédéral *(essai de réflexion à l'occasion des évènements)* un de Robert Pringarbe (*la fédération s'associe aux réformes dans le domaine de la jeunesse*) et une céladonique, longuette et melliflue *déclaration du Comité Central en regard des évènements de mai.*

Le vieux monde craque au son du rock, cette *musique de sauvages* qui sort des transistors, mais on ne peut donc pas dire que mai 68 ait eu une grande influence sur la FSCF… ni sur le milieu sportif, pas vraiment révolutionnaire. Habitués à faire ce qu'on leur dit, les licenciés pensent rarement par eux-mêmes. Ceux et celles qui veulent le changement le réclament dans les amphis, les rues et les usines, pas dans leur club, encore moins leur fédération.

Au 31 juillet 1968, la toute nouvelle FSCF, c'est dix-sept Ligues régionales regroupant 63 Unions départementales et 153 282 licenciés dans 2 063 associations, dont plus de 800 ont répondu à l'enquête qui donne une vue assez exacte du squelette fédéral : 25% sont dans des villages (moins de 2 000 gentilés), plus de 50% dans des villes de moins de 25 000 habitants, 10% seulement dans des villes de plus de 300 000. On comprend pourquoi la FGSPF a refusé l'ordre de Vichy de fusionner dans toutes les villes de moins de 50 000 habitants…

Vingt-trois pour cent organisent des activités non sportives. 23%, déjà… ça laisse de l'espoir. Bien plus qu'en Tchécoslovaquie, où les chars soviétiques écrasent le 22 août *le printemps de Prague.* Aux Jeux de Mexico aussi, ça chauffe : le 17 octobre, sur le podium du

200m, Tommie Smith (vainqueur) et John Carlos (3e) lèvent un poing ganté de noir et gardent la tête baissée pendant l'hymne américain pour soutenir les militants des droits civiques aux USA. Scandalisés, les pontes du CIO demandent aux USA de les suspendre et de les renvoyer illico au pays, ce qui est fait.

Le lendemain, dans l'air porteur de l'altitude et d'un orage qui se prépare, Bob Beamon, solidaire et encore furieux, s'envole au premier essai du saut en longueur et retombe à 8,90m, soit 55cm de plus que le record du monde. Les viseurs optiques de mesure ne pouvant pas aller aussi loin, les officiels doivent avoir recours au bon vieux décamètre pour annoncer la distance de *l'araignée de l'espace,* qui ne se remettra jamais de cet exploit d'extra-terrestre. Le record tiendra 23 ans.

Au congrès de novembre, la table ronde réunissant champions et dirigeants fait un tabac devant 600 personnes dans la toute neuve salle de 400 places du *Bon Conseil*, mais, s'il vous plaît, ne donnez pas le chiffre de spectateurs aux services de sécurité !

La vedette, c'est Bénédicte Duprez, nageuse nature, finaliste des récents Jeux olympiques sur 200 m dos, qui met la salle dans sa poche avec *j'ai été pressée comme un citron* et le récit de ses séjours dans les plus belles villes du monde dont elle ne connaît que l'hôtel et la piscine. Dans la salle, les responsables de la fédération depuis bien longtemps culturelle compatissent et s'indignent. Les rôles de méchants sont bien entendu tenus par les entraîneurs et les dirigeants délégataires, en l'occurrence Arthur Magakian (FF gymnastique) et Claude Collard (FF judo, futur 1er président du CNOSF).

Car, si la fédération est enfin culturelle sur le papier, il convient maintenant de l'inscrire un peu plus dans les faits. Pour y parvenir, la fédé embauche un adjoint au secrétaire général qui sera le pendant pour les activités culturelles de Gérard Lollier pour les activités sportives : un sportif, pour prouver que sport et culture vont ensemble. Un peu par hasard, ce sera un basketteur de *l'Etoile Amolloise d'Amou* émigré à *l'Alsace de Bagnolet*, Jean-Marie Jouaret, journaliste de formation et amateur d'arts.

Même si elle est depuis 70 ans crispée sur ses noms et ses sigles gymniques et sportifs, la FSCF ne part pas de zéro dans le domaine de la culture, avec toutes ses batteries-fanfares, ses chorales, les galas de fin d'année de ses clubs (« danse » garantie, libellules à ailes en papier crépon aussi), la nouveauté proposée par les foyers-clubs, le Centre sportif et culturel de vacances (formule moderne de la vieille colo), le cinéma et bien sûr le théâtre de patronage, hélas devenu expression courante dans le langage de la presse et de la rue.

Si, jusque là, elle ne s'est jamais occupée de ces dernières activités, ce n'est pas par manque d'intérêt, mais par solidarité politique... et religieuse : pour chacune des activités culturelles et de plein air, il existait un organisme catholique, et les responsables de la FGSPF puis de la FSF avaient « signé » avec eux un pacte moral de non-agression et de non-franchissement des frontières qui faisait que les vaches étaient bien gardées, puisque chacun faisait son métier.

Le cinéma, c'est la Fédération loisirs et culture cinématographiques (FLECC) et, on l'a dit, ça projette pas mal dans les patros. *Quand on fait le tour de France des cinémas jusqu'à la fin des années 60, on se demande si on est sur terre ou au paradis : le nombre des Jeanne d'Arc, Saint-Joseph, Saint-Michel et Saint-Denis est impressionnant, à moins que l'on ne baigne dans la sérénité avec le Pax, le Stella, le Family, ou, plus répandu encore, le Foyer.*

C'est que la majorité des cinémas d'alors, surtout dans petites villes et bourgs, est installée dans des locaux paroissiaux et sont gérés par le curé lui-même ou une association sur laquelle il veille.[89]

La FLECC a été fondée en 1946, et réalise avec ces paroisses un important travail de documentation et de formation. Elle leur loue aussi des films. La FGSPF, puis la FSF, publient tous les ans dans *Les Jeunes* le rappel des catalogues disponibles et la liste des stages et week-ends d'animateurs de ciné-clubs (la FLECC en fédère plus de 500), de montage audio-visuel ou de *l'animateur culturel devant la télé, le disque et le cinéma.*

C'est dès leur origine que les patronages s'intéressent au théâtre, plaisant moyen de formation religieuse : *jusqu'en 1914, le répertoire était religieux ou comique.*[90] Jusqu'à cette date, en effet, on trouve dans presque chaque numéro de *Les Jeunes* des listes de pièces avec commentaires, parfois cinglants, sur le contenu. *Jusqu'en 1935, les troupes mixtes étaient cependant interdites.*[91]

---

[89] *Le cinéma et l'Eglise*, Marcel Beguin, Les Fiches du cinéma, Versailles.

[90] Joëlle Ehrel-Lamandé, *Le théâtre de patronage et son répertoire,* in *Le patronage, ghetto ou vivier ?* Gérard Cholvy, Nouvelle Cité 1988.

[91] Ibidem.

En 1968, le théâtre dans les patronages, c'est la Fédération catholique du théâtre amateur français (FéCTAF) elle aussi « fondée » en 1946 sur les ruines de l'ATOCEP de 1910, et dont le bulletin, *Nos Spectacles,* fait autorité de 1946 à 1975 dans tous les milieux du théâtre, du professionnel à celui de patronage, qui y puise des avis éclairés et un répertoire trié sur le volet.[92]

Les animateurs des patronages suivent eux aussi les stages FéCTAF de techniciens (son, lumière) ou de mise en scène. Il n'y a pas de formation d'acteurs…et pourtant !

Les colos, c'est l'Union Française des colonies de vacances, dont certains stages de directeurs sont 100% religieuses en habit ou prêtres en soutane, car les deux autres organismes de formation habilités par l'Etat, Centres d'entraînement aux méthodes d'éducation active, nés en 1937 du Front populaire, et Francs et Franches camarades (1944), laïques, refusent dans leurs sessions ce que l'on qualifie aujourd'hui de *signe ostensible d'appartenance à une religion.* FSF et UFCV se rencontrent souvent, et il n'y a pas l'ombre d'un nuage dans leurs relations : elles ne jouent pas dans la même cour.

La danse est très… folklorique. L'organisme roi s'appelle Chants et danses de France, puis Union nationale des groupes folkloriques pour la culture populaire (1960). Il a été créé et est toujours animé par Jacques Goron, conseiller technique et pédagogique Jeunesse et Sports, et c'est un organisme de formation. Il n'y a donc pas de clubs affiliés, mais des week-ends et des stages de formation et de perfectionnement laïques (au vrai sens du terme) et sans rivaux sur le marché. Leur calendrier paraît tous les ans dans *Les Jeunes.*

Jusqu'au dimanche (hasard ou signe du ciel ?) 12 de cet historique mois de mai 1968, la fédé a porté le nom de FSF pendant 21 ans, exactement le temps qu'il faut pour devenir adulte puisque, en ce temps là, c'est l'âge de la majorité. Les 30 ans qui viennent vont être riches de changements dans la grande famille FSCF, dont le carnet va comporter, selon la loi de la vie, beaucoup de naissances, quelques crises, pas mal de décès et quatre anniversaires.

---

[92] Contrairement au cinéma, où le prêtre doit visionner les films avant la projection et jouer des ciseaux et de la colle pour les rendre « tous publics » même s'ils ont déjà cette cote à l'Office catholique international du cinéma !

De beaux bébés… surtout des filles

Le premier bébé FSCF est quasiment accouché au forceps, en tout cas en force. C'est le critérium d'**haltérophilie**, organisé à l'arraché le dimanche 12 mai à Paris, la veille de la grève générale de six semaines ; timide vagissement, il faut l'avouer.

Puis, en 1971, vinrent des jumelles : la **danse** (enfin une 3e activité culturelle) et la **gymnastique rythmique moderne** (GRM) que l'on pourrait croire surgies de nulle part mais qui viennent pourtant toutes deux de très loin. La fédé, par le RSF, à déjà en effet des *exercices rythmiques avec massues* en 1948, parle souvent dans *Les Jeunes* de la *danse rythmique et harmonique de l'Ecole Irène Popard* et que, avec bien sûr la gymnastique, la danse est l'activité reine des galas de fin d'année dans tous les clubs qui en organisent un.

Nées ensemble, ayant pour support la musique et pour finalité l'expression artistique, les jumelles auront le même parcours, avec des débuts très laborieux, pour une triple raison :

- L'organisation de l'activité fut confiée au départ à une sous-commission de la commission fédérale de gym féminine, étape politiquement et psychologiquement nécessaire, car la toute puissante CFGF (qui détenait la majorité des licenciés fédéraux, pas loin d'un quart du total) redoutait comme la peste toute nouvelle activité qui lui enlèverait forcément des individuelles, voire des sections entières, tentées de quitter la rigoureuse et exigeante gymnastique aux agrès au profit de pratiques nettement plus attirantes parce que «faciles».
- En conséquence, les premières rencontres eurent lieu lors des championnats fédéraux de gymnastique : noyées dans le programme, reléguées au second plan (comme les musiques, qui s'en plaignaient depuis plus de 60 ans) et face à un public turbulent plus proche de celui des cabarets que de l'opéra
- D'où frustrations et incompréhensions qui, après deux expériences difficiles (Le Mans en 1972 et Grenoble en 1973) décident les deux sous-groupes, présidés par Michèle Dutigny, (*la Tricolore de Meudon*) à devenir, avec l'accord du comité central et d'Annick Louvard, future présidente de la CFGF, commissions à part entière, en 1974 pour la danse, 1976 pour la gymnastique rythmique moderne qui, pour être prise au

sérieux par le mouvement sportif, remplace définitivement l'adjectif et devient sportive, GRS.

Effectivement, les choses allèrent mieux alors, même si cela prit du temps : normal, quand on part de zéro. Il y a treize clubs et 103 individuelles (47 jeunesses et 56 aînées) au 1er championnat fédéral de GRS toute seule (1978 à Chalon-sur-Saône) où les membres de la commission fraîchement présidée par Annick Garry *(Union Sportive de Laval)* se rendent compte que, mal formés et aussi débutants que les gyms, les juges sont loin de déceler tous les défauts et les fautes d'exécution. Alors, en même temps que celle des monitrices, elle intensifie la formation des juges, que, fort intelligemment, elle ouvre aux hommes, formellement interdits par le code FIG.

La danse n'a pas ce problème de jugement, puisque le système de jury, de cotation, de notes et de classement n'a duré qu'un an, aussitôt remplacé par un dialogue entre conseillers techniques et monitrices de club. Mais elle a quand même des difficultés à grandir.

Les cadres de stages et animateurs quasiment bénévoles de l'activité sont pourtant ce qui se fait de mieux en France à l'époque : le couple Françoise et Dominique Dupuy (créateurs des *Rencontres internationales de danse contemporaine* puis des *Ballets modernes de Paris)* et Jacqueline Robinson (fondatrice de *l'Atelier de la danse*, auteur de trois ouvrages qui font autorité) trois professionnels qui mettent leur immense talent au service d'amateurs débutants.

Le problème, c'est la conception même de l'activité. Au départ, les danseuses sont majoritairement des gymnastes qui pratiquent aussi la danse, dans un but utilitaire ou de plaisir personnel, et il n'y a quasiment pas, dans les clubs FSCF, de professeurs formés. Les cours et chorégraphies relèvent donc bien plus souvent du par cœur des mouvements d'ensemble en musique que de l'expression personnelle, notion inconnue que les cadres fédéraux imposent dans stages et créations collectives à un public très surpris.

Toutes les monitrices, et toutes les danseuses, ne sont pas prêtes à passer immédiatement du gigotage rythmé à l'expression de situations et de sentiments… Les deux premières créations collectives *(Carmina Burana* à Grenoble en 1973 et *le Déluge* à Vichy en 1976) gagnent la partie : on peut donc, en dansant, raconter une histoire, on peut même donner un spectacle de plus d'une heure avec quinze clubs disséminés sur tout le territoire, qui ont chacun inventé et répété chez eux un ballet, petit morceau d'un puzzle supervisé puis assemblé par un chorégraphe de la commission…

Soixante-quinze ans après sa fondation, pour asseoir sa dimension culturelle et artistique, la fédération accueille pour la 1re fois une activité qui s'affranchit de règles techniques, de juge ou d'arbitre, de palmarès et de breloques : musique et chant choral, pourtant activités artistiques, ont un classement, auquel tiennent les clubs.

« Détail » : si quatre-vingt-dix-neuf pour 100 des pratiquants sont des pratiquantes, ce n'est pas seulement parce qu'elles viennent de la gym aux agrès. Dans cette activité, il ne saurait y avoir des garçons : tous les hommes qui dansent sont *gay,* Philippe Candeloro vous le confirmera ! A la fédé, on ne parle jamais de sexe, mais cette suspicion est toujours présente dans la tête de beaucoup.

En 1973, deux nouvelles naissances, le **Sport pour tous** et les **majorettes.** Le sport sans compétition est lui aussi une nouveauté en fédération où tout est alors codifié, jugé, noté. Nommée par le comité central du 15 décembre, la commission trouve aussitôt son héraut passionné, Léon Compagne *(la Citadelle de Besançon).* Un animateur ou animatrice charismatique, enthousiaste et convainquant est une condition indispensable d'implantation d'activité lorsque qu'un besoin ou une réalité ont été décelés sur le terrain. C'est le cas ici aussi.

Il y a des randonnées dans la Loire, le Rhône et la Franche-Comté, et de la gymnastique d'entretien en Anjou, Isère, Ille-et-Vilaine et Ile-de-France. Comme toutes les nouveautés, celle-ci rame beaucoup pour se faire connaître et reconnaître, et plus encore pour se développer. C'est en 1978 seulement que le colloque décentralisé d'Autrans (8 et 9 mai 1976) et la *Semaine fédérale Sport pour tous* 1976 et 1977 portent leurs fruits et rendent la notion familière.

Le ministère s'est doté d'un bureau Sport pour tous, qui considère la FSCF comme une pionnière de qualité, lui confie la co-organisation de plusieurs des Journées nationales (marche, bicyclette, natation) et, autre première, met à sa disposition un conseiller technique régional, Joël Billioud *(Espérance de Brignais),* chargé à temps partiel de promouvoir le SPT dans sa Ligue et en fédération.

Les associations et les Unions se mettent à organiser des sorties et des journées festives et amicales, et participent aux opérations inventées par la commission fédérale : *les 3x8* en 1979, *randonnée verte* et *rallye orange* en 1982, *pass-neuf* en 1993. Les commissions de gymnastique lancent en 1978 une journée annuelle de propagande et d'initiation pour tous. La première marche culturelle de découverte de Paris organisée lors du congrès fédéral 1978 (donc en plein hiver) par la commission qui espère 100 participants en regroupe 582, et donne de plus des idées au terrain.

Tant qu'elles ne bénéficieront pas de rencontres ou de compétitions régulières, les *activités diverses* (marche, tir à l'arc, badminton, vélo, volley, etc.) participeront aux journées départementales sport pour tous, dont le Trophée est remporté en 1988, 1989 et 1990 par *l'Etoile Saint-Marc d'Orléans*, qui écrabouille la concurrence avec ses 592 participants au rallye orange et 1 675 à la randonnée verte, baptisée *le chemin qui marche tout seul*, née en 1986.

Les **majorettes** sont une autre chanson, ou plutôt une autre paire de bottes. Le 12 mai 1957, déjà, tuniques à brandebourgs et shakos à plumet du *groupe de ballet Etoile circus de Bourg-en-Thizy* (Rhône) avaient eu droit à la une de *Les Jeunes,* sans suite jusqu'au 31 janvier 1969, 1re page toujours : *une activité jeune et moderne, les majorettes.* Dix-huit mois plus tard (octobre 1970), la sous-commission danse de la commission gym filles *n'ignore pas l'existence de groupes de majorettes* et cherche, *en liaison avec les commissions culturelle et de musique,* qui pourrait leur proposer un programme.

Ce sera celle de musique, dont le président, Robert Goute (*Musique de l'Air* et *Bleuets de Domont*) a compris l'intérêt pour les batteries-fanfares et pour la fédération. Dans les instances nationales, c'est une belle bataille, dont on ne trouve trace dans aucun compte-rendu mais dont se souviennent bien ceux qui l'ont vécue.

Beaucoup de responsables ne veulent pas que la fédération se fourvoie avec *cette activité de cirque,* ou, pire, *ces filles perdues tout juste bonnes à montrer leurs cuisses.* Les *pour* sont moins nombreux, mais persuasifs (*raison de plus pour que la fédération fasse un peu d'éducation),* et plus tenaces. De guerre lasse, le comité central donne à sa vice-présidente Andrée de Saint-Julien *(Fleurs de France de Vichy)* l'autorisation de *faire quelque chose.*

La fédération a une animatrice potentielle : Marie-Bernadette Block *(Saint-Louis de Poissy)* salariée de la Fédération française (FFTB) mais pas très à l'aise dans ce milieu de compétition à outrance codifié et dominé par les Américains. Comme elle l'a fait dans les années 50 pour le basket avec Jacques Perrier, la fédération salarie un cadre technique. Grâce aux talents conjugués d'Andrée de Saint-Julien, de *Doudou* Block et de l'équipe qu'elle recrute dans les clubs existants, c'est parti pour une aventure éducative extraordinaire.

Au grand regret de ses promoteurs, le 1er règlement technique (1973) est une aberration pédagogique puisqu'il n'est qu'un catalogue d'interdictions : plus de shakos, de plumets, de brandebourgs, de bottes, de bas résille, de froufrous, de trou-trous, de bijoux, de maquillage de music-hall, de cheveux longs non attachés, de chewing-gum, de commandement au sifflet, finis les grades de capitaine, vice-capitaines, lieutenante et vice-lieutenantes qui créent des jalousies et pourrissent l'ambiance du groupe... Bref, de quoi vous dégoûter d'être majorette !

Pourtant, dix ans après, il y avait en FSCF plus de 15 000 twirleurs (le nom de majorettes disparut en 1981 avec l'arrivée des garçons) en tennis et justaucorps et des dizaines de cadres techniques formés avec l'aide du service... culturel, le secrétariat sportif ayant dès le départ refusé de s'occuper de l'activité au prétexte qu'il était débordé.

1976 vit la naissance d'une 5e activité, la **gymnastique de détente.** En fait, elle existait déjà, puisque la fédé proposait depuis 1971 un stage annuel de gymnastique d'entretien, confidentiel et non reconnu (d'où des problèmes en Vendée avec la FFEPGV) jusqu'en 1975, date à laquelle la créatrice-animatrice, Annick Louvard *(Nicolaïte de Chaillot* mais alors *Jeanne d'Arc de Montrouge*), dépose un dossier d'habilitation de gym pour adultes, rebaptisée gym détente pour ne pas la bloquer sur une tranche d'âge et souligner sa dimension loisirs.

Dossier accepté le 2 septembre 1976, ce qui sera de nouveau le cas deux ans plus tard avec l'option 3e âge. A la demande du ministère, les diplômes de monitrices sont devenus *de moniteur et monitrice*, mais les messieurs ne s'y bousculent guère. Cette équivalence d'une formation fédérale avec un diplôme d'Etat remplace fort à propos celle des diplômes de moniteur et monitrice d'éducation physique que la fédé a perdus de 1973 à 1976, et ouvre la voie à d'autres.

En **1978,** une « société » affiliée, totalement atypique mais qui en connait un rayon, organise des épreuves de **cyclisme**. Elle a un nom un peu surréaliste et grandiloquent, *la Fondation internationale du sport médical pour l'aide à la recherche*, si long et si bizarre que tout le monde dit FISMAR. Elle est sise à Six Fours (Var) et a pour buts la pratique de compétition pour les plus de 35 ans et l'aide financière à la recherche médicale et aux entreprises humanitaires.

Voilà pourquoi ses fondateurs, Antonin Bodino et son épouse, l'ont affiliée en 1977 à la FSCF, dont l'intérêt pour le secteur social est évident. A partir de 1978, le championnat fédéral se dispute sur trois épreuves (93 km en ligne, 7 en côte et 10 contre la montre) dont les temps additionnés désignent le vainqueur, et les droits d'engagement de toutes les courses sont reversés pour moitié à des œuvres.

Depuis 1978, la FISMAR donne, bon an, mal an, 45 000 F (8 000 euros) en liquide ou en matériel aux clubs handisport du département, à Perce-Neige et aux services de recherche des hôpitaux locaux. En 1998, ce sera 10 000 euros, et il y a 126 concurrents au championnat fédéral, le plus discret de tous dans *Les Jeunes.*

1985 : la FSCF ressuscite les balles populaires du samedi. L'effort initial de lancement du **tennis** n'avait duré que trois ans (1947-49), les trois épreuves (garçons, filles et mixtes) ayant été supprimées pour cause de trop petit nombre de raquetteurs (sept clubs, dont quatre de l'Ile de France). Trente-six ans plus tard, c'est reparti.

Et ça dure encore en 1998, où le *Sporting Club Notre-Dame de Strasbourg, la Légion Saint-Pierre de Brest, Championnet Sports, la Jeanne d'Arc de Drancy, l'Union Saint-Bruno et les Coqs Rouges de Bordeaux*, notamment, se disputent les coupes jeunes et seniors.

Les 25 et 26 janvier 1986, *la Fraternelle d'Oullins* (Rhône) accueille *le premier week-end amical FSCF de* ***tir à l'arc***. Débuts timides : à peine sept participants, du club local et de deux *Espérance, Brignais* et *Bourg-en-Bresse.* Mais, un mois plus tard à Brignais, pour la première « vraie » compétition, il y a déjà cinq clubs et 162 tireurs.

Comme toujours, le diesel fédéral met du temps à chauffer. Il faut attendre 1989 pour que, surgie de nulle part, la *chargée de mission* fédérale, Christine Cun, précise son rôle en début d'année puis dresse le bilan en fin de saison : 24 clubs dans 19 Unions, 313 tireurs et 32 cadres formés. Il y a 60 tireurs à Bourg-en-Bresse, en 1990, au premier championnat fédéral, dont certaines épreuves, spécifiques à la FSCF (le tir aux couleurs, la cible différente selon le niveau technique, dont celle à six zones et bien sûr le championnat individuel couronnant… un tandem) n'existent évidemment pas en FFTA et sont encore disputées aujourd'hui.

En 1992, deux nouveaux bébés vagissent dans le berceau : l'**éveil de l'enfant** et la **randonnée.** La pratique sportive des enfants et des jeunes préoccupe les sphères fédérales depuis longtemps ; depuis toujours, même. Les médecins fédéraux, puis, tant qu'elle a existé, la commission d'éducation physique, ont sans cesse, en tant que de besoin, freiné les commissions techniques en leur rappelant que la compétition est néfaste pour l'enfant, même du point de vue psychique, et le comité central leur a toujours emboîté le pas.

Mais en ce domaine aussi, les temps changent : depuis 1963, la gym garçons organise un *triathlon composé d'exercices très simples* pour les benjamins (8-10 ans). Ayant repéré dans les clubs un important gisement de licences potentielles, le comité central lui-même demande à la commission féminine de taper plus bas encore et de créer quelque chose pour les poussines (6-8 ans). Il est loin le temps où il interdisait de chronométrer les minimes en athlétisme…

Pour des raisons éducatives, la commission est majoritairement contre, mais puisque c'est un ordre… Elle dit oui, du bout des lèvres, fin 1970 et charge l'un des membres, Simone Rojon *(Alouettes de Caluire)*, de tester un projet dans le Rhône en mai 1971. Positif. A partir de 1972, les poussines auront leur concours, avec quatre épreuves : une gymnique, une *sur poutre posée sur le sol*, un petit *parcours en musique* et *une évolution rythmique*, préparation déguisée à la compétition qui passe comme une lettre à la poste…

D'autant plus que, une par une, peu à peu, elles aussi dans le souci de trouver des licences supplémentaires, mais aussi et surtout de fabriquer très tôt les jeunes champions qui médailleront la France sur le plan international, les fédérations délégataires mettent en place le sport pour bébés.

Les sections de baby-basket, baby-natation (à ne pas confondre avec les bébés nageurs), baby-gym, baby-judo, bref, de bébés requins, fleurissent pour gamines et gamins à partir de trois ans. Et les clubs FSCF s'y sont mis aussi : c'est tellement mignon, à cet âge là, et ça donne de si beaux résultats trois ans plus tard dans les concours…

Les voix discordantes qui crient casse-cou sont peu nombreuses. Au départ, ce sont même celles de gens qui se mêlent de ce qui ne les regarde pas, trois salariés du siège (les responsables des stages, de la gym et le secrétaire général) qui, mine de rien, publient dans *Les Jeunes* à partir de 1979 quelques articles de personnalités extérieures,

Jacques Personne, notamment, invité deux fois au congrès après son ouvrage *Aucune médaille ne vaut la santé d'un enfant* en 1987, sur le thème du danger des pratiques précoces.

En 1992, enfin, d'autres voix s'élèvent, dont une du sérail anonyme mais fort bienvenue, qui, dans un long article, *l'éveil de l'enfant : pour une éducation corporelle et artistique*, propose *un projet éducatif original de la FSCF* avec le découpage suivant :

- 2-6 ans (avec possibilité de dissocier deux tranches d'âge, 2-4 et 4-6) éveil du tout petit
- 6-8 ans : école de loisirs sportifs et culturels (activités ludiques multisports et culturelles non spécialisées)
- 9-11 ans : école d'initiation technique spécialisée.

C'est ce guide du moutard qui est en place aujourd'hui, en 1998, avec des formations de cadres et des journées éveil qui font le plein et proposent des activités d'initiation physique et culturelle. Mais la tentation pour les autres commissions techniques d'imiter la fédération délégataire (qui se soucie peu de la casse) et de proposer quand même un exercice, un parcours, un mini concours qui prépare à la compétition, reste permanente, et le comité central (devenu comité directeur) reste étrangement muet sur la querelle…

En 1998, vingt-quatre clubs ont reçu de la commission, dans seize départements, le label (une nouveauté) authentifiant la qualité de leur encadrement, de leurs installations et de leur pédagogie.

La **randonnée** existait en fédération (dans le Rhône, comme le tir à l'arc) depuis 1972, mais sous forme de marche. La formidable mais trop frileuse fédération avait manqué en 1970-1972 l'occasion de se montrer une fois encore pionnière : ni la Ligue d'Alsace ni le national n'avaient repris la proposition de Martin Hett *(Association Sportive et Culturelle Saint-Afre de Riedisheim)* de structurer cette activité, qu'il pratiquait en famille dans les pays germaniques.

Alors, le cœur gros, il avait décidé de se débrouiller tout seul comme un grand, et avait fondé en 1975 *la Fédération française des sports populaires,* qui, en 1998, regroupe 600 associations et plus de 500 000 marcheurs…

La commission sport pour tous sème du bon grain à partir de 1982 avec ses marches de printemps et d'automne, *la randonnée verte* et *le rallye orange*, mais il faut des années pour que chacun s'aperçoive qu'il n'est pas seul. C'est encore, en 1987, une association du Rhône, *l'Excelsior de Grigny,* qui se raconte et lance dans *Les Jeunes* un appel auquel répondent dans le numéro suivant *l'Union Fraternelle d'Aubière* (70 membres) et *l'Etoile Saint-Marc d'Orléans* qui vient d'organiser la seconde édition de son *chemin qui marche tout seul* à laquelle ont participé 1 066 randonneurs. Et nul ne le savait alors...

La coordination et l'action vont venir des marches de Provence, de la région PACA qui continue ainsi, en 1982, sa longue participation à l'écriture de l'histoire fédérale : Michèle Cousinou *(Harmonie, Gym et Nature Aix-en-Provence)* dirige à Langogne la première session de formation de moniteurs et monitrices de randonnée FSCF, qui continue plus que jamais en 1998, dans la convivialité, la culture et la qualité, à pousser grands-pères et grands-mères dans les sorties...

Les deux derniers garçons venus agrandir le cercle de famille ne sont pas jumeaux mais portent le même premier prénom, **Arts.** En 1994, la commission danse programme un stage *éveil aux arts du spectacle,* 50% danse-50% arts plastiques et musique, qui est un vrai succès et se transforme au fil des ans, à la demande des CVL, des sections éveil et de certains clubs, en disciplines du cirque (musique, maquillage, clowns, mime, jonglage, acrobaties, etc.).

Depuis le 31 janvier 1988, à Gerstheim, l'Avant-garde du Rhin organise tous les ans une *exposition artistique* où les membres des clubs, athlètes, basketteurs, gymnastes, judokas, footballeurs, tireurs, musiciens, entraîneurs, dirigeants, peuvent exposer leurs dessins, leurs tableaux, leurs sculptures, leurs poteries.

En 1990, *la Jeanne d'Arc de Veigné* (37) lance une semaine d'éveil aux arts et accueille, dans le pittoresque moulin communal 23 artistes locaux (hors fédération), plus de 200 œuvres et 1 200 visiteurs. En novembre 1995, la toute nouvelle commission fédérale y organise le premier *salon fédéral* d'*arts plastiques*, désormais annuel.

En 1998, danse et arts plastiques sont, avec (à un degré moindre cependant) certains exercices individuels de gym artistique, de GRS et de twirling, les seules des dix-huit activités fédérales à être basées sur l'expression et la création personnelle.

Lorsqu'on regarde de près la photo des douze activités qui ont permis à la fédé d'entonner un joyeux chant généthliaque, on ne peut que constater une évidence : cinq d'entre elles sont féminines (pratiquantes et cadres) à 100% (GRS) ou 99% (gym détente, twirling, danse, éveil). Il est donc clair que ce sont les femmes qui ont permis à la fédération non seulement de se maintenir mais de progresser, en effectifs (en 1998, plus de 60% des 220 000 licenciés sont des filles) et en nombre de responsables engagés au départ dans les seules structures techniques puis élues dans les instances politiques.

Les responsables qui ont donc apporté à la FSCF non seulement des licences, mais aussi sang neuf, souffle nouveau, regain de vitalité, et une nouvelle génération de responsables, ces hommes s'appellent Marie-Bernadette Block, Michèle Cousinou, Anne-Marie Duchesne, Michèle Dutigny, Annick Garry et Annick Louvard, aussi remarquables éducatrices qu'excellentes techniciennes, politiquement aidées par deux vice-présidentes, Andrée de Saint-Julien et Simone Hyon *(La Lande du Breil Rennes*). Navré, chers collègues !

Les pionnières du RSF, notamment Marie-Thérèse Eyquem, Eugénie Maucurier *(Marines Sportives du Centre de Paris)* et Olga Batany *(Libellules de Clamart,* monitrice générale), qui, de 1945 à 1962, ont constaté à leurs dépens qu'il était loin, le temps de sigisbées, en subissant tous les ans au congrès la chanson du mâle aimé et les foudres des machos et des gardiens ensoutanés du sérail (on trouve tout au bazar de la parité), ont dû se réjouir (là haut, pour les deux premières) de cette conquête qu'elles avaient amorcée quarante ans plus tôt et dont elles rêvaient sans doute…

Les changements techniques et pédagogiques intervenus à la même période (1968-1998) dans deux autres des activités traditionnelles sont plus masculins : Jean Kolb et Claude Piard, on l'a vu en gym féminine, et les équipes menées de main de maître (et de fer) par les présidents des « commissions de France »

Jean Boucher *(Enghien Sports, Avant-garde de Saint-Denis* puis *les Mouettes du Lac, Enghien)* qui règnera sur la gym garçons de 1959 à 1992, et Robert Goute (*Musique de l'Air*, puis *Bleuets de Domont*), de 1955 à 1979, rajeuniront contenu des formations, compétitions, répertoire et méthodes d'enseignement.

Un mot sur l'évolution de cinq des activités traditionnelles :

- Les rapports avec l'hégémonique fédération délégataire de **judo** ne seront jamais faciles : les tatamis de nos amis sont loin d'être nos amis… Ce sera aussi le cas avec la fédération de **gymnastique** au tournant des années 90
- En **cross**, comme en basket, plusieurs champions de France des années 50 et 60 sont encore dans un patro

- Seule activité individuelle qui trouve grâce à partir de 1947 aux yeux des censeurs FSF, farouches partisans des épreuves en groupe pour les filles (basket, triathlons et gym) **le ski** joue aux... montagnes russes. Les faits d'hiver connaissent des oh et des bah, sommeillent de 1955 à 1970, et le ski nordique (dit de fond) ne s'imposera jamais vraiment
- Comme le hand, le **volley** peine à s'implanter en FSF puis FSCF, alors qu'il connait pourtant chez les filles en Ille-et-Vilaine, où l'abbé Groussard a eu l'intelligence d'adapter le règlement au milieu rural, un engouement extraordinaire de 1970 à 1990, date de son apogée (2 650 licenciées pour 326 équipes en six divisions).
- La **gymnastique** prend peu à peu (et enfin ?) possession d'elle-même : à partir de 1956, les garçons suppriment une à une les épreuves de grimper de corde et d'athlétisme, poids, sprint puis saut en hauteur, remplacé par le saut de cheval. Les filles font de même en 1966, et fini le copié-collé : le tir à la corde a déjà disparu, le grimper devient barres asymétriques. La gym est devenue 100% gym, mais les caractéristiques originales demeurent : en sections (peu d'individuels), dépôt d'une gerbe au monument aux morts, défilés en musique dans les rues (toujours démonstration de nombre et de force, avec un peu moins de discipline) et mouvements d'ensemble, encore dirigés à la voix du moniteur général chez les garçons, en musique chez les filles, comme les exercices au sol. Depuis les années 50, les clubs affiliés bénéficient d'une réduction de 30% sur les droits qu'ils sont tenus de verser à la SACEM.

De 1948 à 1985, les championnats fédéraux retrouvent les chiffres d'avant-guerre : garçons de 4 000 à 6 000 (10 000 à Saint-Étienne en 1955), filles entre 5 000 et 8 000, majorettes autour de 3 500, musiques 2 500. Mais les conditions et les mentalités ont changé : le problème n'est pas la nourriture (nous sommes en France ! Boissons et repas ne causent aucun tracas aux organisateurs) mais le matériel (malgré le stock impressionnant d'appareils entreposé à Saint-Memmie) et le logement : ces internats gigantesques qui hébergeaient des centaines de gymnastes et de musiciens ont disparu, et les jeunes veulent maintenant un peu de confort, pas des paillasses et des lits Picot de l'armée dans des gymnases.

Trop, c'est trop pour les organisateurs, qui n'y arrivent plus, et se raréfient donc. En 1992, le cœur brisé, la commission féminine coupe le fédéral en deux et crée le P1. Cela ne suffit pas : en 1997, il faut un P2. Trois niveaux et non plus tous ensemble, ce n'est plus vraiment la fédé, mais il n'y a hélas pas d'autre solution.

De temps en temps, un club atteint de folie douce décide de prendre tout le monde, comme avant, et regroupe : *la Cambronnaise de Saint-Sébastien-sur-Loire* en 1995 pour l'open des gymnastiques (garçons, filles et GRS, 297 sections, 8 831 sportifs, moniteurs et cadres) et *la Saint-Louis de Poissy* : en 1979 (gym garçons, majorettes et GRS les 16 et 17 juin, gym filles les 23 et 24, les deux fois avec musiques et 8 000 personnes) et pour le 100e anniversaire en 1998 (330 sections filles, 5 083 compétitrices… et des tonnes de matériel).

Pour parler des deux derniers enfants de la fédé, il convient (pardon, ami lecteur) de rappeler un truisme : les temps changent pour tout le monde, dans les fédérations et dans leur environnement. Dans les années 1970-1980, le ministère Jeunesse et Sports admet encore, au nom de la laïcité, que les mouvements, ces associations d'éducation à participation volontaire, affichent tous une sensibilité spécifique, donc que, pour le seul scoutisme, existent Scouts et Guides de France, Scouts israélites, Scouts unitaires, Eclaireurs unionistes, Eclaireuses et Eclaireurs de France, Francs et Franches camarades.

Mais plusieurs fédérations différentes pour une activité technique, neutre par essence (il y a par exemple sept organismes pour l'image et le son !), la pilule a plus de mal à passer. Alors, avec les seules armes dont il dispose, l'agrément et les subventions, le ministère pousse aux fusions, donc aux disparitions pures et simples, et c'est la mort des organismes techniques catholiques : finies la FLECC (devenue FLEC en 1966) et la FéCTAF, qui, en 1975, épouse la FNSTA pour donner l'actuelle FNCTA, Fédération nationale des compagnies de théâtre et d'animation.

Les clubs affiliés ont découvert, souvent pour leurs gyms filles, la **danse** contemporaine et moderne, le jazz, en ont un peu assez des sempiternelles danses d'Israël et de Hongrie et pressent la fédération de *faire quelque chose,* d'où la création déjà signalée de la sous-commission danse au sein de la commission gym filles.

Le comité central ne se lance pas dans l'aventure du **cinéma,** car la FLEC subsiste quelques années encore. Les groupes de **théâtre** ne se sentent pas très à l'aise à la FNCTA, mais il faut attendre 1985 pour que France-Marie Rousseau, présidente de l'UD Mayenne, mette en valeur dans *Les Jeunes* le travail des 4 groupes affiliés.

Trois ans plus tard, en 1988, ce sont plus de 5 000 licenciés qui jouent les figurants en costume dans les douze spectacles *sur les chemins de Compostelle.* En 1990 et 1991, le Poitou et Marseille imitent Laval. Le terrain est prêt : la *première rencontre nationale de théâtre FSCF* naît en 1992.

C'est à Masevaux (68) avec onze troupes dont sept locales, car il y a en Avant-garde du Rhin un passionné, Paul Sutter *(Cercle Saint-Ulrich de Morschwiller-le-Bas).* Il veut sauver le théâtre en dialecte... et il y parvient : 70 troupes adhérent déjà au Groupement AGR du théâtre amateur d'Alsace, qui sauve et perpétue l'âme et la culture locales par le typique théâtre alsacien.

La toute fraîche commission fédérale se donne pour président un autre passionné, Jean-Claude Martin *(la Fraternelle des Volcans Volvic* puis *la Jeanne-d'Arc de Clermont-Ferrand*) et c'est le 14e bébé de la FSCF. Quatorzième parce que, quasiment 20 ans avant lui, est né le 13e, nommé CVL, dans des circonstances qu'il faut rappeler.

C'est donc l'Union française des centres de vacances et de loisirs, l'UFCV, qui recueillait dans ses stages, au corps défendant de certains de ses responsables, prêtres en soutanes et religieuses en habit venus chercher le diplôme de directeur de colonie et de centre aéré. Elle avait au fil du temps embauché, sur le seul critère de compétence, des dizaines de cadres professionnels, dont certains ne partageaient pas du tout la sensibilité catholique des fondateurs.

En 1971, l'Union décide donc d'adopter un positionnement clair aux yeux de tous... à commencer par les siens. En 1972, c'est fait : la pédagogie de l'UFCV est désormais très officiellement basée sur la doctrine du *personnalisme communautaire d'Emmanuel Mounier, option socialiste.*

Pour clercs et religieuses, le personnalisme communautaire, cette voie humaniste entre capitalisme libéral et marxisme, ne pose pas de problème : E. Mounier était catholique. Mais socialiste, c'est le diable qui se baigne dans le bénitier de l'UFCV, le loup dans la bergerie ! Alors, pasteurs et pasteures de France en quête du diplôme de directeur ou de son renouvellement et soucieux de la formation de leurs moniteurs (devenus animateurs) appellent la FSCF au secours :

elle DOIT profiter de la toute nouvelle législation, et faire habiliter des sessions comme la loi lui en laisse désormais la possibilité. C'est plus qu'une prière, c'est un ordre.

C'est tentant, certes, mais pose un important problème politique, puisqu'il s'agit de faire ce que la fédération a toujours refusé depuis 70 ans, entrer en concurrence avec l'UFCV. Trois personnes de chaque organisme (dont les présidents) se rencontrent par deux fois fin 1972, et aboutissent à un accord que l'on ne trouvera nulle part puisqu'il n'a jamais été formalisé par écrit. Entre gens honnêtes...

Pour ne pas devenir organisme de formation rival, la FSCF ne fait habiliter que le nombre de sessions dont ses propres cadres ont besoin, mais pas plus. Elle offre à ses licenciés les tarifs qu'elle veut, mais applique aux éventuels stagiaires extérieurs le tarif UFCV. Elle ne met pas en place non plus des services annexes spécialisés (revue, librairie technique, matériel, placement des animateurs, etc.).

En février 1974, à Rennes, c'est la première session, une formation d'animateurs : 40 stagiaires ! Il y avait là un vrai besoin, et un vrai champ d'action, puisque, la même année, l'Alsace et l'Ile-de-France enchaînent, et les premiers directeurs diplômés le sont en avril, à Rennes toujours : la Bretagne accueille certes beaucoup de colos, mais elle en organise aussi pas mal à la montagne pour ses enfants...

Le calendrier s'étoffe vite, couvrant dans les trois régions pilotes puis à Lyon, Marseille, Pau et le Jura tout l'éventail des sessions nécessaires à l'obtention du diplôme, notamment les spécialisations, qui font découvrir à la vieille dame FSCF un domaine qu'elle a complètement négligé, le plein air et ses nombreuses activités sportives, aquatiques et montagnardes.

En 1978, après quatre ans de surveillance (en termes administratifs probation), la FSCF obtient l'habilitation générale qui reconnaît sa compétence et le sérieux de sa formation, et la dispense désormais de remplir pour chaque session un fastidieux dossier puisque toutes celles qu'elle organise sont habilitées *ipso facto*.

La FSCF se découvre un réservoir d'éducateurs et d'éducatrices qu'elle n'utilisait pas, avec beaucoup d'enseignants et de pédagogues confirmés. Passée leur surprise d'être aussi froidement accueillis par la famille lors des congrès (un rival de plus pour les activités en place...), ces généralistes s'engagent quand même très vite dans les instances politiques départementales et régionales. En 1998, la dimension et l'importance des CVL dans la vie fédérale sont incontournables.

Le carnet rose ne serait pas complet si on ne signalait, hors activités, la naissance des rassemblements réguliers de cadres de stage de chaque activité, puis, l'année suivante, les biennales de cadres, toutes activités fédérales confondues, dont la cohabitation et les plages de travail en commun sont toujours intéressantes, souvent formidables et pittoresques, mais parfois aussi explosives, comme entre les «branches» technique, généraliste et «intellectuelle», la gym filles, l'éveil aux responsabilités et les CVL... La fédé est une grande et vraie famille !

Donc elle a forcément ses crises. Deux en 30 ans, c'est peu, mais c'est deux de trop, car chacune laissa des cicatrices profondes, dont certain(e)s ne se remirent jamais. La première eût lieu en 1979, et fut l'aboutissement d'une histoire qui agitait quasiment chaque année le congrès fédéral depuis l'origine : la place des musiques dans les championnats de gymnastique. Ne souriez pas, ça va mal finir.

Faire crise mine

Dès l'origine, on l'a vu, les cliques se plaignirent de ne pas être suffisamment accueillies et mises en valeur, mais plutôt utilisées pour faire marcher les gymnastes en cadence, et comme bouche-trous lors du festival. Jusqu'en 1968, la culture n'existait pas dans le nom et les statuts fédéraux, ce qui fit longtemps refuser l'affiliation des fanfares.

En 1973, après Grenoble (qui marqua la séparation gym-danse) les musiciens refusèrent d'organiser à l'avenir leur Grand Prix annuel lors des championnats de gym filles. L'idée, c'était de s'accoupler aux majorettes (mais la gym garçons faisait la tête) ou à défaut, à tour de rôle avec garçons et majorettes.

Le comité central, interrogé, répondit le 18 septembre 1976 : il rajouta illico la gym filles sur la liste (un festival, quel qu'il soit, sans les musiques devenait comme tous les autres, la fédé y perdait toute originalité) et demanda aux quatre commissions de lui présenter une proposition, sur laquelle il déciderait.

Le 31 janvier 1977, un discret entrefilet annonce que *Nancy sera les 4 et 5 juin le théâtre du Grand Prix Fédéral de musique.* Coup d'Etat ? Pas encore : c'est le comité central du 18 décembre qui, devant la menace d'annulation des championnats de gym garçons 77 (pas de candidat à l'organisation) a accepté le principe, à condition que toutes les musiques participantes *aient rempli leurs obligations sur le plan départemental et régional.*

Nancy sera annulé (problèmes d'organisation et de subventions non obtenues) mais la révolution est en marche, malgré la motion des deux commissions de gymnastique (rare, voire unique exemple de front commun) qui a mobilisé le comité central le 24 septembre en présence des présidents des quatre commissions concernées et provoqué une réunion spéciale, le 18 novembre, dudit comité au complet (27 présents sur 28 membres).

Le vote à bulletins secrets entérine la naissance des GPF musique indépendants par 23 voix favorables, donc 4 contre. Ce sera à Auxerre les 10 et 11 juin 1978.

Mais il est trop tard : Auxerre est un succès (vingt-deux groupes dont quatre de niveau supérieur, le GPN) et il y a certes eu seize musiques à Dax avec les garçons, mais –surprise- on en a vu beaucoup moins à Saint-Chamond avec les filles, et même à Gray avec les majorettes... Ce que tous ignorent, c'est que les musiciens sont décidés à aller plus loin encore.

Le congrès de novembre 1978 est particulièrement pénible : Gérard Longchamp (chef des *Gars de Joux de Pontarlier*, une des meilleures batteries-fanfares de la fédération, donc de France, car, grâce aux cadres fédéraux, les meilleures musiques FSCF volent très haut) mène la révolte et, lors de l'assemblée générale, dénonce avec véhémence *le sectarisme des autorités fédérales.*

Le carrefour technique du lendemain est pire encore : monté au feu, le secrétaire du comité central, le Gal Eraud, vit trois heures de dialogue de sourds lors d'une réunion qu'il qualifiera lui-même de *longue, pénible, toujours houleuse et souvent méchante.*

Et ça se complique : la musique veut son second GPF à Saint Brieuc, le 10 juin 1979, comme par hasard date du concours régional gym-majorettes-musique de Bretagne ! De réunions en réunions, de motion en pétition, de coups de fil anonymes en lettres de menaces de mort, la musique s'agite dans les coulisses et dévoile sa mauvaise foi : lorsque la Ligue de Bretagne, sous la pression des élus nationaux, accepte la date du 10 juin, *le Cercle Omnisports Briochin* déplace les GPF au 17 ! Son responsable est depuis longtemps en guerre avec Francis Hyon, président de sa ligue et vice-président fédéral.

1979, c'est l'année où les Pink Floyd sortent *The wall*. Les sages de la fédé et l'aumônier fédéral venu en renfort se heurtent eux aussi à un mur. Les musiciens font ce qu'ils ont en tête depuis le début : ils claquent la porte et s'en vont derrière leur chef, Robert Goute, qui a démissionné le 14 février 1979 pour fonder la CFBF, Confédération française des batteries-fanfares.

Il entraîne avec lui le salarié à mi-temps chargé de la musique, de très nombreux groupes et cadres de stage, sans parler de la liste des sociétés affiliées avec coordonnées des correspondants, de celle des stagiaires et des archives musique… Par eux sommées de choisir, les batteries-fanfares se déchirent à leur tour.

La musique fédérale (l'activité est toujours plus forte que les hommes) survivra grâce au triumvirat politique mis en place (Pierre Baboulin, *Jeanne-d'Arc de Saint Marcellin*, Christian Cazaumajou, *Batterie Fanfare de Sainte-Gemmes-sur-Loire* et André Chels, *Jeune-garde de Montchanin).* Ils s'appuieront sur la compétence technique des quelques cadres solidaires des mutins mais restés fidèles à la fédé (Laurent Delbecq, *Alerte de Replonges,* Georges Chauvet, *U.A. Chantier*, Pierre Bréard, Ile de France, Marcel Genuist, *Beauregard Laval*, notamment) et aux jeunes qui, derrière Guy Coutanson, premier d'une longue liste qui continue en 1998, ont soudain accès aux responsabilités.

Neuf ans plus tard, en 1988, nouvel épisode des effets désastreux de mesquineries accumulées, de peurs fabriquées et d'étroitesse d'esprit. C'est une autre musique, aussi violente et wagnérienne mais bien plus politique, puisqu'elle concerne le comité central.

En 1984, pour le remplacement de Jacques Gautheron *(La Mouette* et le *Patronage Notre-Dame de Saint-Vincent* de Lyon) à la fin de ses huit ans de présidence, il y avait deux candidats, Maurice Davesne *(Jeunesse Athlétique de Sannois*) et Jean-Yves Le Bouillonnec *(Club Omnisports de Cachan*, *COC*, ex *Saint Jean*). S'estimant trop jeune et trop pris par ses occupations professionnelles d'avocat, Jean-Yves ne se présenta pas, étant entendu qu'il le ferait en 1988.

Pendant ces quatre ans, les activités continuèrent à fleurir et les effectifs à progresser, passant pour la première fois le cap des 200 000 pour le 90e anniversaire. Comme promis, Maurice Davesne ne se représente pas, cette même année 1988, pour laisser le champ libre au dauphin que tout le monde attend.

Tout le monde, mon œil ! Si Jean-Yves Le Bouillonnec faisait la quasi-unanimité sur le plan politique national, où il disposait d'une équipe jeune et motivée, il en allait autrement dans les campagnes, où « on » lui reprochait beaucoup de choses, de son style et de son train de vie à son engagement politique (sans étiquette, mais dans un conseil municipal à majorité socialiste). Certains techniciens nationaux influents lui avaient aussi collé l'étiquette d'anti gym, toutes choses qui allaient provoquer un de ces moments qui comptent dans la vie d'une institution.

Bien orchestrée par un candidat de province (responsable gymnastique au niveau national non élu au comité central en 1984) la fronde s'organisa en secret. La nouvelle parvint aux oreilles des élus en place, mais ils refusèrent d'y croire, c'était vraiment trop énorme. Un détail leur avait échappé : il y avait 35 candidats pour 29 places. Pour ne pas porter à la présidence le méchant anti gym, les mutins prirent le chemin le plus efficace, ils firent campagne pour ne pas l'élire au comité directeur : 34e sur 35 ! Jean-Yves Le Bouillonnec quitta aussitôt la salle et la fédération, et ne remit jamais les pieds ni dans l'une ni dans l'autre.[93] Pour la très sage fédération du *aimez-vous les uns les autres*, où le président était jusqu'alors un *missus Dominici*, la situation est abracadabrantesque, quasiment ubuesque.

Au bord du *crash*, l'avion FSCF ne dût son salut qu'à un pilote improvisé, celui qui, neuf ans auparavant, était déjà monté au feu pour défendre et protéger le président Gautheron violemment attaqué par les musiciens : Max Eraud *(Saint-Roch Sports)*. Le doyen d'âge du comité central prend illico les choses en mains : il suspend la séance, réunit dans l'urgence un comité très énervé au bord de la démission solidaire et, par devoir, accepte, contraint et forcé, la présidence, *mais en aucun cas pour 4 ans*.

Après sa triomphale élection (tenant à la fois de sa popularité et du remords diffus de la salle) le charismatique général trouva les accents gaulliens de son illustre collègue des années 40-68 pour fustiger le quarteron de putschistes et sauver l'avion FSCF, cependant bien endommagé par l'explosion, dont la réparation prit des années.

---

[93] Même si, des années plus tard, devenu maire de Cachan, il se fit un plaisir d'accueillir souvent dans sa ville des manifestations nationales FSCF.

Quatorze naissances, deux crises, l'histoire de la famille fédérale a bien sûr connu aussi (restons discret sur les mariages) ses disparitions.

Quelques décès (c'est la vie...)

Quelques activités n'ont pas vécu longtemps, ou pas survécu à l'usure du temps et des changements de mode. **Le cyclotourisme** n'avait pédalé, avec *audax,* que de 1954 à 1960, ne revivant ici et là après 1977 que dans le cadre du sport pour tous, notamment en Alsace, en Provence, à Dijon dans la Meuse et à Paris.

La préparation militaire, cette fameuse PM qui occupa tant les esprits des politiques fédéraux et eût pendant près de 50 ans sa commission, puissante et écoutée, avait fait cesser le bruit des armes en 1965, année qui vit également la disparition d'une activité pourtant inventée par l'Union de Haute Savoie FSCF en 1952.

Le **foot à 7** (d'abord à 6, jusqu'en 1958, où l'on comptait dans le département seize équipes en deux divisions) permettait aux ruraux des villages trop petits pour réunir treize jeunes d'une même tranche d'âge de participer quand même à un vrai championnat de football.

Cette belle idée disparut en 1965, victime du « vrai » foot qui récupéra ce cousin considéré comme dangereux, alors que le hand-ball faisait exactement l'inverse, passant de 11 à 7. Allez comprendre...

Née en mai 68, **l'haltérophilie** n'a joué les gros bras que trois ans avant de retourner dans l'anonymat des clubs pratiquants. Né en 1956, le **handball** (apparemment patro, mais pas assez) qui faisait son chemin de croix depuis quelques années, disparut en 1989 à 33 ans, l'âge du Christ, faute de combattants.

Les **foyers-clubs** ne moururent jamais officiellement, mais l'idée s'essouffla, et les centres de vacances prirent en douceur la relève des activités d'ateliers et de centre sportif et culturel, regroupant sous leur houlette tous les sports de plein air qui constituaient la base du **sport pour tous,** expression qui tomba en désuétude.

A partir de 1992, il n'y a plus dans *Les Jeunes* de page spécifique. Le Sport pour tous est pourtant encore là, mais décliné en tir à l'arc, VTT, randonnée, plein air, rallyes, ski de fond, marche, courses sur route, journées d'initiation, etc.

Le formidable cycle **éveil aux responsabilités**, de plus en plus contesté à cause de son évolution post soixante-huitarde, disparut deux siècles après la Révolution française, en 1989, mais la sarabande de la bande à Sarre avait peuplé clubs, départements et Ligues (plus rarement le national) de plus de 2 000 jeunes cadres généralistes enthousiastes et motivés.

Les deux **Amicales** FSCF, celle des **Maîtres-nageurs sauveteurs** diplômés d'Etat et celle des **moniteurs diplômés,** moururent, elles aussi, mais plus paisiblement. Née en 1956, la première organisa tous les ans à Paris des cours de préparation au diplôme d'Etat de MNS et des stages annuels de préparation au diplôme de surveillant de baignade avec diplôme FSCF d'initiateur de natation.

Elle fut animée d'abord par Albert Lavaud *(Union Athlétique du Chantier*), puis par Claude et Denise Jungbluth (*Association Sportive et Culturelle des Batignolles),* et coula en 1978.

Née en 1961, la seconde, censée regrouper tous les animateurs FSCF diplômés d'Etat dans quelque discipline que ce soit et présidée par Roland Sonrier *(Enfants du Plessis de Lanester*) eut l'existence courte et discrète de l'opéra de Manuel de Falla et du roman de Juan Carlos Onetti, *la vida breve*. Elle mourut en même temps que sa consœur, par essoufflement, en 1978.

Les **matinées sportives et récréatives**, autre superbe idée, avaient disparu en 1969 après 48 séances d'initiation et de propagande sportive et culturelle par des supers champions devant plus de 250 000 gamins et gamines franciliens.

Autre mort, prévisible mais qui fit mal quand même, celle de la petite chèvre du petit père Seguin, **les diplômes fédéraux de moniteur et monitrice d'éducation physique et sportive** permettant d'enseigner dans les établissements privés sous contrat. La première alerte, en 1965, avait été sans conséquence, les deux diplômes ayant été alors classés aux groupes III et IV des tableaux d'équivalence. Ils perdirent en 1973 cette équivalence, qu'ils regagnèrent cependant en 1976 grâce aux changements dans le programme des stages de préparation et à l'action aussi discrète que pugnace de Jean Boucher, Claude Piard et Roland Sonrier dans les services ministériels.

Victoire de courte durée : en plus du durcissement des programmes des diplômes universitaires et professionnels en France, du chômage qui commence à sévir, notamment chez de nombreux professeurs d'éducation physique dits *reçus-collés* (diplômés mais sans poste) syndiqués au SNEPS, il y a aussi l'UGSEL qui fait en sous-main le forcing pour l'équivalence de son propre diplôme, délivré par l'Institut libre d'éducation physique supérieure, l'ILEPS.

L'inéluctable survint donc en 1980 : ces diplômes disparurent de la liste de ceux qui *attestent l'aptitude leur titulaire aux fonctions d'éducateur physique et sportif.* Le tout nouveau diplôme fédéral de gymnastique de détente et le même, option 3e âge, prirent la place toute chaude aux côtés de celui de moniteur et de directeur CVL, reconnu depuis 1978. C'était le début du total bouleversement de la formation fédérale, qui ne va plus désormais, dans tous les domaines où cela est possible, que préparer ou dispenser des diplômes d'Etat.

Et il y eût bien sûr quelques décès physiques. Lorsqu'ils s'éteignent après une longue retraite fédérale, même les plus grands dirigeants sont un peu oubliés par les nouvelles générations de responsables. Quand ils disparaissent presque aussitôt, l'émotion collective est naturellement multipliée, car leur souvenir est encore vivace dans les cœurs. C'est pourquoi les décès, en 1982, de Gabriel Gonnet *(Elan de Lyon)* aumônier fédéral en poste (il avait été nommé en 1979) et ceux, quasiment simultanés, en 1996, de Max Eraud et d'Andrée de Saint-Julien, immenses jeunes retraités de la fédération, firent naître une émotion comparable à celle qui avait présidé aux obsèques de Paul Michaux et Armand Thibaudeau et supérieure à celle pour François Hébrard, retiré depuis quatorze ans en 1970.

Mais la vie continue… Trois autres points méritent d'être soulignés en cette période 1968-1998 : la vie internationale, la fin de la « crise » avec l'Eglise, et les quatre grandes fêtes de famille (1973, 1978, 1988 et 1998) par laquelle se terminera la saga fédérale.

Robert Pringarbe n'organise plus de trains spéciaux pour les fêtes ficépiennes (le dernier à Innsbruck/Vienne en 1966) mais il poursuit son aide à la lointaine et tour à tour somnolente et agitée Union de Guadeloupe (désormais 90% twirling depuis le départ collectif des dix batteries-fanfares. Ça vous rappelle quelque chose ?), ainsi qu'à la FIHEZAMA (Fredo Garel, toujours *TA Rennes*[94] y anime cinq autres stages de football entre 1978 et 1997) et à la petite dernière, la nouvelle géographiquement immense Union territoriale de Polynésie.

[94] Le premier en France à avoir publié, dès les années 60, des ouvrages techniques sur la préparation et l'entraînement du footballeur.

Née en 1982 de la volonté de l'évêque local, Michel Coppenrath, animée par les frères de Ploërmel et présidée par l'un deux (en 1998 Francis Caillet, secondé par la riante et enthousiaste salariée locale, Sylvie Teariki), l'Union base son action sur la formation des cadres CVL et sur le travail social (sport populaire et chantiers de travail pour *jeunes en difficulté*), retrouvant ainsi une action d'origine un peu oubliée par la fédération métropolitaine.

Celle-ci joue toujours un rôle de premier plan au sein de la FICEP, tant au bureau (trésorerie et secrétariat général) qu'au sein des trois commissions (jeunes, sportive et pastorale) envoyant toujours régulièrement (religieusement, même) des sélections bricolées avec des bouts de FICEP face aux armadas allemande et autrichienne…

Trois organismes internationaux sont nés dans les années 60, et la fédé va se lancer à fond dans deux d'entre eux :

- L'Office franco-allemand pour la jeunesse (OFAJ) en 1963 par volonté politique de réconciliation (merci mon général !). La FSF/FSCF va devenir tête de liste pour les échanges annuels (53 pour 3 408 participants en 1967), grâce notamment à l'Ile de France (Jacques Couturier, *Jeanne d'Arc de Drancy,* Pierre Maillot, de la *Jeunesse Athlétique de Montrouge)* et ses trains spéciaux (de 300 à 600 Franciliens en Allemagne et Allemands en Ile-de-France), à l'Anjou et à l'Union Jeanne la Lorraine (Moselle), et pour la formation des cadres (une session annuelle de 1978 à 1998, animée par l'infatigable apôtre lorrain de la FICEP, Gabriel Spahn *(la Montagnarde de Walscheid).* Robert Pringarbe siégea au C.A. de l'OFAJ de 1975 à 1989, et il y fut remplacé par Jean Vintzel *(Club Olympique*, ex *Saint-Jean, de Cachan*)
- L'Association de COGEstion pour les DEPlacements à but éducatif des jeunes (COGEDEP), où la fédé joue aussi un rôle important, directement (fournissant participants et cadres de voyage, encadrant et animant seule le groupe de 120 Français au camp de la jeunesse des Jeux olympiques de Tokyo en 1964 puis en assurant la présidence par Jean-Marie Jouaret de 1980 à 1982) ou indirectement, en accueillant en France plusieurs groupes étrangers, Japonais notamment, Robert Pringarbe ayant eu pour *le pays du soleil levant* un gros coup de cœur qui devint vite réciproque

- Seul l'Office franco-québécois pour la jeunesse ne donna pas lieu à de grands échanges, alors qu'existait pourtant là-bas un organisme catholique sportif et culturel très puissant et très structuré, *la Confédération des loisirs du Québec* de Jean-Marie et Fernande Lachance, mais l'OFQJ ne s'adressait qu'à des membres individuels, pas à des clubs, même pas à des petits groupes, d'où son insuccès en FSCF.

C'est en 1993 que la fédé redécouvrit l'olympisme. Elle y avait goûté en 1960 et 1972, en organisant deux gros déplacements fédéraux aux Jeux : 200 personnes (qui retrouvèrent sur place les 98 du Comité du Rhône) à Rome en 1960, puis 457 –et inscriptions suivantes refusées- à Munich en 1972, avec entretemps la direction et neuf sélectionnés pour le camp de la jeunesse à Tokyo en 1964, mais elle avait perdu le fil à partir de 1976, quand il lui devint impossible, à son corps défendant, d'obtenir des billets si elle ne prenait pas aussi l'hébergement, fort juteux pour les Wagons-Lits et autres agences de voyage. Désormais hors Jeux, elle dût à regret rembourser les arrhes versées par les 567 inscrits...

Elle le retrouva en 1993, en organisant pour le compte de la France la Journée olympique internationale, mondialement célébrée tous les ans mais très confidentielle dans la patrie du rénovateur des Jeux. Après une série de péripéties et de problèmes rocambolesques décrits avec verve par Jean-Marie Jouaret[95] la France passa, à la stupeur incrédule du Comité international olympique qui eût du mal à y croire, de 30 célébrants à Créteil à 30 000 dans 42 villes, et offrit à Lausanne cinq anneaux olympiques venus de France (trois) d'Allemagne et d'Italie le mercredi 23 juin, jour de l'inauguration du Musée olympique, dans le hall duquel ils restèrent exposés dix ans avec l'inscription : *le Musée Olympique témoigne sa reconnaissance aux 150 participants du relais Européen des anneaux qui s'est terminé le 23 juin 1993 lors de son inauguration.*

Je suis d'accord avec vous, ça manque de FSCF ! On se serait même contentés du sigle... Malgré cette couleuvre (une de plus...) la fédé organisa de nouveau la Journée en 1996, à Lille, avec les autres

[95] *Petite histoire partielle et partiale de la FSCF, 1948-1998,* au siège de la fédération, toujours épuisé, mais toujours susceptible de réimpression s'il y a un nombre significatif de demandes...

fédérations affinitaires et unisport, et envoya la même année à Olympie les onze lauréats de son concours *FSCF 2000* réfléchir sur la fédération de demain. De plus et enfin, c'est Jean Vintzel qui assura, au nom de la fédération mais pour le compte du CNOSF, la direction de tous les camps olympiques de la jeunesse depuis 1984.

Sur le plan franco-français, la FSCF fit aussi entendre sa voix de baryton Martin dans la chorale du sport et de l'éducation populaire, section sports de pleine nature : par Pierre Prost *(Espérance Lons-le-Saunier)* elle occupa pendant 20 ans le poste de trésorier de l'Union des centres de plein air (UCPA, née en 1965) où, à partir des années 95, Jean Arvis *(Etoile Sportive de Lyon)* et Bernard Marchand (*Union Familiale de Quincy)* assureront d'importantes fonctions d'animation et surtout de gestion (trésorerie) d'un énorme budget.

Le rôle le plus important (mais discret) lors de la fusion, en 1972, du Comité national des sports et du Comité olympique pour créer l'actuel Comité national olympique et sportif français fût joué par Robert Pringarbe, qui assura le poste de secrétaire général du nouvel organisme pendant cinq ans avant de redevenir jusqu'en 1989 simple membre du C.A. et président du collège multisports et affinitaires créé en 1985, à la tête duquel Jean Vintzel, par ailleurs secrétaire général de l'Académie nationale olympique française et animateur de la Commission académie internationale olympique, lui succéda.

Également secrétaire général depuis 1975 du Comité français pour le Fair-play, Robert Pringarbe fut l'instigateur de la fusion qui donna en 1983 l'actuelle *Association française pour un sport sans violence et pour le fair-play* (AFSVFP) dont il assura la présidence.

Par les chemins de l'olympisme, nous voici revenus à sa cousine germaine, l'originalité singulière de la fédération qui, depuis 1962, et sans discontinuer, poursuit son effort de réflexion sur l'affinité.

Un sponsor nommé Jésus

De 1960 à 1978, elle a le même *évêque protecteur*, Mgr Atton, qui la connait par cœur puisque, au gré de ses postes de curé dans le Loiret, il a connu *la Concordia de Briare, le Garde-à-Vous de Montargis* et *l'Arago d'Orléans.* Nommé évêque d'Orléans puis de Langres, il continue à suivre la FSCF et les aumôniers nationaux, Jean Berthou de 1962 à 1972 et Michel Viot (Nantes) le premier sans soutane ni col romain, de 1972 à 1979.

Le 7 juillet 1968, réuni en séance exceptionnelle post mai, le comité central vote, à l'unanimité et sans débat, pour la conservation des liens avec l'Eglise, et crée un groupe de travail chargé de recentrer sur un seul support les messages épars dans *Les Jeunes,* les congrès, les fiches de réflexion et *Les Jeunes aux aumôniers.*

Mme de Saint-Julien, Robert Pringarbe et les quatre vice-présidents ouvrent leur petit groupe à Mgr Brunon (Tulle, évêque désormais accompagnateur et non plus protecteur de la fédération) et à deux autres penseurs, Mgr Matagrin (Grenoble) et Raymond Humbert (IPP Jeunesse et Sports) non croyant mais qui croit…en la FSCF !

En 1972, sort *le petit livre jaune* (couleur du papier support) sur *le pourquoi*, suivi huit ans plus tard (1980) de *les voies,* dit *petit livre vert* et (1984) de la dernière partie du triptyque, *les moyens*, dit *petit livre orange.* Le tout donne le *Document fédéral fondamental* (DFF), bible supposée des responsables fédéraux de tout niveau en matière de pédagogie spécifique sous le titre de *Vers quel homme ? Par quels chemins ?* On notera le pluriel des derniers mots, car il n'est pas neutre...

De 1976 à 1982, les commissions techniques fédérales ont toutes, par deux fois au moins, donné leur avis sur les projets de texte. Au congrès 1976, il y a eu la conférence du père Pichon, sj, *l'Evangile et l'argent,* et quatre carrefours internes *sur les activités sportives et l'argent* et sur *les activités culturelles et l'argent.*

En 1980, l'aumônier national, c'est Gabriel Gonnet *(Elan de Lyon)* décédé en 1982 et dont le successeur, Jean-Marie Sarron *(Besançon)* transforme la commission de réflexion en commission pastorale et publie le DFF en 1985, année où Mgr Brunon est remplacé par Mgr Platteau (Bourges) dont la repentance à l'égard des patros au nom de l'Eglise de France fut fort remarquée lors du congrès. Pour cause de promotion, il dût être presque aussitôt être remplacé par Mgr Adolphe-Marie Hardy, évêque de Beauvais, Noyon et Senlis.

Son thème de prédilection, sans cesse évoqué dans *Les Jeunes* et lors des congrès, en surprit plus d'un et en agaça même certains : les rapports avec l'islam, dont ce visionnaire avait saisi l'importance à venir, mais qui laissa froids les responsables fédéraux. En dix ans (1986-1996) il connut 4 aumôniers nationaux : Jean-Marie Sarron, René Dersoir (*Avenir de Rennes*, 1987, assisté en 1988 de Gilles

Mallet (*Avant-garde de Caen*) et, de 1992 à 1999, un second basketteur de *l'Avenir de Rennes,* Bernard Le Moine.

En 1979, un magazine demanda à la FSCF de rédiger elle-même 300 lignes sur le thème : *peut-on annoncer Jésus-Christ sur les stades ?* L'espiègle tandem de plumitifs (aumônier et adjoint au directeur) écrivit que oui et de bien des façons : mettre un crucifix dans les gymnases, bénir les barres fixes pour en faire des barres catholiques, tremper le ballon dans un bénitier avant le match, faire des prières et des signes de croix sur le stade et annoncer au micro, à intervalles réguliers, *cette rencontre vous est offerte par Jésus-Christ.*

Bien entendu, la suite était plus sérieuse, mais il n'est pas facile d'expliquer que, s'il n'y a ni poutre ni ballon catholique, il y a une façon catholique d'envisager le sport et de considérer l'individu qui pratique, pratiquant (religieux) ou pas ! A l'époque, la messe figurait encore au programme de tous les championnats fédéraux et, comme à ses débuts, la FSCF continuait à organiser des pèlerinages.

Plus comme en 1950 (700 FSF sur 2 000 Français au *pèlerinage des jeunes à Rome)* ou de 1952 (458 jeunes des patros du sud-ouest à Lourdes) mais locaux. Le dernier relaté dans *Les Jeunes* est alsacien le 21 mai 1978 : 2 000 Haut-Rhinois à Trois-Epis et 4 000 Bas-Rhinois *aux Anges* revenant à la source du Mont Sainte-Odile pour égayer de leurs chants les chapelles des larmes et de la croix lors de l'annuelle journée de rayonnement de l'Avant-garde du Rhin.

Depuis 1980, institution égarée au milieu des mouvements comme un petit canard dans la couvée de poussins Scouts et Guides de France, Mouvement eucharistique des jeunes (MEJ), Mouvement de la jeunesse mariale et Focolari de Ciara Lubich, elle participe aux travaux du groupe des *mouvements éducatifs,*

La FSCF est pour beaucoup dans *le manifeste des sportifs* présenté au stade olympique de Rome en 1986 devant 100 000 jeunes, Juan Antonio Samaranch et Jean-Paul II par la FICEP qui célèbre ses 75 ans. Cerise sur le gâteau, le pèlerinage à Compostelle en 1988. Deux mots sur les anniversaires ; pas plus : ils tiennent une place importante dans la *petite histoire partielle et partiale de la FSCF.*

En 1973, pour les 75 ans, c'est Jacques Gautheron le président. A Grenoble, fin juin, ça se passe bien pour les 8 000 participants grâce à l'organisation sans faille de *la Sentinelle des Alpes,* mais mal pour les trois activités invitées par la gym filles : irritées par cette cohabitation, danse, GRS et musique décident de voler désormais de leur propre zèle pour leur manifestation nationale.

Ça continue en novembre, dans le cadre prestigieux de l'UNESCO avec du beau linge : Louis Leprince-Ringuet (Académie des sciences et Académie française), Pierre Mazeaud (secrétaire d'état aux Sports et aux Loisirs), Mgr Matagrin, Alain Poher (président du Sénat) et A.M.A. Van Gool (président de la FICEP). Un disque 33 tours immortalise la soirée, mais les images du président, en direct dans l'émission sportive du lendemain après-midi *sur la 2e chaîne couleur* avant et pendant la retransmission d'un match de basket *patro* entre *la Jeanne d'Arc de Vichy* et *l'Alsace de Bagnolet,* ne sont plus à l'INA. La FSCF de 1973, c'est 153 282 licenciés et 2 073 clubs.

En 1978, année du *compact disc* (CD) et du GPS, sept ans après la révolution du microprocesseur, sous le règne du revenant Jacques Gautheron, ce sont trois heures de spectacle sur la double histoire du sport à travers les âges et de la fédé, un *show* si chaud qu'il met le feu (enfin, pas lui, un pompier pyromane) à l'Agora d'Evry-ville-nouvelle et où, à peine descendu de sa croix, le hippie Jésus-Christ tente de crever les pneus du camion de la Garde républicaine. Rien de spécial, donc : la routine…

Ça se passe aussi salle Gaveau, où le ministre, Jean-Pierre Soisson *(AJA Auxerre,* ou presque) assiste à la totalité du spectacle, et en l'église Saint-François-Xavier où le grand orgue est tenu par Gaston Litaize, le Zidane de l'instrument. La FSCF a 186 110 licenciés.

En 1988, deux ans après l'installation rue Oberkampf, devenue depuis très branchée, c'est une folle entreprise qui, de février à juillet, sur une idée de Léon Compagne *(la Cita, Besançon)* et la présidence de Maurice Davesne (*Jeunesse Athlétique Sannois)*, mobilise un peu plus de 80 000 licenciés(e)s. Sur les *chemins de Compostelle,* ils se transmettent 14 authentiques bourdons jusqu'au camp international de jeunes de la FICEP à Saint-Jean Pied-de-Port.

C'est de là que les derniers 99 pèlerins portent, à pied eux aussi, sur les 250 km du *camino frances* minutieusement balisés la veille pour le groupe par le tandem Piedad Marlasca la parisienne *(Les Marguerites de Grenelle)* et Michel Rocolle le lyonnais *(Patriote Entrain Saint-Denis*), jusqu'au *champ de l'étoile* où, après avoir timbré et posté les 14 000 cartes postales pré-adressées achetées par les marcheurs français à destination de leurs familles et amis, ils arrivent le 24 juillet pour assister le lendemain aux fêtes de la saint Jacques.

L'été venu, d'Argentan à Thann en passant par le monastère royal de Brou, la cathédrale de Chartres et le parvis de Notre-Dame, de 300 à 800 volontaires des clubs locaux donnent dans douze lieux, devant 50 000 spectateurs, *sur les chemins de Compostelle,* fresque populaire mise en scène par deux professionnels, Jean-Claude Baudoin et André Chesne (*Foyer-club des Epinettes*, le club d'Hippolyte Debroise, le martyr de 1907 : *non nova, sed nove...*).

Les duettistes sont bien connus à la fédération après leurs spectacles de Firminy, Vittel, Vannes, Evry, Autun et Paris *(Ode à une femme*, 1980, en l'honneur d'Andrée de Saint-Julien) lors de fédéraux de gymnastique

Ça s'était passé aussi à Nantes, le 22 mai : 19 ans après l'explosion de 1979, les 80 batteries-fanfares réunies pour les Grands Prix battent, avec 2 177 exécutants, le record du monde du plus grand orchestre (1976 aux USA en 1983) et inscrivent au Guinness des records[96] la FSCF qui dépassait enfin la barre des 200 000 licenciés : 201 530.

On n'a pas tous les jours 100 ans, dit la sagesse populaire. Exact... Alors soyons fous, dit le groupe 100e anniversaire : regroupons TOUS les championnats fédéraux (sauf le ski, techniquement difficile à organiser en Île-de-France, surtout fin juin !) le samedi de Pentecôte dans Paris et la grande région, et amenons tous les participants au POPB Bercy le dimanche pour un gala de patinage artistique avec les meilleurs du monde. *Des patins ? Ça roule !* disent les optimistes et les fêtards. Les autres demandent : *ça va pas, la tête* ?

Si, ça va très bien : il y a tant de demandes (24 000) qu'il faut faire deux séances (14h30 et 17h) avec interdiction absolue de prendre du retard dans la 1re et vider puis remplir en 45 minutes, sans incident, la salle de 14 000 places ! Pari tenu et succès total : c'est toujours dans ces organisations un peu zinzins que la fédé et ses dirigeants donnent leur meilleur, et Michel Rocolle, aidé des salariés du siège et d'une cohorte de bénévoles, est toujours là... Bercy, ça valait le coût !

---

[96] Rappelons qu'en 1958, lors du soixantième anniversaire, ce sont 121 musiques et 6 000 musiciens qui avaient descendu les Champs-Elysées, mais ils n'avaient pas de morceau d'ensemble, et le Guinness n'existait, quasi confidentiellement, que depuis trois ans.

Après les intérims de Max Eraud (1988-1990) et de Jacques Gautheron (1990-1992) candidats par devoir et non par plaisir, le président, c'est Clément Schertzinger, très convivial Alsacien du *CSL Neuf-Brisach* élu en 1992 parce que, président de l'Avant-garde du Rhin, il a eu le tort d'impressionner depuis deux ans « les Parisiens » par ses interventions pointues sur les finances, son délicieux accent, son charisme et sa réussite en Alsace.

La remarquable *Association sportive et culturelle Bonne garde de Nantes* en profite pour remporter son 19e titre de champion fédéral de gymnastique garçons (*la Nicolaïte de Chaillot* n'avait gagné « que » quatorze fois !) et les *Hirondelles sportives de Villefranche* leur 15e. Séries en cours, donc. Chapeau !

Ca se passe aussi à l'Unesco (colloque FICEP-FISEC *activité sportive et liberté individuelle),* à Brest (colloque *Sport, culture et religion, les patronages catholiques 1898-1998)* à Notre-Dame bondée, à Metz (inauguration d'une plaque sur la maison natale du Dr Michaux) et à Vézelay le 24 juillet (100 ans jour pour jour après le 1er concours et dix ans après l'arrivée à Compostelle) : 100 marcheurs, dont 36 de l'Union de Polynésie (en tongs…) d'Avallon à la basilique.

On achève bien l'écheveau

1998. Si elle est toujours là malgré les immenses changements du très tourmenté XXe siècle, c'est que ses animateurs de tout niveau, de l'association au national, ont toujours su faire le dos rond et s'adapter aux changements de société, de modes, de méthodes et de public.

C'est de Vézelay qu'était partie la 3e croisade, en 1190. C'est de là aussi qu'est partie la croisade qui mènera la FSCF jusqu'à son 200e anniversaire, en 2098… *Vers quel homme ? Par quels chemins ?* Ces derniers sont si nombreux que la fédé du 21e siècle aura bien besoin, pour trouver le meilleur, du petit indien coiffé de deux cornes et de plumes né le 30 juin 1976, mais qui sera son *bison futé* ?

En un siècle, la fédération est passée de rien dans les caisses à un budget annuel de 2 100 000 euros, dont 500 000 de subventions, plus quinze postes d'animateur du Fonds de coopération de la jeunesse et de l'éducation populaire (FONJEP) dont onze à disposition du terrain. Elle est également passée de huit clubs à plus de 2 000, d'une poignée de gymnastes garçons et de musiciens à 210 000 licenciés (dont 63% de féminines) et à 67 relais départementaux.

L'Etat français est passé avec elle de l'indifférence ou de l'hostilité à la reconnaissance de son sérieux, de sa compétence et de son travail éducatif puisque la FSCF est aujourd'hui le seul des quelque 200 fédérations, organismes et mouvements reconnus du secteur socio-sportif français à posséder un triple agrément : socio-éducatif et culturel, sportif, centres de vacances et de loisirs.

Elle n'est plus soutenue, encouragée et aidée par ceux et celles qui l'ont fait lors de ses quarante premières années :

- L'Eglise ne pense plus que le loisir est un excellent terrain d'éducation, et, sauf exception, ne porte donc plus à la FSCF qu'une attention discrète
- L'Armée a aujourd'hui bien d'autres chats que la gymnastique à fouetter : les frontières n'étant a priori plus menacées, ce sont les terroristes intérieurs et extérieurs qui monopolisent son attention, ses finances et son action
- L'aristocratie ne prête plus ses terres et ses parcs aux patronages, dont peu subsistent comme tels, n'offrent plus le goûter du jeudi ou du dimanche aux jeunes affamés, ne président plus les comités départementaux et n'assistent plus aux concours, pour lesquels ils n'offrent plus les récompenses.

En 100 ans, la fédération a formé des millions de membres à la vie sociale et à la citoyenneté et des dizaines de milliers de cadres, dont beaucoup se sont ensuite engagés dans d'autres structures de la vie sportive, socio-éducative et culturelle, sociale, politique et religieuse.

Mais elle reste fragile, et en danger, sorte d'espèce en voie de disparition : la mode n'est plus aux idéologies, le parti communiste et l'Eglise le savent bien. Voilà pourquoi elle partage désormais la très conviviale soupe à l'union avec ses 4 collègues affinitaires[97], autres coquecigrues du sport hexagonal, à la commission multisports et affinitaires du CNOSF et au sein des Assises nationales du sport où ces folles alliées jouent un rôle important : tous ceux qui servent la masse ne sont plus forcément des enfants de chœur…

---

[97] La Fédération française du sport travailliste (FFST), l'Union sportive Léo Lagrange (USLL), la Fédération sportive et gymnique du travail (FSGT) et l'Union française des œuvres laïques d'éducation physique (UFOLEP).

Mais elle n'a toujours pas et n'aura jamais accès à la télévision, donc aucune possibilité de parrainages financiers sérieux : les grandes marques commerciales et les banques veulent bien sûr un retour sur investissement, et ne sont donc intéressées que par l'exposition médiatique, notamment télévisuelle. Elles font donc du sponsorisme publicitaire, pas du mécénat, et les rares qui pratiquent ce dernier réservent leurs millions à la Culture avec un K majuscule.

La minuscule fédération, cet archipel obscur du sport et de l'éducation populaire, n'est pas assez prestigieuse pour retenir leur attention, donc leurs subsides. Et, depuis *Les plaideurs,* on sait que *point d'argent, point de Suisse*, donc pas de grands projets.

Depuis que la télé existe, ses clubs de foot et de basket ainsi que ses animateurs écrivains (Fernand Rodriguez et Robert Hervet) ont parfois été vus sur *les étranges lucarnes*, mais la FSCF en tant que telle n'a eu droit qu'à cinq émissions spécifiques : deux pour ses 75 ans (*les patros* sur NF2 le 14 janvier et une entrevue du président Gautheron en direct le 25 novembre) et le 14 janvier 1977 pour les 15 minutes de *carte blanche aux associations* (entièrement conçue et menée par elle, FR3 ne fournit que studio, cameraman et camera).

De plus, ô bonheur, elle a eu l'honneur de deux retransmissions en direct : le 29 juin 1986, la messe des fédéraux de gym filles de Saint-Étienne dans le cadre de *Le jour du Seigneur,* et, le 27 mars 1987, le top, le nirvana, ses finales des coupes et championnats d'hiver de gymnastique. En 40 ans, ça fait peu, on en conviendra.

Sa commission pastorale a beau changer régulièrement de nom, de plus en plus de mal à faire entendre, au sein de la fédération, sa petite voix timide au milieu des activités techniques.

Sans que rien ne soit jamais écrit à ce propos, l'obligation d'assister au Salut du Saint-Sacrement le soir des concours de gym et de musique a disparu dans l'entre-deux guerres, celles de se montrer à l'office du dimanche matin pour jouer l'après-midi au basket ou au foot et de participer à la messe des manifestations et concours n'a pas survécu à la disparition de la soutane dans les années 60-70.

Comme au début du 20e siècle, la fédé reste menacée de l'extérieur par tous ceux qui ne veulent pas ou plus entendre parler de messe, d'Evangile et d'affinité, des mairies aux ministères paralysés par la peur des extrémistes, minoritaires mais exaltés, d'une autre religion qui veut placer la France sous Coran continu et lui créer un gros soufi quotidien en passant par les fédérations sportives, qui la considèrent maintenant plus souvent comme une rivale que comme ce qu'elle est toujours, une partenaire, un laboratoire d'expériences, un complément ou un réservoir de pratiquants.

Fidèles à leur vocation, les responsables de ses clubs acceptent sans condition tous ceux qui poussent la porte. Les effectifs de certaines associations, dans les banlieues de grandes villes, sont donc aujourd'hui majoritairement composés de musulmans, et beaucoup maintenant, à divers échelons de la structure, supprimeraient bien la référence à l'Évangile, par stratégie ou par conviction.

La fédération est donc une fois de plus placée devant des choix multiples et essentiels. Rester fidèle à sa spécificité et à son passé sans négliger les sans ciel, qui sont aujourd'hui, statiquement parlant, la part essentielle de ses membres et responsables, désormais clients uniquement soucieux des services qu'elle offre en contrepartie de l'affiliation, ne pas imposer ou claironner sa spécificité catholique mais ne pas mettre ce drapeau dans sa poche, tel est le nouveau défi qui s'ouvre aux animateurs de la maison FSCF.

De plus en plus nombreux sont ceux qui, même en son sein désormais, pensent qu'elle mène un combat d'arrière-garde (ce dont un ministre Jeunesse et Sports l'a même accusée devant le président Jacques Gautheron, fils d'ancien combattant), tout comme ces paysans imbéciles et dépassés qui s'obstinent à traire des vaches pour avoir du lait alors que c'est si facile de l'acheter au super marché... Mais mon petit doigt me dit qu'il faudra toujours des paysans !

Il y a encore (il y en aura sans doute toujours) des fonctionnaires, des élus et des nommés qui refuseront d'aider avec des deniers publics *une fédération déjà subventionnée par le Vatican...*

Curieux destin que celui de cette fédération si bien-pensante et pacifique mais sans cesse condamnée depuis un siècle à rejouer avec ses collègues affinitaires le mythe de Sisyphe ou à remplir le tonneau des espiègles Danaïdes, ce qui revient strictement au même, accomplir quotidiennement la tâche absurde et sans fin de justifier son existence.

Les jeunes d'aujourd'hui ne vont plus au patro, ils vont au club, mais qu'importent les mots si l'esprit reste ? L'esprit, cet impalpable et quasiment indéfinissable *esprit fédéral,* c'est ce supplément d'âme, l'accueil et le respect de tous (quels que soient le niveau technique, la race ou la religion), l'ambiance, l'amitié, et, contre vents et marées, l'idée toujours révolutionnaire que sport et culture sont exclusivement réservés à tout le monde, même aux nuls et nulles, aux toquards et aux toquardes, alors qu'ailleurs seuls comptent désormais le prestige, le niveau technique, l'argent et le résultat, parfois même à tout prix.

Le sport professionnel, le sport spectacle, le sport de haut niveau ne sont pas et ne seront jamais son champ d'action. Pour elle, sport santé, sport avec ou sans compétition, sport loisir, sport de masse, sport pour tous, sport détente, peu importe le nom : l'essentiel, c'est le jeu, le plaisir et le progrès dans tous les domaines, pas seulement la technique. Et c'est la même chose pour les pratiques culturelles et d'éducation populaire.

Pour elle, le seul résultat qui vaille, c'est que chacun et chacune parvienne à SON sommet, qui, par bonheur, est parfois LE sommet, par exemple pour ses cinq ou six meilleures batteries-fanfares, d'un niveau extraordinaire, ses tireurs à double affiliation, dont on lira dans les pages qui suivent l'impressionnant palmarès olympique et mondial, et tous ces clubs professionnels de basket désormais forcément très loin d'elle mais qui ont conservé de leurs origines un quelque chose d'indéfinissable que la presse se plaît à souligner.

Le *Document fédéral fondamental* exige de tout responsable FSCF, croyant ou pas, que le résultat reste toujours non pas secondaire (si l'on participe à une compétition, c'est pour essayer de la gagner, mais pas à n'importe quel prix) mais second par rapport à son but premier, incontournable, l'éducation et le progrès de l'individu dans tous les domaines, donc pas seulement technique.

L'enthousiaste fouilleur d'archives que je suis depuis un an ne peut terminer cette saga fédérale sans dire son admiration pour ces milliers (500 000 ?) de responsables techniques et politiques qui méritent tous le beau nom d'animateurs (qui donne une âme) et ont offert pendant un siècle leur enthousiasme, leur talent, leur passion, leur temps, leur argent, leur santé parfois.

Il n'aurait garde d'oublier les tout aussi nombreuses dirigeantes de l'ombre, très souvent non engagées en fédération, les épouses. Elles sont certes de plus en plus nombreuses à prendre des responsabilités dans les clubs et les échelons nationaux, mais, même en cette fin de siècle, les hommes au foyer pendant que madame est au club arrivent lentement, très lentement !

Les écoles ménagères, qui ont formé des générations entières de bonnes épouses et de femmes qui n'avaient qu'un but, le bonheur d'un mari épuisé par son travail et celui des enfants qu'elles étaient tenues de procréer, n'ont disparu que dans les années 70, et il a fallu attendre 1980 pour voir enfin une académicienne, Marguerite Yourcenar.

Il y a deux ans, en 1996, un super ordinateur a, pour la 1ére fois, remporté une partie d'échecs face à un être humain. Certes, Garry Kasparov a redressé la situation et finalement gagné 4 manches à 2, mais n'y a-t-il pas de quoi s'inquiéter sur le futur de ce qui fait la base et la raison d'être de la fédération, l'être humain ?

Ce qui sauvera, je crois, ces conquérants de l'inutile, les habitants de ce petit village gaulois d'âge canonique mais pas catatonique, et permettra à la FSCF d'inscrire pour un siècle de plus sa nouvelle devise, *le meilleur est Avenir*, dans le paysage de la Société française, ce sera de nouvelles générations de jeunes dirigeants tombés comme leurs anciens dans la marmite de la fameuse passion magique qui déplace les montagnes. Ils sont fous, ces humains !

QUELQUES ENFANTS DES PATROS

Liste (sans doute non exhaustive) de ceux et celles qui ont fréquenté un patro dans leur jeunesse (et souvent même au-delà) et y ont acquis le goût du sport, du spectacle ou (et) des responsabilités ainsi qu'une attitude éthique souvent soulignée par la presse et les observateurs.

Audureau Michel *(Les Jeunes de Saint-Augustin Bordeaux)* champion de France de basket et vainqueur de la Coupe de France avec le SCM Le Mans, 28 fois international

Auffray Guy *(Jeanne d'Arc de Maisons-Alfort),* ceinture noire 8e dan, champion d'Europe et médaille de bronze aux championnats du monde de judo en 1971

Badiou Franck *(Association Sportive Cheminots de Villeneuve-Saint-Georges),* champion d'Europe (1993), médaille d'argent aux championnats du monde (1988) et aux Jeux olympiques de Barcelone (1992), corecordman du monde en carabine à 10m et champion du monde de tir à l'arbalète (1993)

Baillet Philippe *(Union Saint-Bruno de Bordeaux)* 59 fois international de basket, médaille de bronze européenne en 1959

Balladur Edouard *(Œuvre Jean-Joseph Allemand Marseille),* homme politique, ministre d'Etat, Premier ministre (1993-1995) candidat à l'élection présidentielle (1995)

Bambuck Roger *(le Redoutable, Guadeloupe),* médaillé de bronze du 4x100 m aux Jeux olympiques de 1968 et corecordman du monde du 100 m pendant 1h40 en 1968 (10''), **gloire du sport**

Bardy Franck *(Cercle Saint-Paul de Rezé)*, entraîneur national de trampoline (1989 à 2011) deux titres de champion du monde, deux de vice-champion et cinq titres de champion d'Europe

Barrais André, dit *Dédé (Championnet Sports Paris 18e)*, médaillé d'argent olympique (1948), inventeur du mini-basket (1950)

Berthelot Nicolas *(Club Sportif de tir, AST, Creil),* champion d'Europe individuel et par équipes (1987), médaille d'argent aux Jeux olympiques de 1988, champion du monde par équipes en 1989 et recordman du monde de tir à la carabine (10 m)

Beugnot Jean-Paul *(Pierrots de Strasbourg, Bleus de Bar, Etoile de Charleville-Mézières et Jeanne d'Arc de Châlons-en-Champagne,* 4 patronages*),* 98 sélections en équipe de France de basket

Bienvenu Bernard (*les Pieds Blancs les Aydes Orléans*, puis entraîneur-joueur à *l'Arago*), capitaine de l'équipe de France de football aux Jeux de Londres en 1948

Blanchard Robert *(Cercle sportif Amplepuis)* classé meilleur arbitre de basket du monde après la finale des jeux Olympiques (USA-URSS) qu'il a arbitrée en 1972 à Munich

Blanco Serge *(*footballeur à la *Jeanne d'Arc de Biarritz)* l'un des meilleurs joueurs de rugby du monde, 93 fois international

Bobin Robert *(Avant-garde de Terves, 79),* DTN d'athlétisme (1959-1973), président de la FFA (1987-1993), chargé de Préparation olympique (1973) ***gloire du sport***

Boisset Raymond *(Lyon)*, champion et recordman de France du 400m, vice-champion d'Europe du 4x400m en 1934, **gloire du sport**

Boiteux Jean *(Joyeuse union sportive d'Oran)*, n'est pas un enfant des patros, mais un visiteur du soir : Marseillais licencié au TOEC de Toulouse, le premier champion olympique français de natation (1952) signa à la JUS Oran après son titre. Multi champion de France, recordman d'Europe du 400m et recordman du monde du 4x200m**, gloire du sport**

Botrel Théodore *(Amicale des Anciens de Saint-Augustin, Paris,* avant la naissance de la FGSPF, mais patronage catholique), barde Breton auteur de *La Paimpolaise*

Bourguignon Anne, dite **Anémone** *(Jeunesse Sportive Pitray-Olier, Paris 16e),* artiste de variétés

Bouvet Albert *(Drapeau de Fougères),* surnommé le *bouledogue de Fougères,* coureur cycliste, cinq fois champion de France de poursuite, deux fois vice-champion du monde, vainqueur de Paris-Tours en 1956

Boxberger Jacky *(La Patrie, Plainfaing, Vosges)* recordman du monde junior du 1 500m, sextuple champion de France des longues distances (5 000m à marathon), sextuple vainqueur du cross du Figaro entre 1974 et 1981, piétiné par un éléphant en 2002 lors d'un safari photo au Kenya

Buffière André *(la Fraternelle d'Oullins,* puis *l'Etoile Sainte-Marie de la Guillotière*, devenue *AS Villeurbanne),* basketteur (106

sélections, médaille de bronze aux championnats d'Europe 1951 et 1953, médaille d'argent aux Jeux olympiques 1948), entraîneur de club (deux coupes Korac avec *l'ASVEL*), entraîneur-sélectionneur de l'équipe de France (1957-1964), **gloire du sport**

Bury Michel *(Racing club de Strasbourg),* vice-champion olympique de tir (carabine 10m) en 1984

Callo Marcel (*Cadets de Bretagne Rennes),* proclamé martyr par Jean Paul II le 4 octobre 1987

Chef d'Hôtel Robert *(Etoile sportive Livry-Gargan),* champion d'Europe 1946 et médaillé de bronze du 4x400 m aux Jeux de Londres en 1948

Chevalier Maurice, titi parisien, petit gars de Ménilmuche et des *Ménilmontagnards*, artiste de variétés et acteur de cinéma

Cochard Jean (*Cercle d'éducation physique Lorient)* champion de France du saut en longueur, 5e des Jeux de 1964 (7,44m) médaille de bronze aux championnats d'Europe 1966 (7,88m) multi champion fédéral et FICEP

Colchen Anne-Marie *(Association sportive Augustin Normand - ASAN- Le Havre),* recordwoman de France et championne d'Europe de saut en hauteur (1946), 63 fois internationale de basket et médaille de bronze au championnat du monde en 1953.

Contandin Fernand Joseph Désiré, dit ***Fernandel*** (*Marseille*), chanteur et acteur à succès

Cottard Jean (*AS Centre de Paris* puis *Cercle Saint-Germain l'Auxerrois* puis Racing club de France) maître d'armes qui pratiqua d'abord l'athlétisme, le basket et le tennis de table dans son patro avant de découvrir l'escrime sur le tard, entraîneur national (1957) premier DTN de ce sport (1964), entraîneur de Christian d'Oriola (fleurettiste, 4 fois champion olympique et 8 fois champion du monde)

Dame Jean, manageur de Charles Rigoulot puis président de la Fédération française de poids et haltères (aujourd'hui haltérophilie) de 1952 à 1967, dont un grand tournoi international porte toujours le nom

Damitio Georges Etienne, premier Français à franchir 2 mètres en hauteur (1949), 5e des Jeux de Londres en 1948, plusieurs fois champion fédéral de saut en hauteur et en longueur sous les couleurs du *Patronage sportif de Besançon* (PSB) et détenteur du record fédéral (2,01m) jusqu'à la popularisation du rouleau ventral dans les années 60

Dao Pierre *(Jeanne d'Arc du Cergne),* sélectionneur-entraîneur de l'équipe de France de basket (1975-1983)

Dasriaux Pierre *(Nicolaïte de Chaillot)* secrétaire général de la fédération française d'athlétisme de 1959 à 1977, membre du conseil de la fédération internationale (IAAF) de 1976 à 1987, créateur du premier championnat du monde d'athlétisme (1983 à Helsinki)

Decaux Alain *(Association Saint-Ferdinand des Ternes, Paris 17e)*, historien, écrivain et académicien

Def Jacques *(Association Sportive et Culturelle Bonne Garde de Nantes),* gymnaste, inventeur d'un mouvement de barre fixe qui porte son nom dans le code FIG

Delaunay Henri *(Etoile des Deux Lacs),* secrétaire général de la FGSPF, du Comité français interfédéral (CFI), de la Fédération française de football, créateur de la Coupe de France, du championnat d'Europe des nations (le trophée porte son nom), de la Coupe du monde des nations et de la coupe d'Europe des clubs champions, **gloire du sport**

Delors Jacques *(Jeanne d'Arc de Ménilmontant Notre-Dame de Lourdes),* homme politique, Premier ministre (1969-1972)

De Montvallon Pierre, dit ***Piem*** *(Saint-Ferdinand des Ternes, Paris 17e),* dessinateur, caricaturiste et écrivain

Desaymonet Maurice *(Championnet Sports, Paris 18e),* médaille d'argent aux Jeux de Londres en 1948 et au championnat d'Europe de basket 1949… au Caire

Deschamps Ernest Théodore Valentin, chanoine, archiprêtre, prélat de sa Sainteté, protonotaire apostolique, vice-président de *la Saint-Georges d'Argenteuil* puis, à son retour dans sa ville natale (1905), président de l'association de *la Jeunesse auxerroise (AJA*) qu'il a fondée en 1887 sous le nom de *Patronage Saint-Joseph*, et dont il sera aumônier de 1905 à 1934 puis en 39-45. Comme chacun sait, le stade de football de la ville porte aujourd'hui son nom.

Deschamps Didier *(Aviron Bayonnais),* capitaine de l'équipe de France football championne d'Europe en 2000 et championne du monde en 1998 puis entraîneur à succès

Desroys du Roure Jacques (*Patronage Olier, Paris 16e),* commandant de l'Ecole d'éducation physique (devenu Bataillon) de Joinville et Inspecteur général de l'Education physique et des Sports

De Vincenzi Jean-Pierre *(La Martiale de Limoges),* DTN, entraîneur de l'équipe de basket médaillée d'argent aux Jeux de Sydney (2000), directeur général de la Fédération française de basket puis de l'INSEP, inspecteur général Jeunesse et Sports

Di Nallo Fleury (*le Rhône sportif),* joueur emblématique de *l'Olympique Lyonnais* (meilleur buteur de l'histoire du club, trois coupes de France), dit *le petit prince de Gerland*

Dolto Yvan-Chrysostome, dit **Carlos**, chanteur de poids que, en l'absence d'un patronage orthodoxe dans le voisinage, sa célèbre maman Françoise, pédiatre psychanalyste, plaça à la *Jeunesse Sportive Pitray Olier (Paris 16*^{e})

Dorigo Max (*Jeanne d'Arc de Charonne Paris 20*^{e} puis *Alsace de Bagnolet)*, basketteur, **gloire du sport**

Dubail Daniel *(Sportive d'Audincourt*), catcheur, connu sous le nom du *Petit Prince*

Dumas Marie Jacques, dit **Marijac**, dessinateur de BD, créateur de journaux illustrés (25, dont *Coq Hardi, Frimousse, Mireille* et *Nano Nanette*, tous devenus numéro 1 de la presse enfantine), nommé chef honoraire de la tribu des Indiens Pieds noirs du Montana (USA) pour *son impartialité et même sa sympathie pour les Indiens, notamment dans la série de son invention, Sitting Bull*

Dumoulin Franck *(Mouettes de Royan*), champion du monde de tir au pistolet à 50 m (1998) puis à 10 m (1994) champion olympique à 10 m à Sydney en 2000

Duverger René *(Championnet Sports, Paris 18e),* champion olympique d'haltérophilie (- de 67,5 kilos) à Los Angeles en 1932

Enfert Paulin, expert en assurances auprès de la FGSPF de 1901 à 1914, créateur –directeur du patronage *Saint-Joseph de la Maison-Blanche* (Paris 13e) puis du patro *Saint-Hippolyte*, fondateur de *la Mie de pain,* aujourd'hui gigantesque œuvre caritative d'accueil et de réinsertion offrant le plus grand centre d'hébergement de France (360 places à demeure, 800 repas chauds quotidiens pour les SDF extérieurs), en voie de béatification. Une rue de Gien et une de Paris portent son nom

Eyquem Marie-Thérèse *(Rayon sportif féminin de 1931 à 1960),* écrivaine, militante féministe et femme politique, animatrice du Mouvement démocratique féminin, collaboratrice de François Mitterrand et secrétaire nationale du Parti socialiste (1975-1978)

Fayolle Jean *(Saint-Héand Sports),* vainqueur en 1965 du cross international, championnat du monde avant la lettre

Ferriou Carole *(Eveil de Contres),* recordwoman du monde, quatre fois championne du monde (1988, 1990, 1992 juniors, 1996 seniors), médaille d'or de tir à l'arc en campagne aux Jeux mondiaux d'Akita (2001) et Taïwan (2009)

Foreau Charles *(La Laurentia Paris),* pionnier du basket, qu'il rapporta dans ses bagages au retour du Canada en 1908 et qu'il lança dans les patronages (premier match contre *l'AS Saint-Hippolyte)* qui s'en saisirent avec le succès rappelé dans cet ouvrage

Forget Guy *(Œuvre Jean-Joseph Allemand, Marseille),* tennisman et capitaine de l'équipe de France

Fréroux Christophe (*La Tour d'Auvergne* de *Rennes*) médaille de bronze par équipes au championnat du monde de tumbling 1994. Son père, René, fut champion fédéral cadet en 1953 et plusieurs fois sélectionné FSF en gymnastique

Gaillard Jean (*président UD Oise de 1906 à 1951, vice-président de la fédération de 1927 à 1957),* écrivain spécialisé en histoire (trois ouvrages sur cinq couronnés par l'Académie française)

Gambardella Emmanuel *(Patronage Saint-Philippe Neri, Sète),* journaliste, président de la Ligue professionnelle et de la Fédération française de football (1949-1953). La coupe de France juniors (FFF) porte son nom

Garel Fredo *(Tour d'Auvergne de Rennes),* entraîneur de football, auteur des premiers ouvrages techniques français sur l'entraînement et la préparation du footballeur, qui rédigea pendant des années des articles pour *Les Jeunes* et dirigea à Madagascar (1968-1997) six stages de formation d'entraîneurs pour la FSCF

Garilhe Renée *(Bleuets de la gare Paris)*, championne du monde de fleuret en 1950 (argent en 1953 et bronze en 1949) médaille de bronze aux Jeux de 1956 *(Gare à la Gari... i. i. i. ilhe...)*

Genevay Paul (*Croisés de Saint-André, Isère)*, médaille de bronze du 4x100 m aux Jeux olympiques de 1964

Girardot Maurice, dit *Gigi (Championnet Sports Paris 18e),* médaille d'argent aux Jeux olympiques en 1948 (basket)

Guérin Henri *(Drapeau de Fougères* puis *La Tour d'Auvergne Rennes),* entraîneur de clubs pros et de l'équipe de France de football (1962-1966)

Hansenne Marcel *(Intrépide du Sacré-Cœur de Tourcoing),* athlète, médaille d'argent aux championnats d'Europe (1946) et de bronze aux Jeux olympiques (1948) sur 800 m, recordman du monde du 1 000 m en 1948, **gloire du sport**

Heinrich Ignace *(Cercle Catholique Aloysia Ebersheim* puis *RC Strasbourg),* vice-champion olympique du décathlon (Londres 1948) **gloire du sport**

Hidalgo Michel *(Espérance de Mondeville),* sélectionneur-entraîneur de l'équipe de France de football (1976-1985)

Higelin Alphonse *(Cercle catholique Saint-Joseph de Mulhouse),* né Hüglin, médaille de bronze de gymnastique par équipes (concours général) aux Jeux olympiques d'Anvers (1920), médaille d'argent par équipes et de bronze individuelle (barre fixe) aux Jeux olympiques de Paris (4 mai-27 juillet 1924) sous le prénom d'André

Hinault Bernard *(Club olympique briochin),* dit *le blaireau,* vainqueur du Tour de France cycliste en 1978, 1979, 1981, 1982 et 1985, second en 1984 et 1986, **gloire du sport**

Holtz Gérard *(Espérance de Belleville),* présentateur, entre autres émissions, de Tout le sport (France 3), de Stade 2, du Paris-Dakar et du Journal télévisé de 13 h sur France 2

Jagueux Isabelle *(Jeanne d'Arc d'Eaubonne),* championne de France de tumbling 1984, 85, 86 et 87, championne d'Europe individuelle en 1985 et 1987, médaille de bronze individuelle aux championnats du monde 1986

Jazy Michel *(AS Centre de Paris),* neuf fois recordman du monde de demi-fond et vice-champion olympique du 1.500 m (Rome 1960), **gloire du sport**

Kaas Patricia *(Majorettes Pax de Stiring-Wendel),* chanteuse

Koenig Marie-Joseph-Pierre-François *(Avant-garde de Caen),* maréchal de France à titre posthume (1984) et dernier de ce grade : la paix régnant sur le pays depuis 1945 empêche désormais l'attribution de la plus haute distinction militaire française.

Lacaze Pierre *(Les Papillons de Pontacq,* d'où son surnom de *Papillon),* international de rugby à XV puis à XIII

Ladoumègue Jules *(les Enfants du Cypressat, Bordeaux),* dit *Julot,* athlète, détenteur des six records du monde du 1000 au 2000 m en 1930 et 1931, radié à vie pour professionnalisme en 1932 mais qui trois ans plus tard, le 10 novembre 1935, descendit les Champs-Elysées sous les acclamations de 400 000 spectateurs, **gloire du sport**

Lambert-Djian Marthe (*Fauvettes sportives du parc, Saint-Maur),* recordwoman de France du saut en longueur de 1957 (5,77 m) à 1962 (6,13m en 1958)

Lamoureux Robert *(le Rayon sportif de Saint-Mandé),* artiste de variétés, acteur et auteur de théâtre et de cinéma

Lapébie Guy (contemporain de Jules Ladoumègue aux *Enfants du Cypressat Bordeaux*) qui, las d'être toujours battu par son copain, abandonna la piste d'athlétisme pour celle de vélo et devint double champion olympique par équipes (sur route et en poursuite piste) et médaille d'argent individuelle de la course sur route -derrière un autre Français, Robert Charpentier- aux JO de Berlin (1936)

Larqué Jean-Michel *(la Jeanne d'Arc du Béarn Pau),* footballeur (sept titres de champion et cinq Coupes de France avec *les Verts* de Saint-Etienne) international, entraîneur, commentateur TV en tandem

Le Bihan Bruno, gymnaste à *la Saint-Spire de Corbeil*, champion du monde d'endurance moto en 1987

Leclercq André *(Amicale de la Raquette Lilloise),* membre du bureau exécutif du CNOSF, du Conseil national de la vie associative (CNVA) et du Conseil économique et social, président de la FF volley-ball (1984-1994), membre de la Fédération internationale de volley, président de l'Académie nationale olympique française

Lizarazu Bixente *(les Églantins d'Hendaye),* champion d'Europe de football en 2000 et champion du monde en 1998

Lollier Gérard *(Association Saint-Maurice du Perreux* et *Alsace de Bagnolet),* secrétaire général-adjoint de la fédération, créateur des matinées sportives et récréatives et, hors fédération, du Premier pas pongiste, toujours très populaire en FFTT, grand prix du dirigeant sportif 1979

Loutil, Monseigneur, dit ***Pierre L'Ermite,*** écrivain, fondateur de *Saint-Roch Sports* et aumônier de *la Nicolaïte de Chaillot*

Maës Eugène *(J.S. Pitray Olier Paris 16e),* buteur d'exception à la courte carrière footballistique (15 buts en onze matchs en équipe de France), mort en camp de concentration

Martin Séraphin, dit **Sera** (*Jeanne d'Arc de Levallois),* recordman du monde des 800 et 1000 m, **gloire du sport**

Mauduit Georges, vice-champion du monde de slalom géant, qui a commencé la pratique sportive par la gymnastique à *la Sentinelle des Alpes de Grenoble,* **gloire du sport**

Mazeas Jacqueline *(Rayon sportif féminin Denain, Caen, Rouen et Toulouse),* médaillée de bronze (lancer du disque) aux Jeux olympiques de Londres en 1948

Melain Cathy *(Avenir de Rennes),* triple championne d'Europe des clubs (Euroligue) et double championne d'Europe des nations de basket (2001 et 2009), 241 sélections en équipe de France

Michelet Edmond *(Jeanne d'Arc du Béarn Pau),* homme politique, ministre de la Culture et Garde des Sceaux

Mlyncock Michaël *(AS Tir de Creil),* champion du monde de tir par équipes en 1989 (carabine 10 m) avec Nicolas Berthelot

Moy Willy (*la Saint-Joseph de Mulhouse),* gymnaste, inventeur d'un mouvement qui porte son nom dans le code FIG

Nalis Alain *(Pépinière sportive et culturelle de Bry-sur-Marne),* désigné meilleur arbitre du tournoi de judo des Jeux olympiques d'Atlanta (1996), 6e dan

Nicolas Claude *(Sportive d'Audincourt)*, corecordman du monde du 4x1 500 m en 1965 avec un autre patronné, Michel Jazy

Olivier Gilbert *(Saint-François-d'Assise du plateau de Vanves),* président de la fédération de 1956 à 1965, Grand Prix du dirigeant sportif 1969, directeur de l'ESSEC dont il fit à partir de 1973 une école dont le diplôme est mondialement reconnu

Pagnoud Georges (*Etincelle sportive du gros caillou, Paris),* journaliste à Miroir Sprint et au Parisien Libéré, rédacteur en chef de *Radar*, reporter radio, créateur du *Livre d'or du cyclisme* et responsable bénévole de *Les Jeunes* de 1939 à 1953

Parpette Jean-Yves *(la Salésienne de Paris),* champion fédéral de ski alpin, champion du monde juniors (1968), vice-champion du monde seniors (1969) et recordman du monde de vitesse en ski nautique (1970)

Paterni Marcel (*Casablanca, LSC du Maroc*), haltérophile multi médaillé et recordman du monde au développé (1959)

Perrier Jacques *(Hirondelles des Coutures, Bagnolet),* médaillé olympique argent, auteur du panier le plus fameux du basket français qui envoya la France en prolongations puis en demi-finale et en finale olympique aux Jeux de Londres en 1948

Pflimlin Pierre, président de *l'Avant-garde du Rhin* de 1953 à 1960, membre du *Comité central FSF* de 1954 à 1960, ministre d'Etat

(1958-1962), président du Conseil (1958), maire de Strasbourg (1959-1983) et président du Conseil européen (1984-1987)

Piat Jean *(Saint-Ferdinand des Ternes, Paris 17e),* acteur de théâtre (Comédie française de 1947 à 1972) et écrivain

Pinard Christophe *(AS Branches),* double champion du monde 1989 de tir à l'arbalète, individuel et par équipes, où Stephan **Satel** *(Racing Club de Strasbourg)* l'accompagne sur le podium

Plewinski Catherine *(Association des scouts de Cluses),* médaille de bronze olympique sur 100 m libre (1988) et 100 m papillon (1992), recordwoman du monde du 50 m papillon (1988)

Purkart Vincent *(Elan d'Arcueil, CS Union et CSA Kremlin-Bicêtre,* 3 patros*),* onze fois champion de France de tennis de table (dont deux en individuel), 111 fois international, showman

Rega Chantal *(Les Biches de Soisy)* qui aimait beaucoup la gym mais fut débauchée par le docteur Stephan, entraîneur d'athlétisme, qui en fit une sprinteuse plusieurs fois recordwoman et 12 fois championne de France

Rétoré Guy, qui trouva pour sa troupe, *La Guilde*, un abri dans la salle de spectacles du patronage Saint-Pierre de Ménilmontant, qu'il rebaptisa théâtre de Ménilmontant avant de devenir directeur du Théâtre de l'Est parisien (TEP). *La passion* se joue tous les ans dans la salle du patronage depuis 1932.

Robuchon Joël *(patro Poitevin non retrouvé),* chef multi-étoilé (record : 18 pour sept restaurants) qui *apprit l'art de la cuisine au petit séminaire de Mauléon-sur-Sèvre (*79)

Robuschi Laurent (*Semeuse de Nice* puis Girondins de Bordeaux), 5 fois international de football

Rommel Adrien *(Championnet Sports*), plusieurs fois champion individuel FGSPF, double champion olympique (1948 et 1952) et triple champion du monde de fleuret par équipes (1947,1951 et 1953)

Rossignol Patricia *(Judo club de Chagny),* championne du monde de sambo 1986 et de lutte en 1987

Rouquette Michel *(Saint-Roch sports Paris 1er*), entraîneur de l'équipe de France de trampoline (1968-1989, cinq titres mondiaux et un européen)

Roux Lucien, dit *Guy*, gymnaste à *la JA Saint-Martin de Colmar,* joueur puis entraîneur de football à l'*Association de la jeunesse auxerroise -AJA-* depuis 1961 (série record en cours en 1998), homme orchestre du club, dont les démêlés avec le maire (Jean-Pierre Soisson, voir plus loin) défrayent encore la chronique locale

Rudloff Marcel *(la Saint-Louis de Strasbourg),* sénateur maire de Strasbourg (1983-1989), membre du Conseil constitutionnel (1992-1996) et du comité central de la FSCF de 1970 à 1980

Sallé Lucienne *(Semeuses berruyères Bourges),* membre du Comité pontifical pour la famille, secrétaire du Conseil pontifical pour les laïcs, chargée au Saint-Siège des relations avec les organisations internationales catholiques (OIC) et des questions féminines

Satel Stephan (*Racing club de Strasbourg*) voir **Pinard**

Schuman Robert Jean-Baptiste, homme politique, plusieurs fois ministre (y compris des Affaires étrangères), deux fois président du conseil des ministres, promoteur et pionnier, avec Jean Monet, de la construction européenne, premier président (1958-1960) du conseil de l'Europe qui lui décerna, à la fin de son mandat, le titre de *père de l'Europe.* Ami de Paul Michaux, catholique fervent (en voie de béatification) responsable des jeunes catholiques du diocèse de Metz, il fut à ce titre, en 1920, l'un des fondateurs de l'Union FGSPF de la Moselle, dite encore aujourd'hui Jeanne la Lorraine, dont il assura la première présidence et la trésorerie

Seillant Pierre, animateur, âme et président historique de *l'Elan Béarnais de Pau-Orthez* (neuf titres et cinq coupes de France de 1986 à 2007, Coupe Korac en 1984), Grand Prix du dirigeant sportif 1988

Serillon Claude *(Lætitia vie et joie Nantes*), journaliste et chroniqueur littéraire

Serrault Michel *(Patro de la Trinité, Paris 9*[e]*),* artiste de music - hall, de théâtre et de cinéma

Soisson Jean-Pierre, homme politique, maire d'Auxerre de 1973 à 1998, quatre fois ministre entre 1978 et 1993 et fils de celui qui, avec l'abbé Ernest-Théodore Valentin Deschamps, fonda *l'Association de la Jeunesse Auxerroise.*

Thepot Alex *(Armoricaine de Brest),* 31 sélections (dont treize comme capitaine) en équipe de France de football, meilleur gardien de la Coupe du monde 1930, entraîneur-adjoint de l'équipe de France de 1954 à 1960, donc pendant *l'épopée de Suède* (1958)

Tijou Noël *(Jeanne d'Arc de Chalonnes* puis *Etoile sportive d'Epinal,* deux patros), 56 sélections en équipe de France d'athlétisme, 5 fois champion de France du 10 000m et 7 fois de cross (record toujours debout, devant Pujazon, Ragueneau et Mimoun, 6 titres), multi champion fédéral de cross

Touzet Emile *(Alsace de Bagnolet),* entreprenant entrepreneur, Grand Prix du dirigeant sportif 1963, élu à l'Académie nationale du basket (collège dirigeants)

Tramontini Giovanni *(Etoile sportive des Champioux Argenteuil),* champion du monde d'ippon shobu

Vial Patrick *(Jeanne d'Arc Maisons-Alfort, JAMA),* médaillé de bronze aux championnats d'Europe de judo (1969) et aux Jeux olympiques (1976), 8e dan

Vignal René (*Centre catholique de Jeunesse de Béziers),* gardien de but de l'équipe de France de football, surnommé *le Français volant* par la presse Britannique, et qui continuera à voler bien après la fin de sa carrière (27 attaques à main armée).

DOCUMENTATION ET SOURCES

La plupart des renseignements contenus dans ce livre ont été puisés aux sources suivantes :

* *CAHIERS D'HISTOIRE*, INEP, revue du comité d'histoire des ministères chargés de la Jeunesse et des Sports

* CHOLVY Gérard, *Le patronage, ghetto ou vivier* ? Paris, Nouvelle Cité, 1988

* CHOLVY Gérard, *Histoire des organisations et mouvements chrétiens de jeunesse en France (19e-20e siècle)* Paris, Le Cerf, 1999

* GAY LESCOT Jean Louis, *l'évolution du discours politique et sportif durant l'occupation (1940-1944). Mots* n°29, pages 23-44

* GROENINGER Fabien, *Sport, religion et nation, la Fédération gymnastique et sportive des patronages de France, de l'apogée à la remise en question (1914-1950)* L'Harmattan, Paris 2004

* HERVET Robert, *La Fédération sportive de France (1898-1948)* FSCF (épuisé) consultable à la FSCF

* JOUARET Jean-Marie, *Petite histoire partielle et partiale de la FSCF, 1948-1998,* FSCF 2005

* LAGREE Michel, *Les origines de la Fédération gymnastique et sportive des patronages de France (FGSPF) 1898-1914, du catholicisme au mouvement de jeunesse,* mémoire de maîtrise 1969

* MATHIEU Martine, *Le Rayon sportif féminin, contribution à l'histoire de la naissance et de l'évolution du sport féminin de 1919 à 1945,* mémoire de maîtrise décembre 1984

* MUNOZ Laurence, *La fédération des patronages, lien institutionnel entre le sport et le catholicisme en France (1989-2000)* thèse STAPS, juin 2001

* MUNOZ Laurence, *Une histoire du sport catholique, la Fédération sportive et culturelle de France, 1898-2000.* L'Harmattan Paris, 2003

* QUET Eugène, *Les origines, le développement des mouvements de jeunesse français et leurs attitudes devant les problèmes économiques, politiques, sociaux de 1830 à 1914*

* *Sport, culture et religion, les patronages catholiques (1898-1998)* actes du colloque de Brest, Yvon Tranvouez, Centre de recherche bretonne et celtique, 1999

* *Les athlètes de la République*, *gymnastique, sport et idéologie républicaine 1870-1914,* ouvrage collectif sous la direction de Pierre Arnaud, Privat 1987

* *Le bulletin des patronages*, 1890-1900

* *Les Jeunes,* organe de la fédération depuis 1905

Ont également apporté leurs archives, leur aide et leur mémoire :

- Les membres du groupe Histoire et Patrimoine de la FSCF, notamment Claude Piard *(Saint-Georges d'Argenteuil*), Jean-François Gatet *(Alerte sportive de Saint-Romain-en-Gal)*, Martine et Philippe Jullien *(Groupe amical Sainte-Cécile Longeville-en-Barrois),* Gilles Mourey *(Jeune France de Cholet)* et Laurence Munoz *(Alerte d'Epinal)*
- Le Cercle cartophile roannais pour le concours de 1914.

Pour en savoir plus sur la Fédération internationale catholique d'éducation physique (FICEP) : *l'Eglise, le sport et l'Europe : la FICEP à l'épreuve du temps (1911-2011)* Laurence Munoz et Jan Tolleneer, Paris, mai 2011, collection « Espaces et Temps du sport » L'Harmattan.

LES PRESIDENTS

1898-1923 Paul Michaux (*Notre-Dame de Lourdes de Javel)*
1923-1956 François Hébrard *(Patronage d'Auteuil)*
1956-1965 Gilbert Olivier *(St-François d'Assise Plateau, Vanves)*
1965-1972 Guy Fournet *(La Domrémy Paris)*
1972-1984 Jacques Gautheron (*La Mouette Lyon)*
1984-1988 Maurice Davesne (*Jeunesse athlétique de Sannois)*
1988-1990 Max Eraud *(Saint-Roch sports Paris)*
1990-1992 Jacques Gautheron *(Notre-Dame St-Vincent Lyon)*
1992- Clément Schertzinger *(CSL Neuf-Brisach)*

LES AUMÔNIERS

1948-1958 Chanoine Wolff
1958-1962 RP Maucorps, sj
1963-1972 Jean Berthou *(Armoricaine de Brest)*
1972-1978 Michel Viot *(Loire-Atlantique)*
1979-1982 Gabriel Gonnet *(Elan de Lyon)*
1983-1987 Jean-Marie Sarron *(Besançon)*
* 1987-1992 René Dersoir (*Avenir de Rennes)*
* 1988-1992 Gilles Mallet (*Avant-garde de Caen)*
1993- Bernard Le Moine *(Avenir de Rennes)*

LES DIRECTEURS

1905-1907 Léon Lamoureux *(Enfants de Blaye)*
1905-1915 Charles Simon (*Etoile des Deux Lacs)*
1915-1919 Henri Delaunay (*Etoile des Deux Lacs)*
1919-1954 Armand Thibaudeau *(Patronage Olier, Paris)*
1954-1986 Robert Pringarbe *(St Roch sports, AS Centre, Paris)*
1986- Jean-Marie Jouaret *(Etoile amolloise, Alsace de Bagnolet)*

TABLE DES MATIÈRES

Structures éditoriales du groupe L'Harmattan

L'Harmattan Italie
Via degli Artisti, 15
10124 Torino
harmattan.italia@gmail.com

L'Harmattan Hongrie
Kossuth l. u. 14-16.
1053 Budapest
harmattan@harmattan.hu

L'Harmattan Sénégal
10 VDN en face Mermoz
BP 45034 Dakar-Fann
senharmattan@gmail.com

L'Harmattan Cameroun
TSINGA/FECAFOOT
BP 11486 Yaoundé
inkoukam@gmail.com

L'Harmattan Burkina Faso
Achille Somé – tengnule@hotmail.fr

L'Harmattan Guinée
Almamya, rue KA 028 OKB Agency
BP 3470 Conakry
harmattanguinee@yahoo.fr

L'Harmattan RDC
185, avenue Nyangwe
Commune de Lingwala – Kinshasa
matangilamusadila@yahoo.fr

L'Harmattan Congo
67, boulevard Denis-Sassou-N'Guesso
BP 2874 Brazzaville
harmattan.congo@yahoo.fr

L'Harmattan Mali
ACI 2000 - Immeuble Mgr Jean Marie Cisse
Bureau 10
BP 145 Bamako-Mali
mali@harmattan.fr

L'Harmattan Togo
Djidjole – Lomé
Maison Amela
face EPP BATOME
ddamela@aol.com

L'Harmattan Côte d'Ivoire
Résidence Karl – Cité des Arts
Abidjan-Cocody
03 BP 1588 Abidjan
espace_harmattan.ci@hotmail.fr

Nos librairies en France

Librairie internationale
16, rue des Écoles
75005 Paris
librairie.internationale@harmattan.fr
01 40 46 79 11
www.librairieharmattan.com

Librairie des savoirs
21, rue des Écoles
75005 Paris
librairie.sh@harmattan.fr
01 46 34 13 71
www.librairieharmattansh.com

Librairie Le Lucernaire
53, rue Notre-Dame-des-Champs
75006 Paris
librairie@lucernaire.fr
01 42 22 67 13